스토리텔링성경 4

스토리텔링 성경

요한복음

스토리텔링 성경

4 요한복음: 하나님의 아들이신 메시아 예수

2026년 3월 1일 초판 3쇄 발행

지은이 김영진, 강정훈, 천종수
발행처 (유) 성서원
일러스트 김천정
교정·교열 유영일
출판등록 1997년 7월 8일 (제300-1997-79호)
창업일 1972년 2월 1일
주 소 경기도 고양시 덕양구 덕은로 60-12 우) 10541

전 화 (02)765-0011~17
팩 스 (02)743-6811
성서원 홈페이지 www.biblehouse.co.kr
페이스북 · E-mail saebut-9106@hanmail.net

ISBN 978-89-360-2728-5 03230

스토리텔링성경 • 신약

4

성경 전 장章을 이야기로 풀어 쓴

스토리텔링 성경

지은이
김영진 강정훈 천종수

요한복음

하나님의 아들이신 메시아 예수

성서원

차례

요한복음

하나님의 아들이신 메시아 예수

나는 세상에 빛과 생명을 주러 왔네
굶주리고 병든 자들에게는 생명의 양식
어둠 속 헤매는 자들에게는 세상의 빛
길을 잃은 자들에게는 양의 문

나는 세상에 빛과 생명을 주러 왔네
돌봄이 필요한 양 떼에게는 선한 목자
죽음이 두려운 자들에게는 부활과 생명
영혼이 눈먼 자들에게는 길이요 진리

나는 세상에 빛과 생명을 주러 왔네
열매 없는 자들에게는 참포도나무
영접하면 주의 자녀가 되는 권세 주고
타락과 죄악과 멸망에서 건져 올리네

나는 세상에 빛과 생명을 주러 왔네
예수는 하나님의 아들이며 사람의 아들
죄인에게 영생과 구원의 빛을 비추고
영원히 넘치는 기쁨의 샘물 주시네

1
세례 요한과 예수

광야에서 한 증인이 부르시네
장차 오실 메시아 길을 준비하며
물 세례를 베푸는 세례 요한은
메시아를 만나네

서언 : 요한복음에 들어가기에 앞서

헬라는 유럽 남동부 지역에 위치한 도시국가다. 구약시대에도 언급될 만큼 오래된 고대도시로 성경에선 '야완'으로 불린다(창 10:2). 동쪽으로는 에게해, 남쪽으로는 지중해, 서쪽으로는 아드리아해와 이오니아해, 그리고 북쪽으로는 올림포스 산지에 이른다.

초기에는 다른 제국들처럼 평범한 도시국가 형태였으나, 주전 338년경 마케도니아의 필립 2세가 헬라 반도의 남부지방을 정복함으로써 전성기를 이루고, 그의 아들 알렉산더 대제(주전 336~323년경)가 소아시아, 이집트, 인도까지 정복함으로써 대제국을 이루게 된다. 알렉산더는 아리스토텔레스의 제자로서 정복지의 전통과 문화에 관심과 조예가 깊었다. 이질 집단인 여러 정복지들을 하나의 제국으로 형성한다는 것이 아주 어렵다는 것을 알았기에, 그는 정복지 곳곳마다 헬라 사상과 문화를 퍼뜨려 이른바 '헬레니즘'을 형성하기에 이른다.

헬라의 종교는 본래 다신교였지만, 대제국의 형성 과정에서 아시아와 이집트, 페르시아 등의 수많은 신들까지 받아들여 더욱 복잡하게 되었다. 행여 실수로 숭배 대상에서 빠진 신이 있을까 염려하여 '알지 못하는 신에게'라는 제단까지 만들어 숭배했을 정도다(행 17:23).

헬라 제국은 주전 27년경에 로마 제국에 의해 망하지만, 로마인들이 수준 높은 헬라 문화를 인정하고 받아들였기 때문에 헬라의 사상과 문화는 로마의 정복지에서 여전히 지속된다. 그리하여 헬라의 사상과 문화는 로마 제국의 정신적 바탕이 되었다. 그러하였기에 로마의 저술가 호레이스는 "피정복 민족인 헬라(그리스)가 자기를 정복한 자를 정복하였다."라고 서술했다.

헬라어는 로마 제국의 전역에서 공식적으로 쓰이는 언어가 되었고, 그래서 신약성경은 바로 이 헬라어로 기록되었다. 뿐만 아니라 히브리어로 기록된 구약성경을 이방인의 첫 언어로 번역한 것도 헬라어다. 바로 70인역(LXX)이다. 요한복음은 헬라어로 쓰인 사도 요한의 작품이다.

인류 구원의 위대한 사명을 안고 하늘 보좌를 떠나 낮고 천한 이 땅에 내려오신 하나님의 아들, 메시아 예수! 그분의 생애 곧 메시아 예수의 탄생, 사역, 죽음, 부활, 승천 등을 기록한 네 권의 복음서를 '사복음서'라 일컫는데, 마태복음, 마가복음, 누가복음, 요한복음이 그것들이다.

이들 사복음서 가운데 앞의 세 권 곧 마태복음, 마가복음, 누가복음을 따로 일컬어 '공관복음서'라 한다. 이들 세 복음서는 요한복음과는 달리 메시아(그리스도) 예수의 생애를 같은 관점에서, 같은 내용을, 같은 서술법으로 기록했기 때문이다.

그렇다면 사복음서 중에서 공관복음서에 포함되지 않는 나머지 한 권 '요한복음'은 어떤 책인가? 요한복음의 내용을 살펴보면, 세 권의 공관복음서가 모두 집필된 후에 그 내용을 전제하고 바탕으로 삼아 기록된 것임을 알 수 있다. 기록 시기는 주후 80~90년경이다.

공관복음서가 대체로 시간 순서에 따른 예수님의 전기(傳記) 중심의 역사적인 기록이라면, 요한복음은 시간 순서에 구애받지 않고 공관복음서에 담긴 의미를 꾸준히 추적하여 해설하고 있는 신학적인 기록이라 할 수 있다. 또한 공관복음서가 예수님의 '갈릴리 사역'을 주로 다룬 반면, 요한복음은 세 번의 유월절과 예루살렘을 중심으로 이루어진 예수님의 '유대 사역'을 주로 다루고 있다.

요한복음은 공관복음서와는 확연히 다른 독특한 시각과 문체로 예수님이 본질상 신성(神性)을 지니신 '하나님의 아들'이심을 강력하게 증언한다. 다시 말해, 이 땅에 오신 예수님은 영원한 '말씀'(헬, 로고스)으로서 태초부터 성부 하나님과 함께 계셨고, 그분과 함께 일하신 성자 하나님 곧 삼위일체 하나님 가운데 제2위 하나님 되시는 분임을 생생하게 증언한다.

이런 맥락에서 요한복음은 예수님의 모든 기적과 가르침을 유기적으로 상호 연결시켜 '예수님은 곧 하나님(예수님=하나님)'이란 사상을 예리한 신학적 통찰력으로 심오하게 다루고 있다. 그래서 이 책에서는 예수님 스스로가 '나는 ~이다'라는 정언적(定言的) 표현기법으로 예수님 자신이 신성을 지니신 하나님이심을 도처에서 강조하고 있다.

요한복음에서 예수님은 스스로에 대하여 '나는 ~이다'라고 말씀하시는 자기선언 형식을 일곱 번 취하고 있는데, 이러한 자기선언은 일찍이 호렙(시내)산의 불타는 가시나무 떨기 불꽃 가운데서 모세에게 나타나신 제1위 성부 하나님이신 여호와께서 스스로를 계시하실 때 사용하신 신적 선언과 맥을 같이 한다.

이런 관점에서 '나는 ~이다'라고 명백하게 자신의 정체성을 밝히신 예수님의 일곱 선언은, 예수님이 자신을 하나님과 동일시하신 거룩한 신성의 표출이었다. 그 일곱 선언은 다음과 같다.

1. 나는 생명의 떡이다(요 6:35).
2. 나는 세상의 빛이다(요 8:12).
3. 나는 양의 문이다(요 10:7).
4. 나는 선한 목자다(요 10:11).
5. 나는 부활이며 생명이다(요 11:25).
6. 나는 길이며 진리이고 생명이다(요 14:6).
7. 나는 참 포도나무다(요 15:1).

요한복음의 저자는 책 이름에 나타난 대로 '요한(John)'이다. 그는 예수님의 열두 제자(사도) 가운데 하나로서, 특히 예수님 생전에 세 명의 주요 제자(베드로, 야고보, 요한) 가운데 하나로 활동한 그 요한이다. 그를 '세례 요한'이나 당시에 아주 흔한 이름이었던 다른 요한들과 구분하기 위해 특별히 '사도 요한'이라 일컫는다. 그는 요한복음 이외에도 요한일서, 요한이서, 요한삼서와 요한계시록 등 신약성경 27권 중 무려 5권을 기록한 저자로서, 예수님의 공생애 시절에 예수님에게서 가장 많은 사랑을 받은 자다. 요한복음의 저자인 사도 요한은 세 가지의 뚜렷한 목적을 가지고 이 책을 썼다.

첫째, 무엇보다 예수님이 하나님의 아들이신 '그리스도(메시아)'임을 분명히 증언하여, 세상 사람들로 하여금 오직 예수 그리스도를 믿고 그분을 통해 구원과 영생을 얻도록 하려고 이 책을 썼다.

둘째, 예수님이 승천하신 직후의 당시 초대교회에서는 기독교의 각종 이단들이 출현하여 사람들을 교묘하게 미혹하고 있었다. 그래서 사도 요한은, 예수께서는 온전한 하나님임과 동시에 온전한 사람이라는 사실, 곧 예수님의 신성(神性)과 인성(人性)을 밝히 증언하여 각종 이단

사설들의 거짓 복음으로부터 신자들을 보호하기 위해 이 책을 썼다.

셋째, 사도 요한은 공관복음서(마태복음, 마가복음, 누가복음)의 모든 기록이 사실임을 확증하고, 한 걸음 더 나아가 그 내용의 의미를 밝히고 보충하기 위해서 이 책을 썼다.

자, 이 같은 서언의 내용을 염두에 두고 마음 문을 활짝 열고, 사도 요한이 기록한 요한복음의 이야기 속으로 길을 떠나보도록 하자.

사복음서 가운데 요한복음은 다른 세 권의 공관복음서와는 달리 예수님의 말씀의 뜻을 풀이한 강해적인 내용이 많으므로 조금 딱딱하고 어려울 수도 있다(반면, 그 뜻을 제대로 깨우치면 더욱 큰 은혜를 받는다). 특히 요한복음 첫 장의 도입 부분은 심오한 신학적인 내용을 다루고 있으므로 신중하게 살펴보아야 한다. 마음을 집중해서 묵상하고 연구해야 한다.

영원한 말씀이요 빛이신 예수 그리스도 (1:1-5)

신약시대는 헬라 문화가 광범위하게 퍼져 있었다. 유대 사회에도 헬라 문화가 깊숙이 들어와 있었다. 헬라 제국은 철학이 발달하여 헬라 철학자들은 일찍부터 만물의 근원에 대해 연구했다. 만물의 근원(본질)은 물이다, 불이다, 공기다… 등등으로 답을 내놓았지만, 어느 것 하나도 확실하게 만물의 본질과 시작을 설명해주지 못했다.

이런 시대에 사도 요한은 헬라어를 사용하는 이방인 독자에게 예수님이 인류의 구원자라는 사실을 전하기로 한 것이다. 그러니 당연히 헬라적인 어법과 논리로 요한복음을 쓰게 된다. 사도 요한은 펜을 들어 요한복음 첫 장 첫 절을 기록하면서 창세기의 기록에서 영감을 얻는다. 창세기는 이렇게 시작한다.

"태초에 하나님이 천지를 창조하시니라"(창 1:1).

고대 중근동 지역의 다신론 세상에서 유일신 하나님에 대한 창세기의 선포는 가히 충격적이었다. 하나님만이 창조주가 되신다는 사실은, 다른 모든 신들은 인간의 창작품이라는 사실을 전제로 하기 때문이다. 그러니까 여호와만이 유일한 신이시고 다른 신들은 모두 사람의 손으로 지음 받은 우상에 불과하다는 것을 히브리인들은 세상에 선포하고 나선 것이다. 그건 선전 포고였다. 이제 사도 요한도 요한복음을 기록하면서 같은 식으로 쓴다.

"태초에 말씀이 계시니라"(요 1:1).

여기서 '말씀'은 헬라어로 '로고스'다. 헬라권에 사는 사람들에게 '로고스'는 '우주의 원리' 또는 '우주를 지배하는 힘' 혹은 '우주의 법칙'이다. 그들은, 정체를 확실하게 알 수는 없지만 '로고스'라는 실체가 있어 우주가 생성되고 운행된다는 철학적 사고를 가졌다. 요한은 헬라인들의 이런 철학적 사고를 기독교에 접목시킨다.

"그러니까 '우주의 창조적 힘'이나 '우주의 통치적인 힘'을 너희는 '로고스'라 하는데 너희의 말처럼 우주의 근원이 있는 게 사실이다. 그렇다면 뭐가 우주의 근원이냐? 이제 내가 그 '로고스'를 정확하게 알려주겠다. 그 '로고스' 곧 말씀은 지금부터 내가 전하려고 하는 메시아 예수다!"

이것이 바로 요한복음 1장 1절이다. 헬라적인 관점에서 살펴본 이 같은 사실을 염두에 두고, 이제는 유대적인 관점에서 다시금 요한복음 1장 1절을 살펴보도록 하자.

"태초에 말씀이 계셨다."

아득한 옛적, 그 옛적보다 훨씬 아득한 그 옛적의 옛적, 이 세상에 시간이란 개념조차 존재하기 이전의 영원한 옛적, 천지창조와 더불어 비로소 시작된 인류 역사의 시간이 아직 시작되기도 전의 그 영원한 태초에 어떤 분이 계셨다. 그분은 곧 '말씀'이시다. 그러니까 이 '말씀'이란 분은 시간을 초월하여 영원 이전부터 스스로 존재하고 계셨던 것이다.

"그 말씀은 하나님과 함께 계셨다."

오호, 그런데 이 '말씀'이란 분은 영원한 태초에 혼자 계신 것이 아니었다. '하나님'과 함께 계셨다. 그렇다면 '말씀'과 함께 계신 그분 하나님은 누구일까? 성부 하나님과 성령 하나님이시다. 그러니까 말씀이란 분은 그분 하나님과 함께 계셨다. 그런데 또 알고 보니, 이 '말씀'이란 분도 사실은 '하나님'이셨다.

"그 말씀은 곧 하나님이셨다."

아하! 그래서 '말씀'이 줄곧 인격체로 사용된 것이로구나! 그렇다. 여기서 우리가 염두에 꼭 두어야 할 것은, 요한복음 1장 1절에 나타난 '말씀'은 추상적 개념으로서의 말씀이 아니라, 생명을 지니신 인격체로서의 말씀이라는 사실이다.

요약해 보자. 시간이란 개념조차 없던 영원 이전의 영원한 옛적인 때에 세 분 하나님께서 스스로 존재하고 계셨다. 이 세 분의 하나님은 서로 다른 각각의 위(位)를 지닌 채 '오직 한 분'으로 존재하고 계셨는데, 이를 신학적인 용어로 '삼위일체(三位一體) 하나님'이라 일컫는다. 삼위일체 하나님 중에서 제1위는 성부 하나님이시고, 제2위는 성자 하나님이시며, 제3위는 성령 하나님이시다.

'삼위일체? 어떻게 각기 다른 세 위(位)의 인격체가 '오직 한 분'으로 존재하실 수 있단 말인가? 아무리 생각해도 도무지 이해할 수 없는걸….'

맞다! 도무지 이해할 수 없는 게 정상이고, 당연히 이해할 수 없어야 한다. 사람의 생각으로선 '하나님'이란 존재를 이해할 수 없는 게 너무나 당연하다. 그게 창조주 하나님을 완전히 이해할 수 없는 피조물 된 사람의 한계다. 대충 비유하자면, 이건 마치 한낱 미물인 개미가 만물의 영장 된 사람을 도무지 이해할 수 없는 것과 같은 이치다.

하지만 성경은 분명 '삼위일체 하나님'에 대해서 말하고 있다. 그러므로 이건 오직 믿음으로써 믿을 수밖에 없다. 하나님의 말씀인 성경이 그렇게 말하고 있으므로, 그런 줄 알고 '아멘!'으로 믿으면 된다. 그리고 그렇게 믿다 보면 정말로 믿어진다. 그래서 우리는 매번 예배 때마다 사도신경에서 삼위일체 하나님을 믿음으로 고백하고 있는 것이다.

"전능하사 천지를 만드신 하나님 아버지(제1위 성부 하나님)를 믿사오며, 그 외아들 우리 주 예수 그리스도(제2위 성자 하나님)를 믿사오니, 이는 성령(제3위 성령 하나님)으로 잉태하사…."

자, 다시금 본론으로 돌아가자. 여기서 사도 요한이 '말씀'으로 지칭하고 있는 그분 하나님은 삼위일체 하나님 가운데서도 제2위 하나님이신 '성자 하나님'이시다. 그렇다면 사도 요한은 왜 '성자 하나님'을 여기서 굳이 '말씀'이라 지칭하고 있는 것인가?

'말(言)'은 어떤 사람의 마음과 인격을 다른 사람에게 나타내 보이는 가장 확실하고 뚜렷한 매개체다. 이런 점에서 성부 하나님께서 자신의 마음과 뜻과 의지를 세상에 나타내 보이려 하신다면, 다시 말해 계시(啓示)하고자 하신다면, 그것은 그분의 '말씀'을 통해서다.

그래서 사도 요한은, 성부 하나님의 분명한 뜻과 확고한 의지와 영원토록 변치 않는 마음을 세상 사람들에게 보여주시기 위해 사람의 몸을 입고 이 땅에 오신 예수님, 곧 성육신(成肉身)하신 메시아(그리스도) 예수를 '말씀'이라고 지칭했던 것이다.

진실로 그렇다. 메시아 예수님이야말로 성부 하나님의 뜻과 의지가 온전히 담긴 그분의 '말씀'이시다. 쉽게 말하면, 사람의 몸을 입으시고 이 땅에 오신 메시아 예수는 성부 하나님의 뜻과 의지와 마음을 세상 사람들에게 나타내 보여주시기 위해 오신 그분의 '말씀'이신 것이다. 그리하여 예수님 자체가 하나님의 말씀이시고, 그래서 예수님께서 하시는 모든 말들이 곧 하나님의 말씀과 일점일획 틀림없이 100% 동일한 것이다.

'말씀'에 해당하는 헬라어 '로고스'는 '이성(理性)'이란 뜻이다. 예로부터 이 용어는 헬라인과 유대인에게 모두 특별한 의미를 지녔다. 헬라 철학자들은 이 '말씀'이라는 용어를 발설된 말뿐만 아니라 발설되지 않고 마음속에 있는 말, 곧 이성을 나타낼 때도 사용하였다. 그리고 이 용어가 우주에 적용될 때는 만물을 다스리는 이성적인 법칙을 의미했다. 반면에 유대인들은 이 '말씀'이라는 용어를 종종 하나님과 관련해서 사용했는데, 곧 세상에 대한 하나님의 능동적인 간섭을 나타낼 때 사용하였다.

이 같은 사상적인 배경에 기초하여, 이제 사도 요한은 유대인과 헬라인(이방인)에게 의미 깊은 이 용어에 새로이 '인격'을 덧입혀, 인격체이신 제2위 하나님 곧 예수 그리스도를 표현하는 말로 사용한 것이다.

지금껏 설명한 내용의 핵심을 다시금 요약하면 이러하다. 요한복음 1장 1절에 나타난 '말씀'은 추상적 개념이 아니라 살아계신 인격체이신 '하나님'이신데, 삼위일체 하나님 중에서 제2위 하나님 되시는 '메시아(그리스도) 예수'라는 사실이다.

이 같은 사실을 전제한 후에, 사도 요한은 계속해서 태초에 있었던 천지창조의 사건을 이야기한다. 아무것도 없는 완전한 무(無)의 상태에서 모든 것들이 생겨나는 온전한 유(有)의 상태로 만물이 창조될 때, 그 태초의 창조 사역에 '말씀'이신 예수 그리스도가 성부 하나님과 함께하셨다는 사실을 이야기한다. 여기서 사도 요한은 성부 하나님께서 만물을 창조하실 때 발하신 그 '말씀'을 또한 '예수 그리스도'와 연결시켰다.

그러니까 태초에 있었던, 곧 창세기 1장에 언급된 천지창조의 사역은 이러했다. 성부 하나님께서 만물을 지으시기로 계획하시고 작정하신 뒤 "빛이 있으라!"하고 말씀을 발하실 때, 그 말씀대로 빛이 실제로 생겨난 것은 하나님의 '말씀'이신 예수 그리스도가 역동적으로 사역하셨기 때문이고, 나아가 그 빛이 빛의 본래 기능대로 움직이게 된 것은 성령님이 또한 그 일에 작용하셨기 때문이다.

이처럼 천지만물의 창조는 삼위(三位) 하나님의 공동 작업이셨다. 요약하면, 성부 하나님은 만물의 창조를 계획하시고 온전히 주관하셨으며, 성자 하나님(예수 그리스도)은 실제로 만물이 창조되도록 역동적으로 사역하셨고, 성령 하나님은 만물이 각기 제 고유의 기능을 발휘하도록 작용하셨던 것이다.

일례로, 사람의 창조를 살펴보자. 성부 하나님은 흙으로 사람을 만드시기로 계획하신 뒤 말씀을 발하셨다. 그러자 성자 하나님(예수 그리스도)은 그 말씀이 이루어지도록 하나님의 형상을 따라 그 모양대로 사람을 실제로 만드셨다. 그러자 성령 하나님은 그 사람에게 생기를 불어넣어 생명을 지닌 살아있는 사람으로서 살아가도록 작용하셨다. 이런 사실을 염두에 둔다면, 사도 요한의 다음 이야기가 단번에 이해될 것이다.

"그분 말씀은 태초에 하나님과 함께 계셨는데, 만물이 그분 곧 말씀(예수 그리스도)으로 말미암아 지은 바가 되었다. 만물 중의 그 어떤 것도 그분 곧 말씀(예수 그리스도) 없이 생겨난 것은 아무것도 없었다."

이렇게 놓고 보면, 세상에 존재하는 모든 생명의 기원은 그분 곧 말씀(예수 그리스도)임을 알 수 있다. 다시 말해 그분으로 말미암아, 그분 안에 생명이 있는 것이다. 그래서 사도 요한은 계속 기록한다.

"그분 말씀 안에는 생명이 있었다."

여기서 '생명'(헬, 조에)은 단순히 육체적인 목숨이 아니라, 오직 그리스도 예수를 통해서만이 누릴 수 있는 영원한 생명을 가리키는 말이다. 요컨대, 천국에서 하나님과 영원토록 참된 교제를 나눌 수 있는 '영생'은 오직 예수 그리스도 안에만 있다는 말이다. 다른 말로 표현하면, 예수 그리스도를 통하지 않고서는 천국 영생을 누릴 길이 없다는 말이다. 그렇기 때문에 예수 그리스도 안에 있는 그 생명, 곧 예수 그리스도로 말미암아 주어지는 그 생명은 죄악의 어둠 가운데 살아가는 모든 사람들의 '빛'인 것이다. 그래서 요한은 계속 기록한다.

"그 생명은 사람들의 빛이었다."

그렇다! 구원의 빛이요, 진리의 빛이며, 소망의 빛이고, 영생의 빛인 것이다. 요컨대, 죄의 어둠 가운데 살아가는 사람들에게 영생을 주시는 예수 그리스도, 그분 자체가 '빛'인 것이다.

죄악에 빠진 사람들을 구원하시려는 성부 하나님의 뜻과 의지와 마음의 체현(體現)으로서 하나님의 '말씀'이 되신 그분 '빛'이 마침내 사람의 몸을 입으시고, 곧 성육신하셔서 죄악의 그늘 아래에 있는 어둠의 이 땅에 임하셨다.

달리 표현하면, 그 빛이 어둠을 찬란하게 비추었다. 마치 옛적 베들레헴 마구간 위에 떠 있던 메시아의 찬란한 큰 별이 깊은 어둠 속에 잠긴 유대 땅을 비추었듯이…. 아, 그러나 안타깝게도 죄악의 어둠 가운데 살아가던 사람들은 자신들 가운데 임하신 그 빛을 전혀 깨닫지 못했다. 요한도 그런 사실을 기록한다.

"그 빛이 어둠을 비추었지만, 어둠은 그 빛을 깨닫지 못했다."

어둠에 거하는 어둠의 백성들은 영생과 구원과 진리와 소망 되시는 그 빛을 깨달아 알지 못했고, 도리어 그 빛을 조롱하고 멸시하며 학대하다가 결국 십자가에 못 박아 죽였다.

그러나 그 빛은 그대로 꺼지지 않았다. 잠시 꺼진 듯 보였을 뿐, 죽은 지 사흘 만에 부활의 빛으로 찬란하게 살아나, 다시금 어둠의 온 땅 위에 밝게 비추었다. 그때도 비추었고, 지금도 비추고 있으며, 세상 종말의 날까지 앞으로도 계속 비출 것이다.

이 땅에 육신이 되어 오신 하나님의 독생자 (1:6-14)

"회개하라! 회개하고, 회개에 합당한 열매를 맺어라!"

"회개하라! 이미 심판의 도끼가 나무뿌리에 놓여 있다!"

"누구든지 좋은 열매를 맺지 아니하는 나무마다 그 도끼에 찍혀 지옥 불에 던져질 것이다!"

때는 주후 26년 말엽, 그러니까 메시아 예수가 나사렛 집을 떠나 본격적으로 인류 구원을 위한 공생애를 시작하기 대략 6개월 전쯤, 홀연히 유대 광야에 어떤 선지자가 나타나 사람들에게 회개의 메시지를 외치기 시작했다.

"여보게, 자네 들었는가? 글쎄, 지금 유대 광야에 어떤 선지자가 홀연히 나타나 회개의 메시지를 선포하고 있다네."

"나도 얼핏 듣긴 들었네만…. 그 사람은 거칠고 황량한 광야에 기거하면서 낙타털로 만든 옷을 입은 채 허리에는 가죽띠를 띠고 있다지?"

"그렇다네. 그리고 그 사람은 메뚜기와 들꿀을 먹고 살면서 자신에게 나아오는 사람들에게 '회개하라!'고 연일 외치고 있다더군!"

유대 광야에 홀연히 나타난 그 사람은 누구인가? 그는 하나님께로부터 보내심을 받은 하나님의 선지자로, 그의 이름은 '요한'이었다. 그는 회개의 메시지를 외쳤을 뿐만 아니라 회개하는 사람들을 요단강으로 데려가서 세례(침례)를 베풀어주었으므로, 흔히 '세례 요한'이라 불렸다 (요한복음을 쓴 예수님의 제자 '사도 요한'과 혼동하지 말아야 한다).

예수님의 생애를 기록한 사복음서(마태복음, 마가복음, 누가복음, 요한복음)를 보면, 모든 책의 첫 부분에 어김없이 '세례 요한'이 등장한다. 그 까닭은, 그가 메시아 예수님의 공생애와 관련해서 결코 빠뜨릴 수 없는 매우 중요한 인물이기 때문이다. 왜 그런가?

세례 요한은 사람들을 회개의 길로 인도하여, 빛 되신 메시아 예수를 영접하도록 하는 선구자의 사명을 띠고 유대 땅에 보내진 인물이기 때문이다. 특히 그는 메시아 예수가 출현하기 바로 직전에 보내진 구약의 마지막 선지자요 신약의 첫 선지자라는 점에서 매우 중요한 인물이었다. 후일 예수님도 이런 점을 충분히 인정하셨다.

예수님보다 6개월 먼저 출생한 세례 요한, 육신적으로는 예수님의 이종사촌이기도 한 그는 로마 황제 디베료(티베리우스) 통치 15년에 유대 광야에 홀연히 등장하여 메시아 예수의 선구자로서 자신의 사역을 시작했다(주후 26년경). 그리고 예수님은 30세쯤 되던 해에 세례 요한보다 6개월 후에 등장하여 세례 요한에게서 세례(침례)를 받으신 뒤 본격적으로 공생애를 시작하셨다(주후 27년경).

"여러분, 이제 머잖아 나보다 훨씬 능력 많으신 분이 출현하실 터인데, 나는 허리를 굽혀 그분의 신발 끈을 풀어 드릴 자격조차 없습니다. 나는 여러분에게 물로 세례를 주지만, 내 뒤에 오실 그분은 성령으로 세례를 베푸실 것입니다. 그분이야말로 모든 어둠의 세력을 물리치고 여러분에게 구원과 영생을 가져다주실 참된 빛이십니다."

세례 요한이 유대 광야에서 사람들에게 외친 메시지다. 세례 요한의 메시지에 의하면, 그는 빛이 아니라 '그 빛'(메시아 예수)을 증언하기 위해 왔을 따름이다. 그러니까 세례 요한은 사람들에게 영원한 구원과 영생을 가져다주실 '그 빛'에 관해 증언할 사명을 부여받고 하나님께로부터 이 세상에 보냄 받은 자였다.

세례 요한은 맡은바 자신의 사명을 충실히 감당하려고 '그 빛'에 관해 열심히 외쳤다. 거친 모래바람 이는 황량한 유대 광야에 기거하면서 6개월 동안 부지런히 '그 빛'에 관해 증언했다. 자신의 증언을 통해 모든 이들로 하여금 '그 빛'을 믿게 하기 위해 최선을 다했다. '그 빛'의 메시지를 잘 받아들일 수 있도록 강팍한 사람들의 마음밭을 힘써 일구어 부드럽고 촉촉하게 만들었다.

"여러분, 때가 찼고 하나님의 나라가 가까이 이르렀습니다. 그러니 이제 회개하고 복음을 믿으십시오!"

이 말씀은 갈릴리 지역에서 공생애의 첫 발을 내디디신 메시아 예수께서 사람들에게 외친 첫 메시지다. 그렇다. 과연 때가 이르매, 세례 요한이 예고한 대로 '그 빛'이 어둠의 세상에 출현하여 세상의 모든 이들에게 복음의 찬란한 빛을 비추기 시작하셨다(주후 27년경, 봄). 여기서 혼동하지 말아야 할 것은 '그 빛'은 단순한 '밝음(빛)'이 아니라 인격적인 빛으로서 '참 빛' 되시는 메시아(그리스도) 예수를 가리킨다는 사실이다.

이처럼 '참 빛' 되시는 메시아 예수께서는 사람의 몸을 입으시고, 곧 성육신하셔서 이 땅의 사람들 가운데 거하시면서 죄악의 그늘 하에 놓인 어둠의 세상에 복음의 빛, 구원의 빛, 소망의 빛, 영생의 빛을 찬란하게 비추셨다.

그러나 세상 사람들은 '참 빛' 되시는 그분을 알아보지도 못했고 믿지도 않았다. 그분을 받아들이지 않고, 도리어 휘휘 손을 내저어 멀리 물리치며 배척했다. 참으로 어처구니없고 몰염치한 상황이 펼쳐졌다. 사람을 비롯하여 세상의 모든 만물이 '참 빛' 되시는 그분을 통해 지음 받았지만, 세상은 자신들을 지으신 그분을 전혀 알아보지 못했다. 자신의 주인을 알아보지 못하고 매몰차게 뿌리치며 내친 것이다.

'참 빛' 되시는 메시아 예수는 본질상 '성자 하나님'으로서 영광스러운 하늘 보좌에 앉으신 분이다. 그토록 고귀하고 영광스러운 분께서 성부 하나님의 기쁘신 뜻에 따라 죄악에 빠진 세상 사람들을 구원하셔서 영생을 베푸시려고 사람의 몸을 입고 몸소 자신이 지으신 자기 땅에 오셨다. 넓은 의미로는 이 세상에 오셨고, 좁은 의미로는 유대 땅에 오셨다. 구체적으로는 유대 땅 베들레헴 마을의 어느 비천한 마구간에서 태어나셨다.

그리하여 그분은 30세쯤부터 공생애를 시작하여 이후로 3년 동안 유대 땅 전역을 두루 돌아다니시면서 부지런히 천국 복음을 베푸시고 가르치셨다. 그러나 그분의 백성들은 그분의 복음을 배척하고 받아들이지 않았다. '그분의 백성들'이라 함은, 좁게는 유대 백성을, 넓게는 세상 모든 사람들을 가리킨다.

이처럼 그분의 백성들은 자신들에게 구원과 영생을 가져다주는 그분의 천국 복음을 받아들이지 않았을 뿐만 아니라, 도리어 천국 복음을 전하는 그분을 크게 미워하여 그분을 붙잡아 십자가에 못 박아 죽여 버렸다. 자신들을 지으신 주인이시고, 자신들에게 구원과 영생의 기쁜 소식을 전하신 그분을 악의에 가득 찬 살기등등한 기세로 붙잡아 죽이는 천인공노할 만행을 저지른 것이다.

그러나 세상의 모든 사람들이 '참 빛' 되시는 그분을 배척한 것은 아니었다. 그분을 믿고, 그분이 전하는 천국 복음을 마음속에 받아들인 사람들도 있었다. 그런 자들에게는 위대한 보장이 주어졌다.

그 보장은 이미(과거) 받아들인 자들뿐만 아니라, 지금(현재) 받아들이는 자들, 그리고 장차(미래) 받아들일 모든 자들에게 예외 없이 주어지는 참으로 영광스러운 보장이다. 이는 '장차 줄 것이다'라는 미래의 약속이 아니라 '믿고 받아들이는 그 순간에 이미 주어졌다'는 확실한 보장이다. 그리고 그 보장은 영원토록 변치 않는 불변의 보장이다. 그 보장을 귀 기울여 들어보자.

> "그분을 영접하는 사람들, 곧 그분의 이름을 믿는 자들에게는 하나님의 자녀가 되는 특권을 주었노라!"

그분을 영접하고 그분의 이름을 믿는다는 것은 그분 자체를 신뢰하여,

그분이 전하는 모든 메시지를 전적으로 마음속에 받아들인다는 의미다. 그러하기에 이런 자들은 그분(그리스도 예수)을 자신의 구세주로 받아들이는 신앙고백을 한다. 그렇게 되면, 그는 '어둠(사탄)의 자녀'라는 신분에서 벗어나 '빛(하나님)의 자녀'가 되는 신분상의 놀라운 특권을 획득하게 되는 것이다.

오, 하나님의 자녀가 된다는 것! 그것은 하나님이 계시는 천국에 들어가 하나님과 더불어 친밀한 교제를 나누면서 영생 복락의 삶을 누리게 된다는 것을 뜻한다. 참으로 크고도 놀라운 특권이 아닐 수 없다. 더욱이 하나님의 자녀가 되지 못하고 어둠(사탄)의 자녀가 되어 죽은 뒤에 활활 타오르는 지옥 불에 들어가 영원토록 고통을 겪어야 하는 처참한 삶에 비하면, 더욱더 그 가치와 행복이 찬란하게 빛난다.

그러하기에 하나님의 자녀가 된다는 것은 사람으로 태어나 세상에서 획득하고 누릴 수 있는 최고, 최선, 최대의 특권인 셈이다. 그 특권을 다른 그 무엇이 아닌 '오직 믿음으로' 얻을 수 있으니, 그것이야말로 '복음(기쁜 소식)'이 아니고 무엇이랴! 그렇다면 어떤 자들이 그분의 복음을 받아들여 하나님의 자녀가 되는 특권을 누렸는가? 이에 대해 요한은 대답해주고 있다.

"하나님의 자녀가 된 특권은 혈통으로나 육체적 욕망으로나 사람의 뜻으로 된 것이 아니라 오직 하나님의 뜻으로 말미암은 것이다."

정말! 가만 살펴보니, 그런 자들은 누구누구의 혈통에 따라 된 것도 아니고, 그렇다고 욕심껏 애쓰는 육체적인 욕망에 따라 된 것도 아니다. 또 그렇다고 '그렇게 되고자 힘써 노력하는' 사람의 뜻이나 공로나 의지에 따라 된 것도 역시 아니다. 그렇다면 무엇인가?

해답은 이것이다. '(다른 모든 것들이 아니라) 오직 하나님의 기쁘신 뜻으로 말미암는 것'이다. 이래서 사람의 구원과 영생은 공로에 따른 상급이 아니라 오직 '하나님의 은혜요 선물'이라고, 후일에 사도 바울은 힘써 강조했다. 들어보자.

> "여러분은 예수 그리스도를 믿는 믿음을 통해서 하나님의 은혜로 구원을 받았습니다. 이처럼 구원이 여러분의 공로나 행위에 따라 주어진 것이 아니고 오직 하나님의 선물로 주어진 것인 만큼, 누구든지 자신의 구원을 교만한 마음으로 자랑해서는 안 됩니다"(엡 2:8~9).

진실로 시간조차 존재하지 않았던 태초에 하나님과 함께 계셨던 그분 '말씀' 곧 제2위 성자 하나님 되시는 예수 그리스도께서 성부 하나님의 기쁘신 뜻에 순종하여 사람의 몸을 입은 육신이 되셔서 이 세상에 내려와 우리 사람들 가운데 살아가셨다. 요컨대 '임마누엘' 곧 '우리와 함께 계시는 하나님'이 되신 것이다. 그래서 세상 사람들은 자신들 가운데 거하시는 영광스러운 그분을 감히 바라볼 수 있었는데, 그 영광은 구체적으로 이러했다.

첫째, 자기 독생자를 보내신 성부 하나님의 영광이었다. 이는 성부 하나님의 영광이 조금 더 크고, 성자 하나님이신 예수 그리스도의 영광이 조금 더 작다는 것이 아니라, 예수 그리스도와 영광과 성부 하나님의 영광이 대등한 것임을 말해준다. 그러므로 우리는 예수 그리스도를 통해 성부 하나님의 영광을 경험할 수 있는 것이다. 여기서 '독생자'(헬, 모노게네스)라는 말은, 사도 요한이 예수 그리스도를 묘사하기 위해 특별히 사용한 고유한 용어로 '유일하게 나온 자'라는 뜻이다. 이는 곧 예수 그리스도는 성부 하나님의 영광을 온전하게 간직한 '하나이고 유일한(One and Only)' 아들이란 뜻이다.

둘째, 은혜와 진리로 충만한 영광이었다. '은혜'와 '진리'는 성경에서 하나님의 성품을 나타낼 때 사용되는 용어다. 그러므로 앞서 사도 요한은 하나님의 영광과 그리스도의 영광이 대등한 것임을 묘사했는데, 이어서 하나님의 성품인 은혜와 진리가 그분의 '말씀'(헬, 로고스)이신 예수 그리스도의 성품과 일치함을 말한 것이다.

이처럼 흘러넘치도록 충만한 은혜를 지니신 아버지 하나님이시기에 죄악에 빠진 인류를 구원하시려고 자기 독생자를 세상에 보내주신 것이고, 예수 그리스도 역시 그러했기에 기꺼이 아버지 하나님의 뜻에 따라 죄인들을 위해 십자가를 지신 것이다.

또한 아버지 하나님이 옳고 그름, 거짓과 참을 확실하게 분별하시는 충만한 진리를 지니신 분이시기에 인류의 죄악을 방관하시지 않고 철저하게 심판하셨고, 그 심판을 감당하지 못하는 인류를 위해 자기 독생자 그리스도에게 그 무거운 심판의 짐을 지우셨던 것이다. 예수 그리스도 역시 충만한 진리를 지니신 분이시므로 그 진리를 충족시키시려고 아버지 하나님의 심판 의지에 따라 십자가 대속(代贖)의 길을 묵묵히 걸으셨던 것이다.

여기서 반드시 기억해야 할 진리가 있다. "말씀이 육신이 되었다"는 기독교의 성육신 사상이다. 사실, 이것은 요한복음 전체의 주제다. 여기서 '육신'은 살덩어리인 인간의 몸(flesh)을 말한다. 요한이 "말씀이 사람이 되었다"라고 표기하지 않고 "육신(몸)이 되었다"라고 표현한 것은 다분히 의도적이다.

당시 '노스틱'이라는 사상이 있었는데, 그 사상은 기독교의 이단인 '영지주의'가 된다. 그들은 예수님의 육체를 인정하지 않았다. 헬라 철학에서는 물질을 악하다고 보았기 때문에, 어떻게 거룩하신 성자 하나님이 악하고 더러운 육신(몸)을 입을 수 있겠느냐고 주장하면서, 예수님의 성육신을 극구 부인했다.

이런 사상은 결국 우리의 죄를 대속하기 위해 예수님이 십자가에 달리신 사실 자체를 부정하는 결과를 가져온다. 기독교를 뿌리째 뽑아버리는 심각한 이단 사상이다. 이런 시대적 배경 하에서 요한은 구태여 '육신'이라는 단어를 사용함으로써 온전한 하나님이신 예수님이 우리와 똑같은 육신을 입으시고 이 땅에 임하신 온전한 인간이었다는 사실을 강조한 것이다.

하나님의 독생자 예수 그리스도에 대한 세례 요한의 증언(1:15-18)

그렇다면 광야의 선지자 세례 요한은 예수님에 대하여 어떻게 증언하였을까? 그는 경건한 묵상과 성령의 감화를 통해 자신의 사명과 역할이 무엇인지 분명히 인식하고 있었다. 자신은 머잖아 자기 뒤에 오실 메시아의 길을 평탄케 만드는, 그분의 선구자인 것을 확신했다. 그래서 세례 요한은 유대 광야에 모여든 무리들에게 힘껏 외쳤다.

"여러분! 나는 지금껏 여러분에게 거듭해서 밝히 말했소. 나는 여러분이 기다리고 있는 메시아가 아니오! 머잖아 내 뒤에 어떤 분이 오실 터인데, 그분이야말로 여러분의 구원과 소망이 되실 메시아이십니다. 그분은 나보다 훨씬 앞서고 뛰어나신 분이오. 나는 그분과는 감히 비교조차 될 수 없소. 그 까닭은, 그분이야말로 내가 있기 훨씬 이전부터 계셨던 분이기 때문이오!"

세례 요한의 증언대로 머잖아 세례 요한 뒤에 오실 그분, 메시아 예수! 그분이야말로 인류의 구원을 위해 사람의 몸을 입고 이 땅에 오신 하나님의 독생자로, 그분에게서는 풍성한 은혜가 한없이 흘러넘치신다. 은혜 위에 은혜, 복 위에 복, 진리 위에 진리가 충만하신 분이시다.

하나님은 본질상 영(靈)이시기 때문에 지금까지 하나님을 본 사람은 아무도 없다. 그러나 이 사람 예수 그리스도를 보고 있노라면, 이분이야말로 아버지 하나님의 품속에 계시는 독생자로서, 아버지 하나님의 모습을 우리에게 그대로 보여주고 있는 것과 마찬가지다. 그리하여 훗날 예수님은 아버지(성부) 하나님을 보여 달라는 제자 빌립의 요청에 대하여 이렇게 답변하신다.

"빌립아, 내가 이렇게 오래 너희와 함께 있으되 네가 나를 알지 못하느냐? 나를 본 자는 아버지를 보았거늘 어찌하여 아버지를 보이라 하느냐"(요 14:9).

세례 요한의 자기 증언(1:19-28; 마 3:1-12; 막 1:7-8; 눅 3:15-17)

"뭐라? 그자의 이름이 '세례 요한'이라고? 그자가 유대 광야에서 사람들에게 회개를 선포하면서 하나님의 선지자로 자처한단 말이지?"

"네, 그렇습니다. 어떤 사람들은 심지어 그를 약속된 메시아로 받아들이기도 합니다."

"그래? 그렇다면 어디 한번 그자에 대해 알아봐야겠다."

세례 요한에 관한 여러 소문을 듣고, 하루는 유대의 종교 지도자들이 예루살렘에서 제사장들과 레위 사람들을 세례 요한에게로 보냈다. 유대의 최고 의결기구인 산헤드린 곧 공회(公會)가 보낸 종교 감찰관이다. 공회는 거짓 선지자로 의심되는 인물을 조사할 권한이 있었다. 그들은 심문을 통해 유대 광야에서 회개를 외치면서 세례를 베푸는 요한이 말라기 선지자가 예언한 대로 메시아가 임하기 직전에 출현하기로 되어 있는 '엘리야'인지, 혹은 모세가 예언한 대로 언젠가는 일어날 '그 위대한 선지자'인지를 평가하고자 했다. 그래서 공회로부터 파견된 제사장들과 레위 사람들은 세례 요한이 활동하고 있는 유대 광야로 내려가서 따지듯 묻는다.

"보시오, 당신은 대체 누구요? 당신이 바로 구약의 선지자들이 예언한 그 메시아(그리스도)요? 그렇소?"

이 같은 질문을 받고, 세례 요한은 그들에게 조금도 숨김없이 솔직하고 분명하게 증언한다.

"아니오, 나는 그리스도가 아니오!"

"그러면 당신은 누구요? 혹 엘리야 선지자요?"

"아니오! 엘리야도 아니오."

사실, 구약시대의 말라기 선지자가 예언한 엘리야는 바로 '세례 요한'이었다. 나중에 예수님도 이 사실을 인정하셨다. 그럼에도 불구하고 세례 요한이 자신이 엘리야인 것을 부인한 이유는 이러하다.

이때 제사장들과 레위 사람들은 문자 그대로 세례 요한이 구약시대의 선지자인 '그 엘리야'냐고 물었기 때문이다. 당시 유대인들은 메시아가 오시기 전에 옛적에 죽지 않고 하늘로 승천한 엘리야가 반드시 먼저 지상에 출현하여 메시아의 길을 예비할 것이라고 생각하고 있었다. 세례 요한은 엘리야 같은 특성과 심성을 지니고 있긴 했지만, 구약시대의 그 엘리야와 똑같은 인물은 아니었다. 그래서 세례 요한은 자신은 엘리야가 아니라고 부인한 것이다.

이도 아니고 저도 아니라고 답하자, 제사장들과 레위 사람들은 짜증난 듯 신경질적으로 다시 묻는다.

"그럼, 도대체 당신은 어떤 자요? 우리를 보낸 분들에게 돌아가서 대답할 수 있도록 우리에게 분명히 말해주시오. 당신이 누구인지 우리에게 말해달란 말이오!"

그러자 세례 요한은 구약시대의 이사야 선지자의 말을 인용하여 대답한다.

"잘 들으시오! 나는 '주의 길을 곧게 하라'고, 광야에서 외치는 자의 소리요."

당시로부터 대략 700년 이전의 사람인 구약시대의 이사야 선지자는 장차 오실 메시아(그리스도)와 관련해서 이렇게 예언한 바 있었다.

"외치는 자의 소리여, 너는 사람들에게 외치기를 '너희는 광야에서 여호와의 길을 예비하라! 사막에서 우리 하나님의 대로를 평탄하게 하라!' 하여라"(사 40:3).

그러니까 세례 요한은 자신에 대해 밝히기를, 자신은 장차 오실 메시아를 위하여 사람들로 하여금 그분을 잘 영접할 수 있도록 '광야(사막)에서 외치는 자'라는 말이다. 다시 말해, 자신은 그리스도(메시아)도 아니고, 구약시대의 그 엘리야도 아니고, 단지 메시아가 오시는 길을 평탄하게 닦는 일개 하나님의 선지자일 뿐이라는 말이다. 그런 답변을 듣고서, 몇몇 바리새인들이 세례 요한에게 되묻는다.

"좋소! 당신이 그리스도도 아니고, 엘리야도 아니고, 또 우리가 기다리는 그 예언자도 아니라면, 왜 당신은 사람들에게 세례를 베풀고 있는 거요? 무슨 자격으로 그런 일을 하는 것이오?"

당시 바리새인들은 이방인 중에서 유대교로 개종하는 사람들에게만 세례를 베풀었다. 그리고 유대인들에게 세례를 베풀 수 있는 자격은 오직 메시아만이 가질 수 있다고 생각했다. 그래서 이렇게 질문한 것이다. 이에 세례 요한이 대답한다.

"나는 당신들에게 단지 물로써 세례를 베풀 뿐이오. 그러나 당신들 가운데는 당신들이 아직 알지 못하는 분이 계시오. 비록 그분은 나보다 뒤에 오시는 분이지만, 나는 그분의 신발 끈조차 풀어드릴 자격이 없는 사람이오."

세례 요한이 사람들에게 베푸는 것은 단지 물로써 세례를 베푸는 것으로 이른바 '물 세례'를 말한다. 그것은 '회개'를 상징하는 것으로, 장차 죄를 씻어주실 자 곧 메시아를 맞이할 준비를 시키는 행위였다. 다시 말해 '물 세례'는 복음을 듣고 회개함으로써 이제는 신자가 되었다는 사실을 물로써 씻거나 물속에 몸을 잠그는 외적인 형식을 통해 신앙을 고백하는 일종의 종교의식이다. 그래서 하나님의 사역자라면 누구든지 회개하는 자에게 그런 물 세례를 베풀 수 있었다.

'뭐라? 세례 요한이 신발 끈조차 풀어드릴 자격이 없다고? 그런 사람이 조만간 오실 것이라고? 대체 그자는 누구이기에…?'

바리새인들은 세례 요한이 하는 말을 제대로 알아듣지 못하고 어리둥절하며 속으로 무척 혼란스러워했다. 그런 반응에 아랑곳없이 세례 요한은 '외치는 자의 소리'답게 유대 광야에서 무리들을 향해 회개의 메시지를 힘차게 외쳤다. 광야의 거친 모래바람이 한 차례 사람들을 훑고 지나갔다. 제사장들과 레위 사람들, 그리고 바리새인들이 세례 요한에게 따지듯 이것저것 심문하던 이 일은, 세례 요한이 사람들에게 세례를 베풀던 요단강 건너편의 베다니 지역에서 일어났다.

하나님의 어린 양이신 예수님 (1:29-34)

이튿날, 그러니까 유대의 종교 지도자들이 세례 요한에게 나아와 그의 정체성에 대하여, 그의 세례 베푸는 자격에 대하여 시비를 걸었던 다음 날, 때는 주후 27년경 어느 이른 봄날이다. 이때 예수님의 나이 30세. 마침내 하나님의 일을 할 때가 이르렀음을 알아차린 예수님은 공생애 활동을 시작하시려 고향 마을 나사렛을 떠나 세례 요한이 활동하고 있는 유대 광야로 나가셨다.

"아, 아니, 저… 저분은? 아! 바로 그분?"

그 날도 요단강 근처 유대 광야에서 한창 사람들에게 회개의 메시지를 선포하던 세례 요한, 그는 자신을 향해 천천히 걸어오고 있는 그 누군가를 보고 화들짝 놀랐다. 그 사람이 가까이 이르렀을 때, 성령 충만한 상태에서 그 사람을 다시금 유심히 바라보니, 그분은 바로 온 세상이 그토록 기다리고 소망하던 메시아(그리스도)가 아닌가! 세례 요한은 그 사람에 대하여 확신을 갖고, 메시아 예수를 가리키며 사람들에게 크게 외친다.

"보라, 저분을! 저분은 세상 죄를 지고 가는 하나님의 어린양이시다!"

이때 세례 요한은 예수님을 '하나님의 어린양'이라고 증언했다. 당시에 양(羊)은 백성들의 죄를 사함받기 위해 성전에서 매일의 희생물로 사용되었다. 이처럼 양은 무죄함과 순결함의 상징으로서 대속(代贖)의 제물이 되어 백성들의 죄를 담당했던 것이다. 이런 배경 하에서 세례 요한은 이제 예수님은 단 한 번에 성취되는 영원한 속죄를 위해 하나님께서 인류를 위해 준비하신 고귀한 희생제물(어린양)이라고 증언했던 것이다. 세례 요한의 증언은 이어진다.

"여러분, 이분이야말로 내가 지금껏 말했던 바로 그분입니다! 나는 전에 여러분에게 말하기를 '조만간 내 뒤에 어떤 분이 오실 터인데 그분은 나보다 훨씬 앞서고 뛰어나신 분이오. 그 까닭은, 그분이야말로 내가 있기 훨씬 이전부터 계셨던 분이기 때문이오!'라고 하였소. 내가 그렇게 증언했던 그 사람이 바로 이분을 두고 말한 것이었소!"

그러자 거기 모인 사람들은 웅성웅성하며 그 사람을 일제히 바라보았다. 과연 그 사람에게서는 어떤 인간도 감히 범접치 못할 어떤 신성한 아우라가 강렬하게 뿜어져 나왔다. 사람들이 모두 넋 놓고 예수님을 바라보고 있는 가운데 세례 요한의 증언은 계속 이어진다.

"사실, 나 자신도 지금까지는 이분을 알지 못했소. 하지만 내가 이분보다 먼저 와서 여러분에게 물로 세례를 베푸는 이유는 바로 이분을 이스라엘 백성들에게 잘 알리기 위해서였소."

세례 요한은 예수님보다 6개월 먼저 세상에 태어났다. 그리고 예수님의 공생애 사역 이전에 먼저 유대 광야로 나가서 이스라엘 백성들에게 회개의 메시지를 외쳤다. 그렇게 한 것은, 백성들의 강퍅한 마음을 부드럽게 만들어 이후에 전파될 메시아 예수의 천국 복음을 보다 잘 받아들이도록 만들기 위해서였다. 말하자면 사람들의 거친 마음밭을 미리 일구어놓은 것이다. 증언은 계속된다.

비둘기 형상의 성령이 예수님께 머묾

"여러분, 나는 성령이 하늘에서 비둘기처럼 내려와 이분 위에 머무는 것을 보았소."

'성령? 비둘기?'

사람들은 고개를 갸웃했다. 세례 요한은 성령이 비둘기 형상으로 예수님 위에 임하는 것을 보았다. 그렇다. 이때 성령은 분명 비둘기 형상을 취했다. 성령은 영(靈)이시기 때문에 사람들의 눈에 보이지 않는다. 그래서 성령이 사람에게 나타나실 때에는 사람이 눈으로 볼 수 있는 어떤 형태를 취한다. 그중 '비둘기'는 적합하다. 예로부터 비둘기는 평화와 순결의 상징이기 때문이다. 그것은 또한 성령께서 우리에게 가져다주는 속성이기도 하다. 세례 요한의 증언은 이어진다.

"사실은 나도 지금까지는 이분을 알지 못했소. 그렇지만 회개하는 사람들에게 물로 세례를 베풀라고 나를 보내신 이가 내게 이르시기를 '성령이 내려와 어떤 사람에게 머무는 것을 보거든, 그가 바로 성령으로 세례를 베푸실 분인 줄 알아라.' 하셨소. 그런데 이제 이분에게서 그 광경을 똑똑히 보았고, 그래서 나는 바로 이분이야말로 '하나님의 아들'이라고 증언하는 것이오!"

'성령 세례…? 그게 뭐지? 물 세례 말고, 어디 또 그런 세례가 있단 말인가? 어떻게 성령으로 세례를 베푼다는 거지?'

세례 요한에게서 '성령 세례'란 말을 듣고 사람들은 너나 할 것 없이 어리둥절했다. 지금껏 유대의 종교 지도자들에게서는 한 번도 들어본 적이 없는 생소한 말이기 때문이다. 그렇다면 세례 요한이 말한 '성령 세례'란 대체 무엇인가? 물 세례와 성령 세례는 무슨 차이가 있는 것일까?

물 세례는 말 그대로 물로써 세례(침례)를 베푸는 것을 말한다. 이것은 복음을 듣고 회개함으로써 이제는 신자가 되었다는 사실을 물로써 씻거나 물속에 몸을 잠그는 형식을 통해 자기 신앙을 고백하는 일종의 종교의식이다.

성령 세례는 성령의 사역을 통한 참된 마음의 회개로 내적인 변화가 일어나는 현상이다. 따라서 성령 세례를 받은 자는 성령으로 새롭게 되어 자기 안에 거하시는 성령으로 말미암아 거룩한 삶을 살아갈 수 있는 힘을 공급받게 된다. 그러므로 물 세례가 아니라 성령 세례를 받아야만 성령에 의해 구원과 영생을 보장받을 수 있다. 그렇다면 물 세례는 필요 없는 것일까?

그렇진 않다. 우리의 신앙 삶과 교회 생활에서 물 세례도 여전히 필요하다. 그것은 예수님이 친히 행하라고 제자들에게 명하신 것으로, 어떤 사람이 자신의 회개와 신자 됨을 공개적으로 신앙고백하는 것은 나름대로 의미와 가치를 지니기 때문이다.

예수님의 첫 번째 제자들, 안드레와 베드로 (1:35-42)

다음 날에도 세례 요한은 유대 광야에서 회개의 메시지를 외치다가 예수님을 보았다. 그때 그의 곁에는 두 명의 제자가 함께하고 있었는데, 예수께서 저만치에서 지나가시는 것을 보고는 성령에 감동이 되어 크게 외쳤다.

"보라! 하나님의 어린 양이시다!"

그러자 세례 요한의 두 제자가 스승께 묻는다.

"스승님, 저기 저분이 정말로 하나님께서 보내신 분이 맞습니까?"

"그렇다! 저분은 정녕 하나님의 아들이다. 인류를 구원하기 위해 이 땅에 오신 분이시다."

이 같은 세례 요한의 증언을 듣고 두 제자는 부리나케 예수님을 따라갔다. 그러자 그들이 따라오는 것을 보시고 예수께서 돌아서서 그들에게 묻는다.

"당신들이 내게 원하는 것이 무엇이오?"

"선생님, 지금 선생님께서 사시는 곳이 어디입니까?"

"내가 거주하는 곳 말이오? 궁금하다면, 나를 따라와 보시오."

당시에 제자들은 랍비(선생)를 따라다녔다. 랍비는 여러 곳을 두루 돌아다니면서 사람들에게 가르침을 베풀었고, 제자들은 그런 선생을 줄곧 따라다니면서 가르침을 받았다. 그리고 선생은 제자들의 멘토가 되어 함께 일하고 함께 여행하고 함께 먹었다. 이 같은 그들의 삶의 방식이나 대화 전체가 중요한 교육 과정이었다.

"네, 선생님! 저희가 선생님을 따르겠습니다."

이전에 세례 요한의 제자였던 그들 두 사람은 곧바로 예수님을 따라갔다. 그리고 그 날에 그들은 예수님과 함께 지냈는데, 오전 10시부터 밤까지 함께 있었다. 그들이 예수님을 만난 그 경험이 얼마나 강렬했던지, '오전 10시'라고 그 시각을 정확하게 기억하고 있을 정도였다.

본래 스승인 세례 요한의 증언을 듣고 예수님을 따라간 두 사람 중 하나는 시몬 베드로의 동생 안드레였다. 이처럼 안드레가 예수님의 제자가 될 수 있었던 것은, 세례 요한이 자신의 제자들에게 참 스승되신 예수님을 진솔하게 소개함으로써 가능했다. 자신의 체면이나 위신을 떠나, 예수 그리스도의 선구자요 증언자로서 자신의 사명에 충실한 세례 요한의 신실한 모습을 볼 수 있다.

"형님! 형님! 오늘 우리가 '메시아'를 만났어요!"

그날, 예수님과 오랜 시간 동안 함께 지낸 세례 요한의 두 제자 가운데 한 사람, 곧 안드레가 매우 들뜬 목소리로 자기 형 시몬을 부리나케 찾아가서 자신의 경험담을 말했다. 그러고는 강력하게 권유한다.

"형님! 형님도 나와 함께 당장 그분께 가봅시다. 나의 스승이신 세례 요한께서 그분에 대해 증언하기를, 그분이야말로 하나님의 어린양이라 했어요!"

안드레는 같은 뱃일을 하면서도 형인 베드로와는 여러 면에서 달랐다. 베드로는 충동적이었고, 안드레는 신중한 편이었다. 베드로는 현장감이 뛰어났고, 안드레는 종교심이 깊었다. 뱃일이 끝나고 나면 안드레는 랍비들을 찾아가 율법을 배웠다. 지금은 유대 광야에 혜성같이 나타난 세례 요한에게 푹 빠져 있는 중이었다.

베드로는 그런 아우를 항상 다정한 눈빛으로 대했다. 아우는 고기잡이를 할 때보다 랍비들에게 교훈을 듣는 일을 더 좋아했다. 시몬은 그런 아우를 인정해 주었다. 같은 형제라도 성격이 다르고 각자의 길이 다른 것이다.

"뭣? 하나님의 어린 양이라고?"

"네, 그 말은 하나님이 보내신 메시아란 말이 아니겠어요? 우리 죄를 대속하실 메시아, 우리를 구원하실 메시아란 뜻이에요!"

"분명 세례 요한 선생께서 그리 말했단 말이지?"

"그럼요, 그러니 지체하지 말고 얼른 그분께 가봅시다."

안드레는 자기 형 시몬을 데리고 서둘러 예수께로 갔다. 예수께서는 안드레가 자기 형 시몬을 소개하기 전인데도 시몬을 다 아신다는 듯 말씀하신다.

"당신은 요한의 아들 '시몬'이오. 그러나 이제부턴 당신을 '게바'라 부르겠소."

아람어 '게바'는 '반석'이란 뜻인데, 이 말의 헬라어 이름은 '베드로'다.

그러니까 '시몬'은 본명이고, '베드로(아람어, 게바)'는 예수님이 붙여준 별명이다. 이때 예수님은 장차 '반석(베드로, 게바)' 위에, 보다 정확하게 말하면 베드로(게바)의 신앙고백—"주는 그리스도시요, 살아계신 하나님의 아들!"—위에 교회를 세울 것을 미리 내다보신 것이다(마 16:18).

이리하여 베드로와 안드레는 예수님의 제자가 되었다. 다른 복음서(마태복음, 마가복음)에 의하면, 그들은 갈릴리 바다에서 예수님의 부르심에 모든 것을 버리고 즉각 따랐던 것으로 기록되었다. 그렇지만 사도 요한의 기록에 의하면, 그들은 본래 세례 요한의 제자였다가 세례 요한의 소개를 통해 예수님을 따른 자들로서, 갈릴리 지역에서는 이미 예수님에 관해 널리 알려져 있었음을 알 수 있다.

그러니까 베드로와 안드레는 갈릴리 바다에서 충동적인 감정으로 예수님을 따른 것이 아니었다. 그 이전부터 예수님을 때때로 따라다닌 일반 제자였다. 그러다가 그날 갈릴리 바다에서 예수님께로부터 공식적으로 제자의 부르심을 받고, 모든 것을 뒤로 한 채 전적인 제자의 길로 들어선 것이다.

예수께서 빌립과 나다나엘을 부르심 (1:43-51)

"자, 갈릴리로 가보자."

다음 날, 그러니까 산헤드린(공회)에서 파송된 자들이 세례 요한의 정체성에 관해 심문했던 날로부터 4일째 되던 날, 예수께서는 제자들을 데리고 천국 복음을 전파하시려고 갈릴리로 가려 하셨다. 그렇게 길을 가던 중에 '빌립'이란 사람을 만났다. 예수께서 그를 향해 말씀하신다.

"그대는 나를 따르도록 하시오."

빌립을 제자로 부르신 것이다. 이 사람 빌립은 시몬(베드로)과 안드레처럼 갈릴리 지역 사람으로 고향이 벳새다였다. '벳새다'는 '어부의 집'이란 뜻으로 갈릴리 동북쪽 1.6km 지점에 위치한 어촌이다. 가버나움

근처에 있는 마을로, 오늘날의 '엣 테르'로 추정된다.

"네, 스승님을 따르도록 하겠습니다."

안드레, 시몬(베드로), 야고보, 요한 등에 이어 이제 빌립이 추가됨으로써 예수님의 공식적인 제자 그룹이 하나둘씩 채워져 갔다. 예수님의 제자가 된 빌립은 얼마 지나지 않아 자신의 오랜 친구인 나다나엘을 찾아가 말한다.

"친구! 내 말을 들어보게. 오래전에 모세가 율법 책에 썼고, 또 여러 예언자들이 기록했던 바로 그분을 내가 만났다네."

"어, 그래? 그분이 누군데?"

"그분은 나사렛 출신의 '예수'라는 사람으로 요셉의 아들이라네."

"나사렛 출신? 에이, 난 또 뭐라고. 나사렛에서 어떻게 위대한 인물이 나올 수 있단 말인가? 자네가 틀렸네, 그 사람은 아닐세."

나다나엘이 아니란 듯 손사래를 치며 말했다. 잔뜩 기대했다가 크게 낙담한 표정이 역력했다. 그래도 빌립은 포기하지 않고 강권한다.

"어허, 이 사람. 그렇게 실망하지 말고 한번 만나보도록 하게나. 가서, 자네의 두 눈으로 직접 확인해 보면 될 게 아닌가!"

"흠, 자네가 그리 강권하니 한번 만나보긴 하겠네. 그다지 기대하는 건 아니지만…."

이때 나다나엘은 이성적으로 판단한 것이다. 친구 빌립에게서 '메시아'라고 소개받은 인물이 나사렛 출신이라고 하니 믿음이 가지 않았다. 사실 '나사렛'은 구약에서 언급된 적이 없는 변방의 구석진 마을이었고, 사투리가 심하여 같은 민족인 예루살렘에서도 말이 잘 통하지 않았다. 게다가 당시 그곳에는 로마 군대의 병영이 있어 이방 신들과 세상 죄악이 판치고 있었다.

이런 여러 요인들로 인해 그 착한 사람 나다나엘도 그런 지역차별의 벽을 뛰어넘지 못하고 나사렛이 메시아의 출신지라는 사실을 받아들일

빌립이 친구 나다나엘을 전도하다

수 없었던 것이다. 하지만 나다나엘은 친구 빌립의 강권에 못 이겨 예수를 만나러 갔다.

어느 날, 그가 예수께로 가까이 나아가고 있을 때 예수께서 나다나엘이 자기에게로 나아오는 것을 보시고는 감격스럽게 말씀하신다.

"보라, 참된 이스라엘 사람이 내게로 나아오는구나. 이 사람에게서는 조금도 거짓된 것을 발견할 수 없구나."

이 말을 듣고 나다나엘이 의아한 듯 묻는다.

"저, 저를 아십니까? 어떻게 절 아십니까?"

"빌립이 당신을 내게로 부르기 전에, 당신이 무화과나무 아래에 앉아 있는 것을 내가 보았소."

무화과나무는 이스라엘 민족의 번영을 상징하는 표현으로 사용될 만큼 팔레스타인 지역에서 흔히 볼 수 있었다. 특히 이 나무는 잎이 크고 무성하여 시원한 그늘을 드리웠으므로, 당시의 랍비들은 종종 무화과나무 아래에서 율법을 가르치거나 말씀을 묵상하였다. 따라서 나다나엘이 거기에 앉아 있었다는 것은, 그가 이스라엘의 구원을 대망하면서 부지런히 율법을 연구하는 신실한 자였음을 말해준다. 예수님은 진즉부터 그런 나다나엘의 속마음을 다 파악하고 있었던 것이다. 이에 나다나엘이 감격에 벅차 확신에 찬 목소리로 응답한다.

"선생님이야말로 하나님의 아들이시고 이스라엘의 왕이십니다!"

나다나엘의 가식 없는 담백한 믿음과 순수한 신앙고백에 예수님이 만족스러운 듯 미소를 띠며 말한다.

"허허, 내가 당신을 무화과나무 아래 앉아 있는 것을 보았다고 말해서 나를 믿는 것이오? 장차 당신은 이보다 더욱 큰일을 보게 될 것이오."

'더욱 큰일…?'

나다나엘이 속으로 궁금해하자, 예수님이 다 아신다는 듯 덧붙여 말씀하신다.

"내가 진정으로 당신에게 밝히 말하겠소. 이제 하늘이 열리고 하나님의 천사들이 인자 위에 오르락내리락하는 것을 당신이 보게 될 것이오."

이 내용은, 옛적 야곱이 형 에서의 복수를 피해 하란의 외삼촌 집으로 급히 도피할 때 벧엘 들판의 꿈속에서 보았던 사닥다리 환상을 가리킨다. 나다나엘 역시 이 환상에 관해 잘 알고 있었다.

지금 예수께서 이 '야곱의 사닥다리 환상'을 언급하신 것은, 이제 예수님 자신이 하늘의 하나님과 땅의 사람들 사이에 중보자(仲保者)가 되신다는 것을 암시한다. 곧 하나님과 사람들 사이를 가로막고 있는 모든 장애물을 걷어내고 둘을 다시금 화목케 하는 메시아의 역할을 감당하게 될 것이라는 말씀이다.

과연 예수님의 제자가 된 나다나엘은 이후 가장 가까이에서 그런 메시아의 사역을 생생하게 목격할 수 있었다. 그는 예수님이 메시아란 사실을 즉각 알아볼 정도로 영적 통찰력이 뛰어난 사람이었다.

참고로, 공관복음에는 '나다나엘'의 기사가 없고, 요한복음에는 '바돌로매'의 기사가 없다. 그래서 학자들은 두 사람을 동일인으로 본다. 바돌로매는 '돌로매의 아들'이란 뜻이다. 나다나엘은 예수님의 제자가 되기 전의 이름이고, 바돌로매는 제자가 된 이후의 새 이름, 혹은 별명으로 보인다.

2

첫 이적과 성전 정화

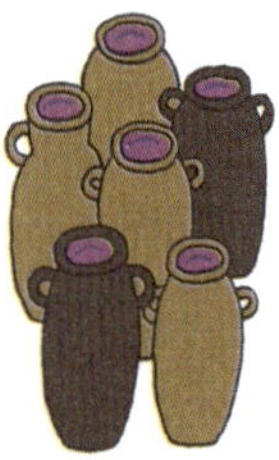

혼인 잔칫집에 술이 떨어지자
예수님은 첫 이적을 행하시네
돌항아리 여섯 개에 물을 채워라
물이 포도주로 변하니 기쁨이 더욱 넘치네

가나의 결혼 잔치 (2:1-12)

예수께서 갈릴리에 도착하셔서 빌립에 이어 나다나엘(바돌로매)을 제자로 삼으신 때로부터 사흘째 되는 날, 예수님의 공생애 초기 시절이다(주후 27년경 봄). 하루는 갈릴리의 '가나'라는 마을에서 누군가의 결혼 잔치가 성대하게 베풀어지고 있었다. 그 잔치에 예수님의 어머니 마리아도 참석하셨고, 예수님도 제자들과 함께 초대를 받아 그곳에 갔다.

결혼 잔치가 베풀어진 '가나'는 예수님의 고향인 나사렛 마을에서 북동쪽으로 대략 6km 떨어진 지점에 위치했는데, 당시 가버나움과 벳새다로 통하는 디베랴 가도에 있었던 작은 마을이었다.

"핫핫핫! 거 술맛 좋구먼! 여보게, 연회장! 여기 술 좀 더 내오게!"

"정말? 술이 떨어졌네. 연회장! 여기 술 좀 어서 갖다주게나!"

결혼식의 피로연 자리는 언제 어디서나 흥청망청 즐거운 웃음소리, 아이들의 시끌벅적 떠드는 소리, 먹고 마시는 왁자지껄한 소리가 뒤섞이는 법이다. 이스라엘은 원래 유목민으로 양고기가 주식이다. 양고기에 반드시 곁들이는 필수 음료가 포도주다.

유대인의 결혼 잔치는 일주일 동안 계속된다. 만약 포도주가 모자란다면, 잔치의 흥은 깨지고 잔칫집은 엉망이 된다. 법적 소송의 이유도 된다. 그러면 결혼이 깨질 수도 있고 집안의 수치로 두고두고 입방아에 오르내리는 불행을 겪는다. 그래서 아무리 집이 어려워도 포도주가 모자라서는 안 되는 게 유대인 결혼 잔치의 상식이다.

그런데 포도주가 떨어졌던 것이다. 그런 줄도 모르고 사람들은 연회장에게 술을 부탁한다. 연회장(宴會長)은 잔치를 주관하는 사람을 가리키는데, 그는 모든 하인들의 우두머리로서 주인장의 허락 하에 잔치의 모든 준비와 진행을 맡은 자다.

"이를 어쩐다? 더는 술이 없는데…. 이렇게 많은 손님들이 올 줄이야."

손님들의 술 요구를 받은 연회장은 안절부절못하고 난감한 표정을 지었다. 술을 제공하지 못한다면, 결혼식의 흥겨움은 순식간에 떨어지고 자칫 손님들의 거센 비난까지 받을 수도 있었다.

"아니, 무슨 일 있으세요? 왜 그리 불안한 모습이세요?"

발을 동동 구르며 왔다갔다 불안해하고 난감해하는 연회장의 모습을 본 예수님의 어머니, 연회장의 눈치를 살피며 조심스럽게 묻는다.

"아, 네. 지금 손님들이 술을 더 요구하는데, 술이 다 떨어졌지 뭡니까. 나름대로 준비한다고 했는데, 이런 사태가 발생할 줄 누가 알았겠어요."

당시 유대인들의 결혼 잔치는 주로 신랑 집에서 이루어졌는데, 친지들은 물론이고 온 마을 사람들과 어울려 일주일 동안 풍성하게 베풀어지는 것이 관습이었다. 따라서 충분히 준비해 놓지 않으면 잔치 음식이나 술이 모자라는 경우가 더러 발생했다. 가나의 혼인잔치에는 정식으로 초대를 받지 않은 불청객들이 많이 몰려들었던 것 같다.

그 이유가 무엇이든, 한창 잔치 도중에 음식이나 술(포도주)이 떨어지게 되면 잔칫집의 흥겨움이 사라져 잔치를 주관하는 연회장은 사람들의 거센 비난을 피할 길 없었다. 이런 연회장의 입장이 안타까웠는지 예수님의 어머니가 위로하듯 말한다.

"조금 기다려 보세요. 저한테 무슨 수가 있을 것 같네요."

예수님의 어머니는 부지런히 예수님을 찾았다. 그러다가 잔칫집의 어느 한쪽에서 제자들과 어울리고 있는 예수를 발견하고는 가까이 다가가서 말한다.

"예수야, 지금 잔칫집에 포도주가 다 떨어져 연회장이 몹시 난감해하고 있더구나. 네가 어찌 손 좀 써보면 안 되겠니?"

이때 예수님의 어머니 마리아는 아들 예수에게서 메시아의 권능을 은근히 기대하고 부탁한 것이다. 그녀는 예수를 잉태할 때 들었던 천사의 계시를 통하여, 그리고 평소의 예수 모습을 통하여, 그리고 최근 예수가 세례 요한에게서 세례를 받고 공생애를 본격적으로 시작했다는 사실 등을 통하여, 예수가 어쩌면 큰 권능으로 이번 포도주 부족 사태를 해결해 줄지도 모른다는 기대감을 가졌던 것이다. 하지만 어머니의 부탁을 받은 예수님의 대답은 의외였다.

"여인이여! 어찌 제게 그런 부탁을 하시는 것입니까? 아직은 저의 때가 오지 않았습니다."

아니, 어머니를 향해 '여인'이라고? 어찌 어머니를 그렇게 부를 수 있는 거지? 이때 예수님은 자신의 어머니에게 무례를 범한 것인가?

그렇지 않다. '여인이여'(헬, 귀나이)라는 말은 당시 부인을 부를 때 사용되던 최고의 존경과 사랑의 호칭이었다. 그래서 예수님은 이후 십자가 위에서도 모친 마리아를 부를 때 이 호칭을 사용하셨다. 그러니까 이때 예수님은 어머니에게 최고의 존칭을 사용하여, 아직은 이스라엘 백성들에게 자신의 정체성 곧 메시아 됨을 드러낼 때가 이르지 않았음을 상기시켜 주었던 것이다. 그래도 예수님의 어머니는 아들에 대한 흔들림

없는 믿음으로 주변에 있던 하인들에게 일러둔다.

"만일 예수가 당신들에게 무엇이든 시키면, 그가 시키는 대로 하세요."

예수님과 마리아가 대화를 나누던 그곳에는 때마침 물이 두세 통이나 들어가는, 돌로 만든 큰 항아리 여섯 개가 놓여 있었다. 여기서 '통'(헬, 메트레테스)은 36리터 정도의 액체를 담을 수 있는 용기를 가리키는데, 하나에 2~3통가량 들어가는 큰 돌 항아리 6개가 있었던 것이다. 따라서 6개의 돌 항아리를 물로 다 채우면 12~18통(대략 430~650리터)가량 되었다. 본래 이 돌 항아리는 유대인들이 외출이나 여행을 한 후 집에 들어올 때 손발을 씻거나, 식사를 하기 전에 손을 씻을 때 정결의식의 용도로 쓰이던 것이었다. 대부분은 집 출입문의 한쪽에 비치해 놓았다.

"여기 돌 항아리마다 물을 가득 채우도록 하시오."

어머니에게 말은 그렇게 하셨지만 차마 그 부탁을 거절할 수 없어 예수님은 주변의 하인들에게 그리 하도록 이르셨다. 마리아의 당부도 있었는지라 하인들은 아무런 대꾸나 질문 없이 예수님이 시키는 대로

가나의 혼인잔치. "항아리마다 물을 가득 채우시오."

순순히 모든 항아리에 물을 가득 채웠다. 그러자 예수께서 당연하다는 듯 태연하게 말씀하신다.

"자, 이제는 항아리에서 물을 떠서, 연회장에게 갖다주시오."

예수님의 말씀을 듣고, 하인들은 저마다 고개를 갸웃하며 의아하게 생각하면서도 그냥 시키는 대로 했다.

"아니, 이게 무엇이냐? 그냥 맹물 같은데…."

연회장은 미심쩍은 표정으로 하인들이 가져온 물을 마시면서 그 맛을 살짝 음미한다.

"엇! 어라? 이거 물이 아니고 포도주네. 그것도 아주 좋은 포도주야! 그 맛이 일품이구먼! 대체 이렇게 좋은 포도주가 어디 있었던 거야?"

연회장이 그 물을 받아 맛보았을 때, 물은 어느새 포도주로 변해 있었다. 그것도 아주 맛 좋은 포도주였다. 물을 떠서 연회장에게 가져다준 하인들은 그 포도주가 어디서 난 것인지 알고 있었다. 하지만 연회장은 그 포도주가 어디서 난 것인지를 알지 못했다. 그래서 그는 기분 좋은 목소리로 신랑을 불러 말한다.

"하하, 그대는 사람됨이 참 남다르군요."

"아니, 그게 무슨…?"

영문을 모르는 신랑은 어리둥절해하며 되묻는다.

"하하, 그게 말이오, 어느 잔칫집이든 처음에는 좋은 포도주를 내놓았다가 손님들이 취한 다음에는 덜 좋은 포도주를 내놓는 법이라오. 그런데 그대는 손님들이 술에 거나하게 취했는데도 아직까지 이렇게 좋은 포도주를 남겨두었다가 제공하다니, 참으로 갸륵하고 놀랍군요!"

유대 사회에서는 아이가 태어나면 포도주를 담는다. 20년째가 되는 20년산, 그리고 19년산, 18년산… 등. 처음에는 가장 오래 담은 것들로 대접한다. 모두 취해서 제대로 맛을 분별할 수 없을 때, 근래에 담은 맛없는 것을 내놓는다. 이미 잔뜩 취해버린 사람들에게는 그 맛이 그 맛이다. 연회장은 잔칫집에서 유일하게 술에 취하지 않고 술맛을 제대로 가려내는 사람이기에 그의 눈에 이 집은 상식을 넘어섰다. 이 집은 도대체 어떤 집이기에 갈수록 더 좋은 포도주를 내어놓는가? 다른 집과는 다른 것이다! 그래서 크게 놀라워하며 칭찬하는 것이다.

"그, 그게… 대체 무슨…?"

신랑은 여전히 영문을 모른 채 어리둥절한 표정이다. 어쨌든, 맛좋은 술이 제공됨으로써 잔칫집은 계속 떠들썩하게 그 흥겨움을 유지할 수 있었다. 먹고 마시고 웃고 떠드는 소리가 밤늦도록 그치질 않았다.

갈릴리 가나의 결혼 잔치에서 있었던 이 기적, 곧 물을 포도주로 변화시킨 이 기적은 30세에 공생애를 시작하신 예수께서 자신의 메시아 능력을 처음으로 사람들 앞에 나타내신 첫 표적(表蹟)이었다.

표적(헬, 세메이온)이란 말은 '증거'란 뜻으로, 초자연적인 방법으로 진리를 증거하는 것을 말한다. 하나님의 뜻을 나타내고 증거하기 위한 초자연적인 기적 현상을 가리키는 말이다. 따라서 표적과 관련하여 우리는 겉으로 드러난 놀라운 기적의 현상에 주목하기보다는, 그 이면에 숨어 있는 기적의 의미를 올바로 깨닫는 것이 중요하다.

"와, 우리 스승님은 확실히 달라. 하나님의 아들 메시아가 분명해."

물이 포도주로 바뀐 놀라운 기적을 가까이서 지켜본 제자들, 그들은 예수님을 메시아로 믿게 되었다. 가나 마을의 결혼 잔치가 끝난 뒤 예수께서는 어머니, 동생들, 그리고 제자들과 함께 가버나움 마을로 올라가셨다. 가나에서 가버나움까지는 북쪽으로 대략 30km 되는 꽤 먼 거리였다. 가버나움에 도착하신 예수님은 그곳에서 오래 머물진 않으시고 며칠 동안만 계셨다.

성전을 깨끗하게 하심(2:13-22; 마 21:12-13; 막 11:15-17; 눅 19:45-46)

유월절이 다가오고 있었다. 유월절은 유대인들의 3대 절기(유월절,

오순절, 초막절) 가운데 하나로, 출애굽의 해방과 구원을 기념하는 절기다(우리나라의 '광복절' 같은 절기). 이때가 되면, 이스라엘의 모든 성인들은 예루살렘 성전에 올라와 절기를 지냈다. 이번 유월절은 예수님의 공생애 중 첫 번째 맞는 유월절이었다.

30세에 인류 구원을 위한 공생애를 시작하신 예수님은 모두 세 번의 유월절을 지내셨는데, 마지막 세 번째 유월절에는 자신이 친히 (영적으로) '유월절 어린양'이 되시어 십자가 위에서 돌아가셨다.

"자, 우리도 예루살렘으로 올라가자!"

유월절 축제가 다가오자, 예수님도 제자들을 데리고 갈릴리 지역을 떠나 예루살렘으로 올라가셨다. 긴 여정 끝에 예루살렘에 도착하신 예수님은 가장 먼저 성전으로 올라가셨다.

"아, 아니? 이, 이럴 수가! 대체 이게 무슨 짓들인지!"

예수님은 큰 충격을 받으셨다. 예루살렘 성전 뜰에는 소와 양과 비둘기를 파는 장사꾼들로 시끌벅적했고, 돈을 바꿔주는 환전상들은 성전 뜰 도처에 탁자를 앞에 놓고 앉아 순례자들과 목소리 높여 흥정을 하고 있었다. 완전 도떼기시장이었다. 어느 구석에서도 성전의 경건함과 거룩함은 찾아볼 수 없었다.

엉망진창, 아수라장이 된 성전의 모습을 보시고, 예수께서는 의분이 솟아나셨다. 급히 끈을 꼬아 손 채찍을 만드셨다. 그런 뒤 그 채찍을 휘둘러 양과 소를 모두 성전 밖으로 몰아내셨고, 비둘기를 성전 밖으로 전부 날려 보내셨다. 그리고는 환전상들의 탁자를 둘러엎고, 그들의 돈을 바닥에 흩어버리셨다.

"저 사람 미쳤나 봐! 이보슈, 왜 이러시오! 왜 남의 장사를 망치냔 말이오! 당신 대체 누구요?"

장사꾼들과 환전상들은 어처구니없다는 듯 황당한 표정을 짓고는 예수께 거세게 항의하며 대들었다. 그들의 항의에 아랑곳없이, 예수님은 여전히 의분에 가득 차서 채찍을 계속 휘둘러 한 마리의 가축도 남김없이 모두 다 성전 밖으로 내보내셨다. 그렇다면 무엇이 예수님을 그토록 화나게 만들었을까?

예루살렘 성전의 예배자들은 율법에 따라 흠 없는 제물을 바쳐야 했고, 또한 성전 관리를 위해 매년 인두세를 바쳐야 했다. 이때 성전 책임자인 제사장들은 성전에서 구입하지 않은 희생제물에 대해서는 어떤 구실이라도 붙여 마냥 퇴짜를 놓았고, 또한 순례자들이 가져온 화폐는 받지 않고 성전에서 인정하는 화폐만 받았다.

성전의 장사꾼들과 환전상들은 제사장들에게 막대한 리베이트를 제공하고 성전 구역에서 제사장들이 인정한 희생제물용 가축을 팔고 또 화폐를 바꿀 수 있는 가게를 차릴 수 있는 권리를 부여받았다.

이런 과정에서 제사장들은 개인적으로 엄청난 수익을 챙겼다. 예수님은 거룩한 예배를 이용하여 성전을 사리사욕을 채우기 위한 도떼기시장으로 만들어 버린 위선적인 종교 지도자들의 행위에 대해 크게 분노하셨던 것이다. 아직도 분이 풀리지 않은 예수께서는 비둘기를 파는 사람들을 향해 크게 소리치신다. 그들 주변에는 미처 날아가지 못한 비둘기들이 서성거리고 있었다.

"이것들을 가지고, 여기서 당장 나가시오! 내 아버지의 집을 장사하는 시장터로 만들지 마시오!"

장사꾼들과 환전상들은 나름 기세등등하게 항의했지만, 예수님의 당당한 기세와 뭔가 모를 강력한 카리스마에 눌려 더는 대들지 못하고 주섬주섬 자기 물건들을 챙겨 성전 밖으로 도망치듯 빠져나갔다. 이 같은 모습을 유심히 지켜본 예수님의 제자들은 성경 말씀을 떠올린다.

"주의 집을 아끼고 위하는 열정이 내 속에서 불타오릅니다."

다윗이 쓴 시편 69장 9절의 말씀이다. 제자들은 예루살렘 성전의 경건함과 거룩함을 유지하려는 예수님의 불타는 열정에 감동을 받은

유월절에 예수님이 예루살렘 성전을 청결하게 하심

것이다. 조금 있으니, 장사꾼들과 환전상들에게서 얘기를 전해들은 유대인들이 예수께 우르르 몰려와서는 거칠게 따진다.

"이보시오, 당신이 대체 무슨 권한으로 이렇게 행동하는 것이오?"

"당장 멈추시오! 아니면, 그런 권한을 받았다는 것을 증명할 만한 표적을 우리에게 보여주시오!"

예수님의 행동을 본 유대인들은, 그가 혹시 세례 요한처럼 하나님의 선지자일지도 모른다는 생각에 예수께 어떤 표적을 요구했다. 당시에는, 이른바 '선지자'라고 주장하는 자들에게 어떤 표적을 요구함으로써 그가 하나님의 보내심을 받은 참된 선지자임을 입증해 보이도록 요청하는 일은 흔한 일이었다. 유대인들의 요구에 예수께서 선뜻 대답하신다.

"좋소, 표적을 보이겠소! 당신들이 이 성전을 허무시오. 그러면, 내가 사흘 만에 다시 일으켜 세우겠소!"

그러자 유대인들은 어이가 없다는 듯 코웃음 치며 예수께 되묻는다.

"대체 그게 무슨 소리요? 우리가 이 성전을 짓는 데 무려 46년이나 걸렸소. 그런데 당신이 무슨 수로 사흘 만에 다시 일으켜 세우겠다는 것이오? 같잖은 말 좀 하지 마시오!"

당시 예루살렘 성전은 헤롯 대왕(주전 37~4년)이 주전 20년경에 재건축을 시작한 제3성전으로, 예수님 당시(주후 27년경)까지도 완공되지 않고 46년째 계속 건축 중이었다(최종 완공은 주후 63년경에 이루어졌다).

이처럼 유대인들은 예수님의 말씀을 예루살렘 성전에 국한시켜 이해했지만, 사실 이때 예수께서 말씀하신 '성전'은 자신의 몸을 가리키는 말이었다. 그러니까 성전 되신 예수님의 몸이 허물어지면(십자가에 못 박혀 죽으면) 사흘 만에 다시 일으켜 세운다(부활하신다)는 의미였다.

그러니 누구도 이 같은 예수님의 말씀을 이해하지 못했다. 하지만 후일 제자들은 십자가에 못 박혀 죽으신 예수께서 사흘 만에 다시 살아나신 것을 목격하고는, 그제야 이때의 이 말씀을 기억하고 비로소 성경과 예수께서 하신 말씀을 믿게 된다.

사람들의 마음속까지 다 아시는 예수님 (2:23-25)

"자네 소식 들었나? 나사렛에서 오신 예수란 사람에 관한 소식 말이야."

"물론이지, 듣다마다! 난 두 눈으로 그 사람이 놀라운 기적 행하는 것을 똑똑히 보았다네. 정말 굉장하던데! 누워 있던 환자가 그 자리에서 벌떡 일어나던걸! 그분은 하나님의 선지자가 분명해!"

유월절 기간 동안, 그러니까 유월절로부터 시작해서 무교절까지 이어지는 일주일(정월 14일 저녁~21일 저녁) 동안, 예수께서는 예루살렘에 머무시면서 이런저런 많은 기적을 행하셨다. 그런 기적들을 본 사람들은 하나같이 크게 놀라며 예수님을 하나님의 선지자로 믿게 되었다. 더러는 마침내 유대 민족을 로마의 압제에서 해방시킬 위대한 메시아가 임했다고 크게 들떠 있기도 했다. 그런 분위기에 제자들도 편승하여 우쭐대고 있었다.

"자, 자, 모두 진정하여라. 마음을 진정시키고, 내가 가르치는 천국 복음을 귀 기울여 잘 듣고 마음속에 깊이 새기도록 하여라!"

예수께서는 제자들을 다독이며 최대한 진정시켰다. 예수님은 모든 사람의 마음속을 훤히 다 알고 계셨기 때문에, 순간순간 변하는 사람들의 감정에 따라 일희일비하지 않으셨다. 사실, 예수님은 사람들이 뭐라고 평가할지라도 그에 상관없이 본질상 하나님의 아들이고 메시아(그리스도)이기 때문에, 그의 메시아 됨에 관해 다른 사람의 증언을 필요로 하지 않으셨다.

당시 유대 백성들은 메시아를 구약의 위대한 성군인 다윗처럼 정치적이며 군사적인 인물로 기대했고, 그가 로마의 식민지배에서 자신들을 해방시켜 오랜 압제에서 구해 줄 것이라고 잔뜩 기대했다. 그렇지만 예수님이 이 땅에 오신 목적은 영원한 하나님의 영적 왕국을 세우는 것이었다. 그러했기에 유대 백성들이 자신을 정치적 지도자로 생각하는 것을 결코 원치 않으셨다. 그래서 때가 이르기까지는 자신의 메시아 됨을 철저하게 숨기셨다.

3

니고데모와 세례 요한

하나님 나라에 들어가려면
성령으로 거듭 태어나야 하네
광야에서 놋뱀이 높이 들렸듯이
인자도 높이 들려야 하네

예수님과 니고데모의 대화 (3:1-21)

"예수 선생, 안에 계십니까?"

바리새파 사람들 가운데 '니고데모'라는 사람이 있었다. 그는 유대 공회 의원으로 이스라엘 백성들의 종교 지도자였다. 공회(히브리어, 산헤드린)는 공회 의장인 대제사장을 포함하여 모두 71명(대제사장 1인, 제사장 24인, 장로 24인, 서기관 22인)으로 구성된 유대인들의 최고 의결기구다.

어느 날 밤, 니고데모가 은밀하게 예수님을 찾아왔다. 그는 명색이 유대인 사회에서 높은 신분과 명성을 겸비한 인물이었기에, 드러내놓고 예수님을 찾아가기엔 사람들의 눈과 입방아가 두려워 남몰래 찾아온 것이다. 예수님과 마주앉은 니고데모, 그는 평소에 궁금해하던 것을 이것저것 묻고 또 상담한다.

"선생님, 우리는 선생님이 하나님께서 보내신 분인 줄 알고 있습니다.

하나님께서 함께하지 않으신다면, 아무도 선생님처럼 그런 놀라운 기적을 행할 수 없기 때문입니다."

예로부터 유대인 사회에서 '기적'은 하나님의 선지자 됨을 입증하는 가장 확실한 수단이었다. 유월절 기간에 예수님이 많은 기적을 행하셨기 때문에, 니고데모가 이처럼 말한 것이다. 그런데 니고데모의 말을 들은 예수님은 기적에 관해서는 언급하지 않으시고 전혀 다른 주제에 관해 말씀하신다.

"내가 진정으로 당신에게 말하겠소. 누구든지 거듭나지 않으면, 결코 하나님의 나라를 볼 수 없소."

예상치 못한 예수님의 말씀에 니고데모가 크게 당황한 듯 반응한다.

"네엣? 하나님의 나라를 보려면 거듭나야 한다고요? 그게 무슨 말씀이신지요? 사람이 어떻게 다시 태어날 수 있단 말입니까? 어머니 뱃속에 다시 들어갈 수는 없지 않습니까?"

예수님의 말씀을 전혀 이해하지 못한 엉뚱한 반응이다. 당시 유대 사회의 저명한 종교 지도자의 영적 상태가 이러했다. 하나님의 나라와 관련된 영적 문제에 있어서는 눈뜬 시각장애인이나 마찬가지였다. 사실, 바리새인을 비롯한 유대인들은 혈통상 아브라함의 후손이라면 하나님의 약속에 따라 당연히 하나님의 자녀가 되고 하나님의 나라에 들어갈 수 있다고 생각했다. 그런데 예수님의 말씀은 이와는 영 달랐기에 조금도 이해하지 못했던 것이다. 니고데모의 엉뚱한 반응을 보고, 딱하고 안타까우신 듯 예수님은 좀 더 구체적으로 말씀하신다.

"잘 들으시오. 내가 진정으로 밝히 말하겠소. 누구든지 물과 성령으로 태어나지 않으면 아무도 하나님의 나라에 들어갈 수 없소."

"물과 성령으로…?"

니고데모는 혼미한 듯 계속 고개를 갸웃했다. 여기서 '물'은 회개의 외적 표시인 세례 의식을, '성령'은 사람을 거듭나게 만드는 내적 성령의

예수님과 니고데모의 대화—"당신은 거듭나야 하오."

사역을 말한다. 그러니까 예수님은 지금 '성령'에 관해 말씀하고 계신 것이다. 계속 귀 기울여 들어보자.

"육체에서 태어난 것은 육(肉)이고, 성령에서 태어난 것은 영(靈)이오. 그러므로 내가 당신에게 '거듭나야 한다'라고 말한 것을 이상하게 생각하지 마시오."

그래도 니고데모는 도대체 무슨 말인지 하나도 이해할 수 없다는 표정이다. 유대의 저명한 종교 지도자가 마치 백치가 된 듯하다.

여기서 육(헬, 사륵스)은 물질적인 존재 곧 죄성(罪性)을 지닌 인간을 가리킨다. 따라서 예수님의 이 말씀은, 원죄를 지닌 채 태어난 모든 인간은 육적인 존재로서 누구를 막론하고 그 원죄로 인해 죽을 수밖에 없다는 뜻이다. 그러하기에 오직 성령으로 말미암아 거듭 태어나야만 영생을 얻어 하나님의 나라 곧 천국에 들어갈 수 있다는 의미다. 말씀은 이어진다.

"보시오, 바람은 제 불고 싶은 대로 부는 법이라오. 당신은 바람소리를 들어도 그것이 어디서 불어온 것인지, 다음에는 그 바람이 어디로 갈 것인지 전혀 알 수 없소. 성령으로 태어난 사람도 그와 같소."

성령은 원죄로 인해 본질적으로 죽은 인간 영혼의 본성 안으로 '새 생명'을 불어넣는 일을 하신다. 그렇게 되면 육적으로는 죽은 사람이 영적으로는 다시 살아나 새 생명을 얻는다. 따라서 거듭난 사람은 '성령으로 태어난 사람'이다.

그런데 사람을 거듭나게 하는 성령의 사역은 마치 제 불고 싶은 대로 부는 '바람'과 같아서, 사람으로서는 그 원리와 법칙을 알 수도 없고 이해할 수도 없다. 그러므로 사람이 거듭나는 일은 사람의 뜻, 의지, 노력, 공로, 지식 등으로는 불가능하고, 성령께서 전적으로 주관하시는 일인 것이다. 거듭남과 성령의 사역에 관한 예수님의 말씀을 귀기울여 주의 깊게 듣던 니고데모, 뭔가 어렴풋이나마 이해한 듯 이제는 거듭남의 방법에 관해 질문한다.

"선생님, 그러면 어떻게 그런 일이 있을 수 있습니까? 내가 어떻게 그런 거듭남의 경험을 할 수 있겠습니까?"

"당신은 이스라엘의 저명한 선생인데도 그런 것을 알지 못하시오?"

예수님의 가벼운 책망에 니고데모가 얼굴을 붉히며 변명하듯 말한다.

"그게… 선생님의 가르침은 지금껏 처음 들어본 것이라…."

"내가 진정으로 밝히 말하겠소. 우리는 통상적으로 우리가 아는 것에 대해 말하고 본 것에 대해 증언하는 법이오. 하지만 당신들은 우리가 알고 본 것을 밝히 증언하는데도 그 증언을 받아들이지 않고 있소."

오랜 세월 동안 하나님의 선지자들은 영생과 구원의 진리에 관해 수없이 증언했다. 최근에는 세례 요한이 유대 광야에서 힘차게 증언했고, 예수님과 제자들 또한 밝히 증언했다. 그런데도 유대의 종교 지도자들과 백성들은 그 증언을 받아들이지 않고 있었다. 말씀은 이어진다.

"보시오, 당신들은 내가 세상에서 일어나는 일에 대해 말해도 믿지 않는데, 하물며 하늘에서 일어나는 일을 말한다면 어찌 믿을 수 있겠소?"

'세상에서 일어나는 일'이란 방금 전에 예수님이 실례로 드신 바람 부는 현상처럼 자연의 모든 신비로운 현상을 가리킨다. 땅과 세상의 이치에 관해 설명해도 제대로 알아듣지 못하고 믿지 못하는데, 어찌 하늘(천국)에서 일어나는 오묘한 영적인 일을 알아듣고 믿을 수 있겠느냐 말이다. 니고데모의 영적 수준으로는 도저히 이해할 수 없는 말씀의 연속이었지만, 그럼에도 불구하고 예수님은 하늘의 놀라운 일에 관해 계속 말씀하신다(이 같은 예수님의 정성 때문이었을까? 나중에 니고데모는 예수님의 신실한 제자가 된다).

"하늘에서 내려온 이, 곧 인자 외에는 아무도 하늘로 올라간 이가 없소."

오직 인자(예수님)만이 하늘에 속한 자로서 하늘에서 내려왔기에 하늘의 일에 관해 말씀하실 자격이 있다는 뜻이다. 그렇다면 '하늘의 일'이 무엇인지, 예수님이 알려주신 한 가지 사실을 들어보자.

"모세가 광야에서 놋뱀을 높이 들었던 것처럼, 인자도 땅에서 높이 들려져야 하오. 그것은, 인자를 믿는 사람은 누구든지 영원한 생명을 얻게 하기 위함이오."

여기서 예수님은 자신을 광야의 '놋뱀'에 비유했다. 출애굽 이후 가나안 여정 중에 이스라엘 백성들은 광야에서 맹독을 지닌 불뱀에게 공격당했다. 그때 모세는 하나님의 지시에 따라 놋뱀을 급히 만들어 장대 위에 높이 매달았고, 불뱀에 물린 자들은 그 놋뱀을 바라보고는 모두 살았다.

이와 같은 방식으로 예수님은 장차 자신이 십자가 위에 매달릴 터인데, 믿음으로 자신을 바라보고 의지하는 자들은 죄로부터 구원을 받고 영생을 얻을 것이라고 말씀하신 것이다. 이제 예수님은 장차 자신이 감당할 그런 십자가 사역과 관련하여 아주 유명한 말씀을 하신다. 성경에서 가장 유명한 구절 가운데 하나로 마음속에 깊이 새겨두어야 할 말씀이다.

> "이처럼 하나님께서는 세상을 극진히 사랑하셔서 독생자를 보내주셨소. 그것은, 누구든지 그 아들을 믿는 자마다 멸망하지 않고 영원한 생명을 얻게 하려는 것이오."

그 아들을 믿는다는 것, 그것은 예수님의 말씀이 진리라는 것을 인정하는 것 이상이다. 그것은 예수님만을 자신의 구주로 신뢰하면서, 그분의 손에 자기 삶을 온전히 맡기기로 결정하고 오직 그분의 말씀대로 살아가는 것이다. 그런 자들에게 영생의 축복이 주어지는 것이다. 말씀은 이어진다.

"잘 들으시오. 하나님께서는 세상을 심판하려고 그 아들을 보내신 것이 아니라, 그 아들을 통해 세상을 구원하려고 보내셨소. 그러므로 누구든지 그 아들을 믿는 사람은 정죄를 당하지 않소. 그러나 그 아들을 믿지 않는 사람은 하나님의 외아들의 이름을 믿지 않은 것만으로도 이미 죄인으로 정죄 받아 심판을 받은 것이오."

"그 아들을 믿지 않으면 이미 심판을 받았다는 말씀입니까?"

니고데모가 의아한 듯 되묻는다. 예수님은 분명히 답변하신다.

"그렇소! 그런 자들은 이미 심판을 받았소!"

무슨 말일까? 어째서 예수님을 믿지 않는 사람은 이미 심판을 받은 것인가? 여기서 '심판을 받았다'(헬, 케크리타이)는 말은 '현재완료' 시제로, 예수님을 믿지 않고 있는 그 불신의 상태가 이미 심판을 계속해서 받고 있는 상태란 뜻이다. 왜냐하면 아담의 후손인 모든 인류는 오래전부터 원죄(태어날 때부터 지닌 선천성 죄)와 자범죄(살아가면서 스스로 지은 죄)로 인해 영원한 형벌의 심판을 받을 수밖에 없는 운명에 이미 처해져 있었기 때문이다. 말하자면, 모든 사람에 대한 하나님의 심판은 오랜 과거부터 이미 시작되었고, 그런 상태가 현재까지도 계속 유효한 것이기 때문이다.

그러므로 사람이 이미 주어진 심판의 상태에서 벗어나 구원을 받고 영생을 얻는 유일한 길은 하나님의 독생자이신 예수 그리스도를 믿는 것뿐이다. 예수님을 믿지 않는 모든 사람은 진즉에 심판을 받은 그 상태로 계속 머물고 있다가 자신의 죽음(개인적 종말) 혹은 그리스도의 재림(세상의 종말) 때까지도 끝내 믿지 않는 상태를 유지하면, 마침내 최후 심판을 거쳐 영원한 불못 곧 지옥에 떨어지게 된다. 예수님은 그런 자들 곧 하나님의 외아들(예수님)을 믿지 않는 자들에 대해 계속 말씀하신다.

"그런 자들이 죄인으로 심판을 받는 까닭은, 빛이 세상에 들어왔지만 그들의 행위가 악하여 빛보다는 어둠을 더 사랑했기 때문이오."

"빛이라면…? 하나님의 외아들을 가리키는 말입니까?"

"그렇소! 세상을 구원하러 이 땅에 오신 하나님의 외아들은 참된 빛이라오."

예수님은 자신을 '빛'에, 그리고 자신과 하나님을 대적하는 사탄 및 그를 추종하는 모든 악한 세력 또는 세상의 죄악을 '어둠'에 비유하셨다. 말씀은 이어진다.

"악을 행하는 자들은 모두가 빛을 싫어하는 법이오. 악인들은 자기들의 악한 행위가 드러날까 두려워 빛 가운데로 나오지 않소. 그러나 진리를 따르는 사람들은 기꺼이 빛 가운데로 나오는 법이오. 그것은, 자신의 행위가 모두 하나님을 통해 그분 안에서 이루어진 것임을 드러내 보이기 위함이오."

악을 행하는 악인들은 어둠(죄악 혹은 사탄)에 속했기 때문에 빛(그리스도)을 싫어하는 반면, 진리를 따르는 사람들은 빛에 속했기 때문에 기꺼이 빛 가운데로 나아오는 법이다. 그들은 자신들의 행위가 모두 빛 가운데서 이루어진 일이기 때문에 하나님 앞에서 숨기거나 감출 것이 없기 때문이다. 도리어 자신의 행위를 밝히 드러내 보임으로써 하나님께 칭찬받고 상급 받기를 기대한다.

세례 요한의 마지막 증언 (3:22-30)

"자, 이제 유대 땅으로 가자꾸나."

그 후, 예수께서는 제자들과 함께 예루살렘을 떠나 유대 지방으로 가셨다. 요단강 근처의 평야이거나 여리고 주변 지역인 듯하다. 예수님은 거기서 얼마 동안 머무시면서 사람들에게 천국 복음을 전하시고 또 세례를 베푸셨다(예수께서 직접 세례를 베푸신 게 아니고, 예수님의 허락 하에 제자들이 주의 이름으로 베풀었다).

그 무렵, 세례 요한도 살렘 근처의 애논에서 세례를 주고 있었다. 애논(Aenon)은 '샘터'란 뜻인데, 여리고 성읍 맞은편의 요단강 근처 지역으로 추정된다. 그곳에는 물이 많은 데다, 사람들이 계속해서 그에게 세례를 받으러 왔기 때문이다. 이때는 아직 세례 요한이 감옥에 갇히기 전이었다(이후에 세례 요한은 갈릴리 지역의 분봉왕인 헤롯 안티파스의 불륜과 근친상간의 죄악을 지적하다가 그의 미움을 받아 감옥에 갇히게 된다).

때에 세례 요한의 제자들 가운데 몇 사람과 어떤 유대인 사이에 정결의식에 관해 논쟁이 벌어졌다. 유대인들의 정결의식이란 본래 여행이나 외출 후에 물로 손발을 씻거나, 음식을 먹기 전에 손을 씻는 의식을 말한다.

그런데 이때의 논쟁은 특별히 죄 문제와 관련하여 세례를 베푸는 의식에 관한 것이었다. 추정컨대 세례 요한의 세례와 예수님의 세례를 두고 논쟁을 벌인 듯하다. 한바탕 논쟁을 벌인 후, 세례 요한의 제자들이 스승인 세례 요한에게로 나아가서 말한다.

"선생님, 요단강 건너편에서 선생님과 함께 계셨던 분, 곧 전에 선생님께서 '하나님의 어린양'이라고 증언하셨던 그분도 세례를 주고 계신답니다. 그런데 사람들이 모두 그분에게로 몰려가고 있다고 합니다. 우리가 어찌 하면 좋겠습니까?"

이스라엘 백성들의 관심이 스승인 세례 요한에게서 나사렛 예수에게로 바뀌는 것에 대하여, 세례 요한의 제자들이 불안하고 초조하여 묻는 말이다. 이에 세례 요한이 대답한다.

"하늘에 계신 하나님께서 주시지 않으면, 사람은 그 무엇도 받을 수 없는 법이다. 귀담아 들어라. '나는 그리스도가 아니라, 그분보다 앞서 보내심을 받은 사람이다'라고, 너희에게 진즉에 분명히 말하지 않았느냐?"

"네, 스승님께서 그리 말씀하시는 것을 저희가 분명히 들었습니다."

"그렇다. 신부를 맞이하여 차지할 사람은 신랑이다. 그러나 신랑이 오기를 기다리던 신랑의 친구도 신랑이 오는 소리를 들으면 매우 기뻐한다. 지금 나는 그런 기쁨으로 가득 차 있다."

"아, 스승님…."

세례 요한의 제자들은 자신들도 모르게 마치 한탄 같은 말을 내뱉는다. 여기서 세례 요한은 예수님을 '신랑'에, 자신을 '신랑의 친구'에 비유했다. 어디까지나 주인공은 예수님이고 자신은 주인공을 빛나게 하는 조연에 불과하다는 표현이다. 이제 그런 뜻을 더욱 직설적으로 밝힌다.

"정녕 그러하다! 그분은 더욱 흥해야 하겠고, 나는 더욱 쇠해야 한다."

인류 구원의 메시아이신 예수님의 사역을 준비할 목적으로, 그보다 세상에 먼저 온 선구자 세례 요한의 겸양과 위대함이 극적으로 표현된 말이다. 실제로 그는 자신의 제자들까지 예수님께 보냄으로써 어떤 질투심이나 불만 없이 자신의 선구자적 사명을 온전히 수행했다. 그런데 여기서 한 가지 의문점이 든다. 그렇다면 왜 세례 요한은 다른 사람들처럼 예수님의 제자가 되지 않았을까?

세례 요한은, 하나님이 자신을 선지자로 부르신 것은 사람들에게 메시아가 누구인지를 알려주고, 그분의 사역을 평탄케 하기 위한 것임을 분명히 인식하고 있었다. 그런 역할을 감당하기 위해 자신이 메시아보다 앞서 보냄 받은 것이라는 선구자로서의 사명감을 항상 잊지 않고 있었다.

세례 요한의 사명감은 예수님이 등장하신 이후에도 변함이 없었다. 다른 사람들은 예수님의 부름을 받고 제자가 되었지만, 세례 요한은 메시아의 길을 예비하는 자기 역할에 충실해야 했고, 그 역할이 마무리되면 조용히 사라져야 했다. 만약 그가 예수님의 제자가 되어 계속 남는다면 공연히 백성들 간에 쓸데없는 다툼과 갈등을 조장시킬 가능성이 컸다.

하늘로부터 오신 분 (3:31-36)

요한복음을 기록한 사도 요한, 그의 근본 의도는 바로 하나님의 아들이며 그리스도(메시아)이신 예수님의 신적인 탁월함을 밝히 드러내는 데 있었다. 그런 점에서 이제 본서의 저자인 사도 요한은 다시금 세례 요한과는 뚜렷이 대비되는 예수 그리스도의 우월성을 언급한다. 이 내용은 앞서 예수님과 니고데모와의 대화 속에서 언급된 것과 유사한 면이 있다. 예수 그리스도에 대한 사도 요한의 증언에 귀 기울여 보자.

"위로부터 오신 분은 모든 것 위에 계신다. 세상에서 온 자는 세상에 속하여 세상의 말을 하지만, 하늘로부터 오신 분은 모든 것 위에 계신다."

위로부터 오신 분은 물론 '예수 그리스도'를 가리킨다. 그분은 본래 하나님의 아들로서 하늘에 속한 분이시다. 그런 분께서 죄악에 빠진 인류를 구원하시려 사람의 몸을 입으시고 이 세상에 내려오셨다.

"그분은 몸소 하늘에서 보고 들은 진리를 증언하시지만, 세상 사람들은 그분의 증언을 받아들이지 않는다. 그러나 그분의 증언을 받아들이는 사람은 하나님께서 참되고 신실하다는 사실을 확실하게 인치는 것이다."

사실, 하나님의 참되고 신실하심은 사람들의 인정이나 인침(보증)을 필요로 하지 않는다. 사람들의 인정이나 인침과는 상관없이 하나님 스스로가 본질상 참되고 신실하시기 때문이다. 따라서 사람이 예수 그리스도의 증언을 그대로 받아들이고 믿음으로써 하나님의 참되고 신실하심을 인정하고 인치는 것은 하나님을 위한 것이 아니라 자신의 구원과 영생을 위한 것이라 할 수 있다. 하나님의 참되고 신실하심을 인정하지 않는 자는 누구라도 구원과 영생을 얻을 수 없기 때문이다.

"하나님께서 보내신 분은 오롯이 하나님의 말씀만을 전한다. 그것은, 하나님께서 그분에게 성령을 한량없이 부어주시기 때문이다."

그러므로 예수님이 공생애 기간 내내 제자들과 무리들에게 가르치고 베푸신 모든 말씀은 성령 충만한 상태에서 이루어진 하나님의 말씀임을 알 수 있다.

"하늘 아버지께서는 그 아들을 사랑하셔서, 모든 것을 그 아들의 손에 맡기셨다. 그러므로 누구든지 그 아들을 믿는 자는 영원한 생명을 얻지만, 그 아들을 거부하는 자는 누구든지 영생을 얻지 못할 것이고, 도리어 하나님의 두려운 진노를 받게 된다."

기독교의 진리는 아주 단순하고 명쾌하다. 사람이 "영원한 생명을 얻느냐, 아니면 두려운 진노를 얻느냐"의 척도는 하나님께서 세상에 보내신 그 아들 곧 예수 그리스도를 믿느냐, 아니면 믿지 않느냐에 달렸다. 그 아들을 믿으면 '영생(천국)'이요, 믿지 않으면 '진노(지옥)'다. 그 외 제3의 다른 길은 없다!

4

예수와 사마리아 여인

우물가에 물을 길러 나온 여인에게
예수님이 말씀하시네
내가 주는 물을 마시는 사람은
영원히 목마르지 않으리라

예수님과 어떤 사마리아 여인 (4:1-42)

"자네 소문 들었는가? 글쎄, 나사렛 사람 예수란 분이 아주 능력이 많다는 소문 말이야!"

"물론이지! 그 사람에 대해 모르는 사람이 있던가. 그분은 세례 요한보다 훨씬 능력이 크다고 하던데, 나도 그분에게 세례를 받아야겠어!"

그 무렵, 예수님에 관한 소문이 갈릴리 지역과 유다 지방 전역에 널리 퍼졌다. 그래서 세례를 받고 예수님의 제자가 되려고 예수께로 모여드는 사람들이 나날이 늘어났다. 이때 예수님은 자신에게로 몰려드는 사람들에게 복음을 전하고 또 세례를 베푸셨다.

그 결과, 말씀을 듣고 세례를 받으려고 세례 요한에게로 모여드는 사람들보다 예수께로 모여드는 사람들이 훨씬 더 많았다. 그런 소문이 바리새파 사람들의 귀에 들어갔다.

"뭐라? 나사렛 예수? 그자는 또 누구야? 누군데 세례 요한보다 인기가 더 많다는 거야? 어디 한번 그자를 심문해 봐야겠어! 원, 어디서 뜨내기가 갑자기 나타나서는 유명한 랍비 행세를…."

이처럼 바리새인들이 자신을 아주 고깝고 언짢게 생각하고 있다는 것을 아시고서, 예수께서는 유대 지방을 떠나 다시 갈릴리 지방으로 돌아가시기로 마음먹으셨다. 갈릴리 지방으로 가려면 유대와 갈릴리 중간에 있는 사마리아 지역을 지나가야 했다. 그리하여 예수님 일행은 갈릴리로 가는 도중에 사마리아 지역의 '수가'라는 마을에 이르셨다.

수가(Sychar)는 일찍이 야곱이 자기 아들 요셉에게 물려준 땅에서 가까운 곳으로, 근처에 '야곱의 우물'이 있었다. 오늘날 '야곱의 우물'에서 1km가량 떨어진 에발산 기슭에 위치하고 있는 아스카르(Askar) 마을로 추정된다.

"흠, 저기 우물이 있구나. 저기서 좀 쉬었다 가자꾸나."

예수께서는 오랜 여행길에 무척 피곤하셨으므로 그 우물로 가셔서 우물곁에 앉아 쉬고 계셨다. 때는 저녁 6시 무렵이었다. 당시 제자들은 모두 음식을 구하러 마을 안으로 들어갔으므로, 우물가에는 아무도 없었고 예수님 혼자 계셨다.

"아, 이제 다 왔다!"

그때, 한 사마리아 여인이 물을 길으러 우물로 다가와 물을 긷기 시작했다. 매일 쓸 물을 긷고 나르는 것은 마을 여자들의 중요한 하루 일과였다. 여자들은 아침저녁으로 물이 차가울 때 우물에서 물을 길러 날랐다. 그런 사마리아 여인의 모습을 보고, 우물곁에 앉아 휴식을 취하시던 예수께서 자리에서 일어나셔서 그녀에게 말을 거신다. 부드럽고 온화한 목소리다.

"여자여, 내게 물을 좀 주겠소?"

예수님의 말을 듣고, 사마리아 여자가 흠칫 놀라며 대꾸한다.

"당신은 유대인임이 분명한데, 어찌하여 저 같은 사마리아 여자에게

수가 성 야곱의 우물가에서 예수님과 사마리아 여인의 대화

물을 달라고 하십니까?"

사마리아 여인의 이런 퉁명스런 대꾸에는 까닭이 있었다. 당시에 유대인들은 사마리아 사람들과는 아예 상종하지 않았기 때문이다. 이렇게 된 데에는 가슴 아픈 민족의 역사가 있다. 주전 722년경, 북왕국 이스라엘을 정복한 아시리아의 식민정책으로 북방 이스라엘 땅에 이방인들이 들어와 살게 되었고, 그들 이방인들은 그 땅에 남아있던 유대인들과 통혼함으로써 자녀를 낳았다. 그렇게 이방인들과 북방 이스라엘 백성들과의 사이에서 태어난 혼혈족속이 바로 사마리아인들이었다.

이후 사마리아인들은 구약성경의 가르침보다는 자신들의 전통과 관습에 따라 하나님을 예배했다. 그래서 사마리아인들은 '예루살렘 성전'이 아니라 '그리심산'에서 하나님을 예배해야 한다고 주장하면서 자신들만의 독자적인 종교 체계를 세웠다. 정통 유대인들은 이 같은 행위를 하는 사마리아인들을 민족의 순수성과 종교의 고유성을 훼손시키는 오염된 존재로 여겼고, 그래서 경멸과 배척과 미움의 대상이었다.

이에 맞서, 사마리아인들도 유대인들을 배척하고 싫어했다. 그런 배척과 갈등의 세월이 500년 이상이나 흘러왔다. 그런데 지금, 유대인인 예수님이 사마리아 사람(그것도 사마리아 여자)에게 말을 걸고 있는 것이다. 사마리아 여자의 퉁명스런 반응은 아주 당연했다.

그 여인의 삶은 사실 파란만장했다. 결혼을 다섯 번이나 한 처지였다. 남자에게 그토록 버림을 받았으면서도 여전히 남자를 떠나지 못하고 있는 상태였다. 남자들을 미워하면서도 남자들이 옆에 없으면 한시도 살 수 없는 남자 중독증이었다. 그래서 남자들을 보면 일단은 짜증부터 났다. 더구나 유대 남자가 아닌가. 더욱 더 짜증이 난 여인은 물을 달라는 길손에게 자신도 모르게 퉁명스러운 반응을 보이고 말았다. 그녀는 예수님에게 꼬여 있는 것이 아니라 세상에 대해 꼬여 있었다. 그러나 유대인 이 남자는 조금도 기분이 상한 것 같지 않았다. 여전히 온화하고 부드러운 목소리다.

"여자여, 조금도 이상하게 생각하지 마시오. 만일 당신이 하나님께서 주시는 놀라운 은사를 알고, 또 당신에게 물을 청하는 이가 누구인지를 알았더라면, 도리어 당신이 그에게 생수를 청했을 것이고, 그러면 그가 당신에게 생수를 주었을 것이오."

자신들과는 상종하지 않는 유대인이지만, 예수님의 목소리가 워낙 온화하고 부드러웠기에 사마리아 여자가 경계심을 풀고 대답한다. 하지만 예수님의 말을 전혀 이해하지 못한 대답이다.

"하지만… 지금 당신에게는 두레박도 없는 데다, 이 우물은 굉장히 깊지 않습니까? 그런데 어떻게 생수를 길어 제게 주신다는 말입니까? 그리고… 제게 물을 청하는 당신은 누굽니까?"

우물은 깊었다. 우물이 깊을수록 시원한 물을 얻을 수 있기에 그 우물은 매우 깊고도 푸르렀을 것이다.

사실은 여인의 절망이 우물보다 더 깊었다. 사마리아 혈통이라는 신분, 여성이라는 성별, 남자들에게 시달림 당한 여인에게 인생은 고단했고 구차했다. 그러니 누군가와 관계를 맺는다는 것 자체가 모두 싫고 귀찮아진 것이다. 그만큼 절망했고, 절망은 너그러움과 관대함을 삼켜버렸다.

예수님은 여자의 물음에 대답하지 않으시고 그저 온화한 표정으로 빙그레 미소만 지으실 뿐이다. 조금 답답하다는 듯 사마리아 여자의 물음은 계속된다.

"이 우물물은 아주 오래전에 우리 조상 야곱이 얻은 것으로, 야곱은 물론이고 그의 자녀들과 가축들이 즐겨 마시던 물입니다. 설마 당신이… 우리에게 이 우물물을 주신 야곱보다 더 크고 위대한 분이란 말입니까?"

사마리아 여자는 직감적으로 자신에게 말을 건 이 사람이 보통 사람은 아니란 걸 눈치 챈 것 같다. 하지만 예수님은 그 여자의 질문에 답하지 않으시고 의연하게 가르침을 베푸신다.

"이 우물물을 마시는 사람은 이내 다시금 목마를 것이오. 하지만 내가 주는 물을 마시는 사람은 영원히 목마르지 않을 것이오."

"영원히…? 영원히요?"

"그렇소. 내가 주는 물은, 그 사람 안에서 끊임없이 솟구쳐 나와 영원한 생명에 이르게 하는 참 샘물이기 때문이오."

지금 예수님은 생명의 가르침을 사마리아 여자에게 베풀고 계신다. 누구든지 예수님의 말씀을 듣고 그 말씀을 심령 속에 새긴 사람은 그의 심령 안에서 계속해서 끊임없이 솟아나고 인도하는 성령의 인도하심과 도우심으로 말미암아 마침내 영생에 이르게 된다는 가르침이다. 이런 보석 같은 가르침을 사마리아 여자가 제대로 이해할 리 없었다. 그래서 그녀는 예수께 요구한다.

"선생님, 그 물을 제게 주십시오! 그러면 제가 다시는 목마르지도 않고, 또 물을 길으러 여기까지 올 필요도 없게 되지 않겠습니까?"

예수님은 영적인 생수에 관해 말씀하셨지만, 사마리아 여자는 물질적인 생수로 받아들인 것이다. 영적 갈증은 도외시한 채 육신적인 갈증에만 온통 관심을 가진 사마리아 여자의 영적 무지가 여실히 드러난다. 그럴지라도, 예수님은 여전히 온화한 미소를 지으며 말씀하신다. 사마리아 여자가 전혀 예상치 못한 말씀이다.

"여자여, 이제 가서 당신 남편을 내게로 불러오시오."

모든 것을 다 알고 계시는 예수께서는 그 사마리아 여자의 가장 아픈 곳을 지적하셨다. 그녀로 하여금 자신의 약하고 부족하고 상처난 부분을 깨닫게 하기 위해서였다. 이처럼 예수께서 '생수'에 관한 가르침에 이어 그 여자의 가장 아픈 곳을 지적하신 이유는, 그녀가 자신의 약함과 부족함을 스스로 철저히 자각해야 비로소 하나님의 은사와 영적 생수를 갈구하는 간절한 마음이 생길 것이기 때문이다.

"네엣? 제 남편을 데려오라고요?"

예수님의 갑작스런 요구에 그 여자가 크게 놀라며 어쩔 줄 몰라 했다. 당혹스런 기색이 역력했다.

"아, 선생님. 제게는 남편이 없습니다."

"그렇겠지요. 남편이 없다고 말한 당신의 말이 옳소. 사실, 당신에게는 남편이 다섯이나 있었고 지금도 남편이 있지만, 알고 보면 지금 함께 살고 있는 그 남편도 사실은 당신 남편이 아니오. 그러니 방금 당신이 한 말이 맞소."

참으로 사연 많은 기구한 여인이다. 그렇다면 대체 어떤 종류의 여자가 다섯 남편을 가질 수 있었을까? 고대 세계의 유대와 사마리아 사회에서, 이혼은 전적으로 남편이 주도했다. 아내와 이혼하기를 원하는 남편은 율법에 따라 이혼의 사유를 공개적으로 진술하고 이혼증서를 아내에게 써주어야 했다.

이혼증서라는 것은 사실 종잇조각에 불과하다. "지금부터 이 여자는 내 아내가 아니다"라고 종이에 쓰고 그 이유를 달아놓은 것이다. 게으름,

못생김, 요리실력 부족, 여자로서의 매력 상실, 심지어 음식하는 뒷모습이 보기 싫어서… 등등, 이혼의 사유를 덧붙여 적는 것은, 이혼을 하긴 했지만 간음을 했다거나 어떤 뚜렷한 죄를 지었기 때문은 아니라는 사실을 밝히기 위함이다.

고대 가부장적 사회에서 이렇게 이혼증서를 쓰게 한 것은, 이혼당한 여인의 인권을 지켜주기 위한 모세 율법의 배려이기도 했다. 남편들이 율법의 본래 정신을 도외시하고 망각한 채 사소한 이유를 들어 이혼할 때 일방적으로 당하는 여인들의 억울함도 보호해주기 위해 이혼 증서를 쓰게 했던 것이다.

그 이유가 무엇이고 그 사연이야 어찌 되었건, 이혼은 아내였던 자에게 말 못할 치욕과 지독한 가난을 안겨다 주었다. 이 사마리아 여자는 무려 다섯 남편에게서 그런 치욕을 연달아 받았고, 이제 생계를 위해 정식 남편이 아닌 또 다른 어떤 남자와 살아가고 있었다. 참으로 고달프고 박복한 인생이다. 그런데 바로 자기 앞에 서 있는 이 사람, 누군지는 몰라도 자신의 그런 사정을 손바닥 보듯 훤히 알고 있는 게 아닌가! 여자는 크게 놀라 소리친다.

"오, 선생님! 제가 보니, 선생님이야말로 예언자이십니다. 그러니 제게 말씀해 주십시오. 우리 조상들은 이 산 위에서 예배를 드렸는데, 왜 당신네 유대인들은 반드시 예루살렘에서만 예배를 드려야 한다고 말합니까?"

사마리아 여자가 말하는 '이 산'은 수가 마을의 남쪽에 위치한 그리심 산(Mt. Gerizim)을 가리킨다. 이 산은 일찍이 가나안 땅에 들어온 이스라엘 백성들이 모세 율법에 따라 하나님의 축복을 선포한 산으로, 이에 근거하여 사마리아 사람들은 이 산을 신성하게 여겨 이곳에 성전을 세우고 예배드렸다. 반면, 유대인들은 하나님께서 자신의 지상 거처로 친히 택하신 예루살렘 성전에서만 예배를 드렸다. 사마리아 여자의 질문에 예수께서 대답하신다.

"여자여, 내 말을 믿으시오. 그리심산도 아니고, 예루살렘도 아닌 곳에서 하늘 아버지께 예배를 드리게 될 때가 오고 있소."

그때는 성령의 강림으로 말미암아 복음이 세상 도처에 널리 알려지고, 성령께서 각 사람의 마음속에 역사하시는 때를 가리킨다. 예수님의 부활, 승천 이후 오순절 성령의 강림으로 인해 그런 때가 도래할 터인데, 그때가 되면 사마리아 사람들의 주장대로 반드시 그리심산도 아니고, 유대인들의 주장처럼 반드시 예루살렘도 아닌, 세상 어디에서나 하나님을 자유롭게 예배드릴 수 있게 된다. 예수님의 답변은 이어진다.

"당신들 사마리아 사람들은 당신들 스스로도 알지 못하는 분을 예배하지만, 우리 유대인들은 우리가 아는 분을 예배드린다오. 이것은, 구원이 유대인에게서 나오기 때문이라오."

예배의 대상인 '하나님'에 관하여 사마리아 사람들의 지식은 매우 불완전했다. 그들은 율법서(모세오경)만을 하나님의 말씀으로 받아들였기에 그 외 예언서, 성문서, 역사서 등에 계시된 하나님의 말씀을 전혀 알지 못했다. 그들은 예배할 대상이 누군지는 알았지만, 그 하나님이 어떤 분이신지는 알지 못했다.

반면, 구약성경 전체를 하나님의 말씀으로 받아들이는 유대인들은 사마리아 사람들에 비해 예배드리는 대상인 하나님에 관해 훨씬 잘 알았다. 사실, 인류 구원에 관한 하나님의 경륜에 따르면 유대인들은 '제사장 나라'로서 하나님의 구원을 열방에 전할 의무가 있었다. 그 구원의 핵심과 비밀이 바로 사마리아 여인에게 지금 말씀하고 계시는 '메시아 예수'인데, 예수는 유대인인 아브라함과 다윗의 혈통을 좇아 이 땅에 오셨다. 이런 의미에서 구원이 유대인에게서 나온다고 말씀하셨다. 이제 예수님은 하나님께 예배드리는 것과 관련하여 사마리아 여자에게 놀라운 복음을 일러주신다.

"그러나 참되게 예배를 드리는 사람들이 영과 진리로 하늘 아버지께 예배를 드릴 때가 오고 있소. 지금이 바로 그때요. 하늘 아버지께서는 영과 진리로 예배드리는 사람들을 찾고 계신다오. 하나님은 영이시오. 그러므로 하나님을 예배하는 자들은 영과 진리로 예배를 드려야 하오."

본질상 하나님이 영(靈)이라는 사실에 주목하라. 그것은, 육신(몸)을 지닌 사람과는 달리, 영이신 하나님은 어떤 특정한 장소에 제한되거나 어느 특정 나라나 민족에 얽매이는 분이 아니라는 사실을 의미한다. 영이신 하나님은 온 우주의 어디에든 존재하신다. 예수님은 그런 하나님께 '영'과 '진리'로 예배를 드려야 한다고 일러주셨는데, 이는 참된 예배는 사실(fact)과 신앙(faith) 두 가지를 모두 포함해야 한다는 것을 의미한다.

먼저 '진리'로 예배드리는 것은 참된 하나님께 예배드리는 것이다. 곧 예수 그리스도를 통해 성경에 계시된 '그분 하나님'께 예배드리는 것이다. 그 외의 다른 대상에게 예배드리는 것은 전부 거짓 예배다.

그리고 영(靈, spirit)으로 예배드리는 것은, 참된 예배란 단순히 외적인 예배의 방식이나 행동에 관계된 것이 아니라 하나님께 자신의 심령 전부를 온전히 바치는 내적 헌신임을 뜻한다. 후일에 사도 바울은 이 같은 영적 예배를 달리 표현하여, 우리 몸을 '거룩한 산 제물'로 하나님께 바치는 것이라고 말했다(롬 12:1).

예배가 아주 중요하기에 다시금 자세히 살펴보면 이러하다. 예수님이 말씀하신 '진리의 예배'는 진리에 바탕을 둔 참되고 올바른 예배를 가리킨다. 하나님은 누구신가? 인간은 어떻게 하나님께 나아갈 수 있는가? 하나님은 어떤 장소를 명하셨으며 어떤 형식으로 제사하라고 하셨는가? 이런 사항들을 올바로 알고, 올바른 대상을 향해 올바른 규범에 따라 제사 드리는 것이 진리로 드리는 참되고 올바른 예배다.

그리심산에서 드리는 사마리아인들의 제사는 이런 진리가 부족했다.

그들에겐 열정은 있었지만 진리가 없었다. 정통이 없었기에, 전통적인 교리에서 벗어나 자기 멋대로 춤추고 떠들고 흥분하는 열정의 예배를 드리다 보니 이단적 예배가 되고 만 것이다.

이에 비해 예루살렘 성전에서 드려진 유대인들의 예배에는 신령이 부족했다. 그들은 하나님이 명하신 대로 예루살렘에서 예배했다. 제사장을 세우고 희생제물을 바치며 하나님이 정해놓으신 예배 규범을 좇아 예배했다. 누가 보더라도 정통이다. 예배가 장엄했고 위엄이 깃들어 있었다. 그러나 너무 형식적인 것들에만 집착하다 보니 마음으로부터 올라오는 뜨거운 감격과 감사가 없었다. 세월이 흐를수록 예배는 형식화가 되었고, 영적 감화, 감동이 고갈되었다.

이런 유대인들의 예배는 말씀의 하자 없이 근사하고 반듯하게 드려졌지만, 마음을 변화시키는 신령한 예배가 되지 못했다. 총대같이 곧은 교리로 남을 비판하고 정죄하는 일에 급급했다. 비예배적이고 비은혜적인 예배자들을 만들어버린 것이다.

이처럼 예루살렘에는 진리가 있었으나 신령이 없었고, 그리심산에는 신령은 있었으나 진리가 없었다. 두 민족은 예배의 두 극단을 만들어내면서 서로를 향해 '가짜'라고 비난했다. 이제 예수님은 사마리아 여인에게는 하나님이 명하신 전통적인 예배의 회복을 가르치시고, 유대인들에게는 신령한 예배와 역동적인 예배를 말씀하신다. 예수님의 가르침을 듣고서, 뭔가 크게 깨달은 게 있다는 듯 사마리아 여자가 예수께 말한다.

"선생님, 저 역시도 장차 '그리스도'라 하는 메시아가 이 땅에 오실 것이라는 사실을 잘 알고 있습니다. 그분께서 오시면, 우리에게 모든 것을 밝히 알려주실 것입니다."

그러자 예수께서 부드러운 미소를 지으시며 말씀하신다.

"지금 당신에게 말하고 있는 내가 바로 그 메시아요."

"네, 네엣? 선생님… 선생님이 메, 메시아라고요? 그, 그게 정말…?"

사마리아 여인은 소스라치게 놀라며 어쩔 줄 몰라 했다. 바로 그때, 마을로 먹을 것을 구하러 갔던 제자들이 막 돌아왔다.

'어? 스승님이 사마리아 여자와 말씀을 나누고 계시네…?'

제자들은 예수께서 어떤 사마리아 여자와 친밀하게 이야기를 나누고 계시는 것을 보고 의아하게 생각하며 놀랐다. 그 까닭은 이러하다. 예수님 당시에 유대의 종교 지도자들이 공개적으로 여자와 이야기를 나누는 것은 아주 드문 일이었다. 랍비들은 통상 가르치기를, 여자는 율법을 배울 수 없으며 또한 남자가 여자와 오래 이야기하는 것은 부적절하다고 했다. 또한 유대인들은 전통적으로 사마리아 사람들을 멸시했고 가능한 한 그들과 접촉하는 것을 피했다. 이렇게 볼 때, 우물가에서 사마리아 여인과 오래 이야기를 나눈 예수님의 행동은 당시의 사회 규범에 크게 저촉된 것이었다.

하지만 제자들은 그저 속으로만 의아하게 생각할 뿐이었다. 예수님이 그 여자와 무슨 내용으로, 왜 이야기를 나누었는지를 묻는 제자는 아무도 없었다.

"여러분, 모두들 나와 보세요! 저의 과거를 낱낱이 알아맞힌 분이 계십니다. 모두들 가서, 그분을 한번 만나 보세요. 그분이야말로 우리가 그토록 기다리던 '그리스도' 같아요!"

예수께서 스스로를 그리스도(메시아)라고 밝히자, 크게 놀란 그 사마리아 여자는 물동이를 우물가에 그냥 내버려둔 채 부리나케 마을로 달려가서 사람들에게 외쳤다. 그러자 그 여자의 말을 듣고, 마을 사람들이 모두 나와서 예수님을 보려고 우르르 우물가로 몰려들기 시작했다.

"선생님, 시장하시지요? 이것 좀 드십시오."

사마리아 여자가 마을로 들어가 외치는 동안에, 제자들은 예수께 음식을 권하고 있었다. 그러나 예수께서는 음식을 드시지 않고 제자들에게 말씀하신다.

"됐다. 나에게는 너희가 알지 못하는 양식이 있다."

이 말을 듣고, 제자들이 고개를 갸웃하며 서로 수군거린다.

"어? 누가 벌써 선생님께 음식을 갖다 드렸나?"

"아까 그 사마리아 여자가 예수님께 음식을 드린 게 분명해."

제자들의 이런 수군거림에 아랑곳없이 예수께서 말씀하신다.

"내 양식은 나를 보내신 분의 뜻을 이루는 것이고, 그분의 일을 완성하는 것이다."

"그게 무슨 말씀이신지…?"

예수님은 자신의 사명과 관련하여 영적인 양식에 관해 말씀하셨지만, 온통 육적인 양식에만 관심을 가진 제자들은 전혀 알아듣지 못했다. 그래도 예수님은 계속 말씀하신다.

"너희는 말하기를 '아직도 넉 달이 더 지나야 추수 때가 된다.'라고 한다. 그러나 나는 너희에게 말한다. 자, 눈을 들어 들판을 보아라. 벌써 곡식이 다 익어 거두어들일 때가 되지 않았느냐?"

팔레스타인 지방의 추수 시기는 대략 4~5월경이었다. 그러므로 예수님이 제자들에게 이 말씀을 하신 때는 12~1월경임을 알 수 있다. 육적 양식을 추수하는 때는 넉 달가량 남았지만, 사람을 구원과 영생에 이르게 하는 영적 추수의 시기는 이미 진즉에 이르렀다는 말씀이다. 이 같은 영적 추수와 관련하여 예수님의 말씀은 이어진다.

"추수하는 사람은 이미 품삯을 받고 영생에 이르는 열매를 거두어들인다. 그러면 씨를 뿌리는 자와 곡식을 거두는 자가 함께 기뻐할 것이다. 그러므로 '한 사람은 뿌리고, 다른 한 사람은 거둔다.'라는 말은 과연 옳다. 나는 너희를 보내어 너희가 일하지도 않은 데서 열매를 거두게 하였다. 힘든 수고는 다른 사람들이 하였지만, 추수는 너희가 하게 된 것이다."

영적인 농사와 관련하여 예수님은 파종과 추수에 대해 말씀하셨다.

사람을 구원의 길로 인도하는 영적인 농사를 잘 지으려면, 다시 말해 사람을 영생에 이르게 하는 복음 전도의 열매를 얻기 위해서는 '복음'이라는 씨를 뿌리는 자가 있어야 하고, 또 그 뿌려진 복음의 씨앗이 잘 자라나도록 물을 주고 돌보며 마침내 거두는 자가 있어야 비로소 가능해진다. 영적 농사를 짓는 하나님의 일꾼들 간에 역할 분담과 상호 협력이 필요하다는 사실을 일깨워준다. 이와 관련하여 후일 사도 바울은 "나는 심었고, 아볼로는 물을 주었으되, 오직 하나님께서 자라나게 하셨다"라고 고백했다(고전 3:6).

"와, 그 여자의 증언이 사실인걸! 정말 예수님은 우리가 기다리던 그리스도가 맞아!"

사마리아 여자의 증언을 들은 수가 마을 사람들은 우물가로 우르르 몰려가서 예수님을 직접 만났다. 그리고 예수님께 이런저런 말씀을 전해 듣고, 그 마을에 사는 많은 사마리아 사람들이 예수님을 믿게 되었다.

"선생님, 저희 마을에 오셔서 며칠 쉬었다 가시지요! 그러면서 저희들에게 귀한 말씀을 조금 더 베풀어 주십시오."

사마리아 사람들이 자기 마을에 묵으실 것을 간청하자, 예수께서는 수가 마을에서 이틀을 지내셨다. 예수께서 부지런히 천국 복음을 전하자, 더 많은 사마리아 사람들이 예수님을 믿게 되었다. 그들은 자신들에게 예수님을 소개해준 그 사마리아 여자에게 말했다.

"처음엔 당신의 말 때문에 예수님을 믿었지만, 이제는 그렇지 않소. 우리가 지금 예수님을 믿는 것은, 그분의 말씀을 직접 듣고 보니 그분이야말로 참으로 세상의 구주이심을 깨달았기 때문이오."

아브라함의 혈통으로 선민이라는 우월 의식에 젖은 유대인들은 예수님의 복음을 무시하고 배척했지만, 당시 유대인들에게서 멸시와 천대를 받던 사마리아 사람들은 오히려 복음을 환영하고 믿은 것이다. 이처럼 복음은 낮은 데로 흘러 가난한 심령에 그 뿌리를 내린다.

예수께서 왕의 신하의 아들을 고치심(4:43-54; 마 8:5-13; 눅 7:1-10)

이틀을 수가 마을에 머무신 후, 예수께서는 사마리아 지방을 떠나 갈릴리 지방으로 가셨다. 전에 예수께서 갈릴리 지방에 있는 고향 나사렛을 방문했다가 고향 사람들에게 배척당한 적이 있었는데, 그때 예수께서는 "예언자가 자기 고향에서는 존경받지 못한다."라고 말씀하셨다.

실제로 그러하다. 통상적으로 고향 사람들은 예언자의 메시지나 능력에 관심을 기울이기보다는 그의 가족이나 친척관계 또는 그의 개인적인 성품이나 어릴 적 모습 등 다른 사소한 것들에 관심을 갖는다. 따라서 고향 사람들은 자기 고향 출신의 예언자를 보면 그의 권위를 쉽게 인정하지 않고 하찮게 여기며 배척하는 경향이 있다. 나사렛 사람들은 자기 고향 출신의 예수님을 보고 이렇게 대했던 것이다.

"와! 예수님이다. 예수님이 이곳에 왔다!"

예수께서 갈릴리 지방에 도착하자, 갈릴리 사람들은 예수님을 크게 환영했다. 이처럼 환영한 까닭은, 그들이 유월절에 예루살렘에 갔다가, 예수께서 거기서 행하신 놀라운 일들을 직접 보았기 때문이었다.

갈릴리 지방으로 돌아가신 예수님

갈릴리 지방에 도착하신

예수께서는 '가나'라는 동네에 들르셨다. 그곳은 예수께서 혼인잔치에 참석하셔서 어머니의 부탁으로 물을 포도주로 변하게 했던 동네였다. 당시 그곳에는 왕의 신하 한 사람이 살고 있었는데, 그의 아들이 중병에 걸려 가버나움에 있었다. 가나에서 가버나움까지의 거리는 대략 30km 정도였다.

"예수님이 지금 가나 동네에 계신다고?"

왕의 신하는 예수께서 유대 땅에서 갈릴리 지방으로 오신 뒤 지금 가나 동네에 계신다는 소문을 듣고 득달같이 예수님을 찾아와 간청한다.

"오, 선생님, 지금 제 아들이 중병에 걸려 다 죽게 생겼습니다. 제 아들을 불쌍히 보시고 제발 살려주십시오! 제발 제 아들에게 기적을 베풀어 주십시오!"

"어허, 당신들은 표적이나 기이한 일들을 보지 않고는, 쉽게 나를 믿으려 들지 않는구려."

왕의 신하가 아들을 고쳐달라고 예수님께 간청하다

말씀을 통해 예수님을 믿기보다는 기적을 통해 예수님을 믿으려는 잘못된 자세를 가볍게 나무라는 말씀이다. 표적과 기사(奇事)는 말씀의 권위를 뒷받침하기 위한 보조 수단일 뿐이다. 그런데도 사람들은 표적과 기사에만 관심을 갖고 말씀에 집중하는 데에는 소홀히 했다. 예수님의 가벼운 질책에도 불구하고, 지금 왕의 신하는 아들의 치유에만 온통 관심을 가질 뿐이다. 더욱 간절하게 매달린다.

"선생님, 시간이 없습니다. 제 아들이 죽기 전에 제발 저와 함께 가 주십시오. 제발 제 아들을 살려주십시오!"

울며불며 애타게 매달리는 모습에, 예수님은 그를 측은히 여기셨다.

"자, 그만하고 집으로 돌아가 보시오. 지금쯤 당신의 아들이 나았을 것이오."

"저, 정말입니까? 제 아들이 정말 낫게 됩니까?"

왕의 신하는 예수님의 말씀을 믿고 자리에서 일어나 집으로 향했다. 그가 아직 집으로 돌아가고 있을 때, 그의 하인들이 주인을 마중 나와 기쁘게 소식을 전한다.

"주인님! 주인님! 주인님의 아들이 다 나았습니다. 살아났습니다!"

"그래? 그게 정말이냐? 그렇다면 내 아들이 언제 나았느냐?"

"어제 오후 7시쯤 갑자기 열이 떨어져 나았습니다."

"그래? 오후 7시쯤이라? 앗, 그렇다면…."

놀랍게도 그 시각은 예수께서 그에게 "당신의 아들이 나았을 것이오!" 라고 말씀하신 바로 그 시각이었다. 이런 일로 말미암아, 왕의 신하와 그의 집안 식구들은 모두 예수님을 믿게 되었다. 이 기적, 중병에 걸려 곧 죽게 된 왕의 신하의 아들을 치유해 주신 이 기적은 예수께서 유대 땅을 떠나 갈릴리 지방으로 오신 후에 행하신 두 번째 표적이었다.

5
아들과 아버지

세례 요한의 증거는 참되다
그보다 더 확실한 증언이 있으니
이 땅에 날 보내신 하늘 아버지가
날 증거하고 성경도 나를 증거한다

베데스다 연못의 중풍병자 (5:1-18)

"자, 우리 예루살렘으로 올라가자!"

얼마 후, 유대인의 명절이 되자 예수께서는 제자들과 함께 예루살렘으로 올라가셨다. 유대인들은 명절을 상당히 중요시했다. 명절은 하나님께 대한 신앙심을 일으켜 세워줄 뿐만 아니라 열두 지파로 구성된 유대민족을 하나의 공동체로 단합시키는 민족의 큰 축제였다.

당시 유대인들에 의해 지켜지던 주요 명절로는 부림절(태양력 3월), 유월절(태양력 4월), 오순절(태양력 5월), 초막절(태양력 10월), 수전절(태양력 12월) 등이 있었다. 이중에서 유월절, 오순절, 초막절의 3대 절기 명절은 모세 율법에 따라 유대인들이 반드시 예루살렘으로 올라가야 하는 명절이었다. 이때 예수님이 예루살렘으로 올라간 명절은 오순절(칠칠절)로 보인다. 예수님이 명절에 예루살렘에 올라가신 목적은, 절기를 맞아 모여든 수많은 사람들에게 생명의 말씀을 전하기 위함이었다.

과연 예루살렘 성전에는 수많은 사람들로 북적거렸다. 예루살렘에 도착하신 예수님은 '양문(羊門)'으로 향하셨다. 이 문은 예루살렘 성벽의 동북편에 위치해 있는데, 이 문을 통해 성전에서 제물로 사용될 짐승들(양, 염소, 소 등)이 들어갔기에 이처럼 불렸다. 그리고 이 '양문' 곁에는 히브리말로 '베데스다'라 불리는 연못이 있었다. '베데스다'는 '은혜의 집'이란 뜻으로, 폭이 18m가량 되는 간헐천이었다. 그 연못 주위에는 다섯 채의 행각이 있었다.

베데스다 연못은 1888년에 발견되어 지금은 기념교회가 세워져 있다. 어른들이 수영할 수 있을 만큼 깊은 연못으로 그 주변에 다섯 채의 행각이 있다. 유대인들은 행각 하나에 모세오경의 성경 한 권씩을 읽어주면서 병자들을 위로했다. 그때는 명절이어서 행각이 비어 있을 것도 같은데 오히려 그 행각 안에는 수많은 병자들이 즐비하게 누워 있었다. 다리 저는 사람, 앞을 보지 못하는 시각장애인, 손발이 마비된 중풍병자 등으로, 명절이지만 집에서 환영받지 못하는 불쌍한 사람들이다.

행각 안에 자리잡고 있는 병자들은 모두 베데스다 연못의 물이 요동치기를 기다리고 있었다. 그 까닭은, 하나님의 천사가 그 연못에 가끔 내려와 물을 휘저어 놓는데, 그렇게 물이 요동칠 때 가장 먼저 연못에 들어가는 사람은 무슨 병에 걸렸든 다 낫는다고 믿었기 때문이다.

그런데 3절 후반절과 4절은 괄호부분으로 되어 있다. [그들은 모두 물이 움직이기를 기다리고 있었다. 그 이유는, 주의 천사가 가끔 그 연못에 내려와 물을 휘저어 놓는데, 그렇게 물이 움직일 때 가장 먼저 연못에 들어가는 사람은 무슨 병에 걸렸든지 다 나았기 때문이었다.] 이 괄호는 성경본문의 말씀을 잘 이해하지 못할 것을 염려하여 옛 사본에서부터 추가하여 삽입한 것으로, 이것은 본래 권위 있는 성경 원문은 아니라는 것을 말해주는 표시다. 그만큼 천사의 등장은 팩트(Fact)가 아니라는 것이다. 아마도 교부(教父)시대부터 삽입된 것으로 보인다.

'흐흠, 참으로 많은 병자들로 가득 찼구나.'

양문 곁의 베데스다 연못에 이르신 예수님, 연못 주변에 세워진 다섯 채의 행각 안에 즐비하게 누워 있는 각종 병자들을 보시고 측은한 마음이 드셨다. 그런데 그곳의 병자들 가운데 38년 동안 중병을 앓아온 한 사람이 있었다. 그는 오랜 병으로 인해 아주 쇠약한 상태였고, 심신이 지칠 대로 지쳐 있었다. 그의 얼굴에서는 어떤 웃음기도 찾아볼 수 없었고 오직 절망감만 가득했다. 고단하고 서글픈 인생이었다.

예수께서 그 사람에게로 다가가셨다. 그는 마치 죽은 자처럼 힘없이 누워 있었다. 예수께서는 그 사람이 아주 오랜 세월 동안 중병을 앓아온 것을 다 아시고는, 그에게 부드럽게 물으신다.

"그대, 낫기를 원하시오?"

답이 정해져 있는 너무나 빤한 질문이었다. 그래서 그 병자도 "네!"라고 대답하는 대신에 자신의 가련한 처지를 하소연한다.

"선생님, 제 딱한 처지를 들어보십시오. 물이 움직일 때 저 연못에 들어가야 하는데, 제가 연못에 들어갈 수 있도록 저를 도와주는 사람이 아무도 없습니다. 제가 들어가려고 애쓰고 있으면, 늘 다른 사람이 앞질러 들어가 버립니다."

그런 세월이 어언 38년째였다. 앞으로도 물이 움직일 때 연못에 먼저 들어갈 가망이라곤 전혀 없는 사람이었다. 그보다 훨씬 성한 다른 병자들은 물론 곁에 있다가 즉시 도와줄 사람이 있는 다른 병자들 모두가 물이 움직일 때만 예의 주시하고 있었기 때문이었다.

팔레스타인은 무덥기에 피부병과 잔병들이 많다. 무좀, 염증, 덧난 상처, 다래끼…. 생업에 크게 지장 받지 않는 병들이다. 이만한 피부병이나 잔병은 고쳐줄 의원도 많다. 하지만 그들 역시 의원을 찾는 것보다 베데스다 연못으로 몰려들어 그의 경쟁자가 되었다.

그들은 연못의 물이 흔들리면 두 발 두 손이 멀쩡했기에 쏜살같이 달려 들어간다. 중증의 병자들은 남들이 업고 달려가지 않는 한 남들보다 앞서서 연못에 들어간다는 것은 불가능한 일이었다. 이처럼 베데스다는 치유의 장소이면서도 꼭 필요한 병자들에게는 치유가 100% 불가능한 곳이다. 이런 곳에서 백날 기다려 봐야 아무 소용이 없다. 그럼에도 그곳을 떠나지 못하는 38년 된 이 중풍병자는 그야말로 딜레마 인생이다.

38년 이 병자가 제 발로 걸어 베데스다 연못으로 나아갈 수 없듯 죄인 된 인간은 자력으로 하나님 앞에 나아갈 수 없다. 하나님 앞에 나아가면 의인이 되는데 정작 죄인 된 인간은 38년 된 이 병자처럼 자력으로는 한 발짝도 나아갈 수 없다. 인간은 전적으로 무능하고 부패하고 타락했기 때문이다. 그럼에도 천사의 강림 같은 전설처럼, 율법과 계명을 지키면 의인이 되어 구원을 받는다는, 어디에서 비롯되었는지 알 수 없는 전설과 신화에 얽매여 이스라엘 백성들은 하루하루 살아가고 있었다.

예수님은 병자의 말에 귀를 기울이면서 그의 병세나 작금 유대 종교의 형편이 너무나 똑같다고 생각했다(이스라엘 백성들의 광야 생활은 햇수로는 40년이지만, 사실은 38년이다). 예수님은 율법을 준수해야 구원을 얻는다는, 이른바 '행위 구원'에 의지하는 유대 종교의 잘못을 깨우쳐주는 기회로 삼고자 이 중풍병자를 고쳐주고 싶었다. 그래서 38년 된 병자(유대 종교를 상징함)를 향해 선언하신다. 오직 절망감으로 가득 찬 그 38년 된 병자를 향해 예수께서 힘차게 말씀하신다.

"자, 이제 일어나시오! 내 말을 듣고 일어나서, 당신의 자리를 챙겨들고 걸어가도록 하시오!"

"네, 네엣? 일어나라고요? 지금…?"

그 38년 된 병자는 뭐가 뭔지 몰라 어리둥절해하고 있었지만, 예수께서 말씀하시던 바로 그 순간에 그의 병이 말끔히 나았다.

베데스다 연못가에서 38년 된 중풍병자를 고치신 예수님

"이게 어쩐 일인가! 내 병이… 내 병이 다 나았다!"

감쪽같이 치유된 그 병자는 기쁨과 감격을 억제하지 못하고 연신 감탄사를 내뱉었다. 보고도 믿기지 않은 듯 제 몸을 여기저기 만지며 좋아서 어쩔 줄 몰라 했다. 그렇게 건강한 몸을 되찾은 그는 예수님의 말씀대로 자기 자리를 챙겨들고 걸어갔다. 그런데 이 일이 일어난 때가 마침 안식일이었다. 그래서 유대인들이 병 고침을 받은 그 사람에게 말한다. 뭔가 못마땅하다는 싸늘한 어조다.

"보시오, 당신! 오늘은 안식일이오. 안식일에 자리를 챙겨들고 걸어가는 것은 율법에 어긋나는 일이오. 그걸 몰랐소?"

"안식일에는 아무 일도 하지 마라!"는 십계명 중 제4계명에 근거하여, 유대인들에게는 안식일에 일하는 것이 철저하게 금지되어 있었다. 더구나, 시간이 흐를수록 유대인들은 자체적으로 안식일 규정을 더욱 복잡하고 까다롭게 만들었다. 구전(口傳)된 유대인들의 율법을 문서화한 미쉬나(Mishnah) 탈무드에는 안식일에 금지된 일의 종류를 39가지나 기록해놓고 있는데, 그중에는 안식일에는 물건을 한 곳에서 다른 곳으로 옮기는 것을 금한다는 규정도 있었다.

지금 유대인들은 이 규정에 근거하여 완치된 그 병자가 안식일에 자기 자리의 물건들을 챙겨 다른 곳으로 이동한 사실을 문제 삼고 있는 것이다. 그들은 38년 된 병자가 치유받은 그 사실에는 관심이 없었고, 안식일 규정을 어긴 사실에만 두 눈을 부릅뜨고 따진 것이다. 그들의 가슴엔 따뜻한 사랑이 없었고 오직 차가운 율법만이 그들의 뇌를 온통 지배하고 있었다. 유대인들의 지적을 받은 그가 당혹해하며 얼떨결에 대꾸한다.

"그게… 저… 제 병을 고쳐주신 분께서 내 자리를 챙겨들고 걸어가라 하셨습니다. 그래서 제가…."

그 말을 듣고, 유대인들이 다시 따지고 나선다. 뭔가 끝장을 내겠다는 살벌한 분위기다.

"뭐요? 당신에게 그렇게 하라고 말한 사람이 있다고요? 당신에게 자리를 챙겨들고 걸어가라고 말한 사람이 도대체 누구요? 안식일에 어떤 자가 감히 그렇게 말했단 말이오?"

"그러니까 그분은…."

병 고침을 받은 그 사람은 자기에게 그렇게 말한 사람을 찾아보려고 여기저기를 두리번거리며 부지런히 살폈다. 그러나 그는 자기 병을 고쳐준 사람이 누구인지 알 길이 없었다. 행각 안에는 수많은 사람들이 붐볐고, 예수께서는 이미 그곳을 떠나가셨기 때문이다. 예수님은, 유대인들이 그 환자에게 시비 거는 것을 보시고는 그들과의 소모적인 분쟁을 원치 않으셨기 때문에 조용히 그 자리를 피하셨던 것이다.

얼마 후, 예수께서는 예루살렘 성전에서 그 사람(38년 동안 중병에 걸렸다가 예수님의 기적으로 완치된 사람)을 다시 보시고는 그에게 말씀하신다.

"보세요, 이제 당신은 말끔히 나았소. 그러니 당신에게 더 나쁜 일이 생기지 않도록 앞으로는 죄를 짓지 말아야 합니다. 각별히 조심하시오."

진심이 담긴 부드러운 충고다. 그런데 여기서 한 가지 의문이 든다. 사람에게 생기는 질병과 장애의 원인은 그 사람의 죄 때문인가? 성경을 살펴보면, 대부분의 경우에는 그렇다고 볼 수 없다. 하지만 어떤 경우에는 그렇다고 볼 수 있다. 아마도 38년 동안 병자였던 이 사람은 자신을 망치고 파괴하는 어떤 죄악 된 습관 때문에 중병에 걸렸던 듯하다. 실제로 어떤 죄악 된 습관들은 사람을 육체적, 심리적, 경제적 장애자로 만들 수 있다.

"아, 선생님은… 그때 나를 고쳐주신 그분?"

그제야 그 사람은 자기 병을 고쳐주신 분이 '예수님'이란 사실을 알았다. 그러고는 일전에 자신에게 따져 물었던 유대인들에게로 가서 사실대로 말했다.

"그자가 예수라고? 그게 틀림없소?"

"네, 틀림없습니다. 나를 고쳐주신 그 선생님이 바로 예수님입니다."

유대인들은 안식일을 어겼다는 이유로 예수님을 적대시했고 핍박하기 시작했다. 안식일에 병 고친 일을 문제 삼은 자들은, 안식일에 관해 복잡한 규정을 만들고 발전시킨 유대의 종교 지도자들이었다. 그들은 안식일에 병 고치는 일을 금했는데, 그것조차도 '일(노동)'로 여겼기 때문이다. 그런데도 예수님이 안식일에 병을 고치고, 또 치유받은 그 병자에게 자리를 챙겨 다른 곳으로 가라고 말한 행위는, 자신들이 규정해 놓은 안식일 제도에 대한 심각한 도전이었다. 그래서 그들은 예수님을 미워하고 핍박한 것이다.

"보시오, 선생! 선생이 안식일에 병을 고쳤고, 병을 고친 뒤 병자에게 자리를 챙겨 걸어가라고 말하였소?"

유대의 종교 지도자들은 잔뜩 화난 표정을 지으며 시비조로 예수께

따져 물었다. 그러자 예수께서 그들에게 말씀하신다.

"그렇소! 내 하늘 아버지께서 지금까지 쉬지 않고 일하고 계시니, 나도 부지런히 일하고 있는 것뿐이오."

"뭐, 뭐요? 하늘 아버지? 아니, 지금 하나님을 '아버지'라고 부른 게요? 어찌 그런 참람한 말을…!"

유대의 종교 지도자들은 크게 놀라 눈을 휘둥그레 뜨며 어처구니없다는 표정을 지었다. 이런 말 때문에 그들은 더욱 예수님을 죽이려고 단단히 별렀다. 예수님이 안식일을 어겼을 뿐만 아니라, 하나님을 자기 아버지라고 부름으로써 자신을 하나님과 동등한 위치에 두었기 때문이다. 예수가 안식일을 범한 죄에 더하여 '신성모독죄'까지 범했다고 간주한 것이다. 더는 예수를 살려 두어선 안 될 자로 규정한 것이다.

아들의 권위 (5:19-30)

"그만하시오! 선생은 지금 안식일을 범한 것도 모자라 신성모독죄까지 짓고 있소! 하나님의 징벌이 두렵지도 않소?"

유대 랍비들은 창조 이래 하나님은 안식일에 모든 일을 멈추고 안식한다고 굳게 믿었다. 그런데도 예수님은 하나님을 '아버지'라고 부르면서, 하나님이 안식일에도 일하기 때문에 자신도 일한다고 말씀하셨다. 이로써 유대인들은 예수가 분명하게 하나님을 모독했다고 판단하고 그의 신성모독에 대해 크게 분개했던 것이다. 그런 유대 종교 지도자들의 격한 반응을 보시고 예수께서 말씀하신다.

"내가 진정으로 밝히 말하겠소. 아들이 자기 혼자 마음대로 하는 일은 없소. 아들은 아버지께서 하시는 일만 따라 할 수 있소. 아버지께서 행하는 일은 무엇이든 아들도 행하기 때문이오. 아버지께서는 아들을 사랑하셔서 아들에게는 자신이 하시는 일을 모두 보여주신다오. 진실로 그렇소! 아버지께서는 이보다 훨씬 더 큰일들을 아들을 통해 보여주셔서 당신들을 놀라게 하실 것이오."

예수님은 지금 아버지와 아들 간의 떼려야 뗄 수 없는 아주 친밀한 상호 유기적인 관계에 대해 말씀하셨다. 과연 아들인 예수님(제2위 성자)과 아버지이신 하나님(제1위 성부)은 그 본체가 동일하시다. 그래서 정통적인 장로파 교회에서 기본적인 교의(教義)로 채택하고 있는 웨스트민스터 신앙고백에서는 "성부, 성자, 성령의 삼위(三位) 하나님은 그 본질과 권능과 영원성이 동일하시다"라고 가르친다. 예수님의 말씀은 이어진다.

"아버지께서 죽은 자들을 일으켜 다시 살리시듯, 아들 또한 자기가 원하는 자들에게는 생명을 준다오."

복음서의 기록에 따르면, 예수님은 공생애 기간에 세 차례에 걸쳐 죽은 자를 살리심으로써 이 말씀을 입증해 보이셨다. 죽은 자에게 생명을 도로 가져다준 그 세 차례 경우는 나인 성 과부의 죽은 외아들, 회당장 야이로의 어린 딸, 그리고 마르다와 마리아의 오라비인 나사로다.

"또한 아버지께서는 어느 누구도 친히 심판하지 않으시고, 심판하는 일은 모두 아들에게 맡기셨다오. 그 까닭은, 모든 사람이 아버지를 공경하듯 아들도 역시 공경하도록 하기 위함이라오. 그러므로 아들을 공경하지 않는 자들은 그 아들을 보내신 아버지도 역시 공경하지 않는 것이라오."

아버지(성부 하나님)께서 사람을 심판하는 권세를 아들(성자 예수님)에게 모두 위임하셨다는 말이다. 이로써 성부 하나님만을 경배의 대상으로 삼고 그리스도(성자 예수님)의 신성에 대해서는 부인하는 초대교회 당시의 모든 이단의 주장이 잘못되었음을 알 수 있다. 말씀은 이어진다.

"내가 진정으로 밝히 말하겠소. 누구든지 내 말을 듣고 또 나를 보내신 분을 믿는 사람은 영생을 얻으며 정죄를 받지 않을 것이오. 그런 자들은 이미 죽음에서 생명으로 옮겨졌기 때문이라오."

영생의 원리에 관한 말씀이다. 누구든지 정죄를 면하고 영생을 얻으려면, 예수님의 말씀(복음)을 듣고, 그분 예수님을 이 땅에 보내신 분(성부 하나님)을 믿어야 한다는 것이다. 이런 사실을 진심으로 마음에 받아들여 믿는 순간, 그 순간부터 그는 이미 구원과 영생의 상태에 들어가 있다는 말씀이다. 바로 그 순간, 그는 죽음에서 생명(영생)으로 이미 '옮겨진(헬, 메타베베켄)' 현재완료의 상태에 있기 때문이다. 그리하여 그 사람이 비록 세상에서 육체적인 죽음을 맞이할지라도, 예수 그리스도께서 계속 제공해주시는 생명으로 인해 마침내 부활하여 천국에서 영생을 누리게 되는 것이다.

"내가 진정으로 밝히 말하겠소. 때가 오면, 죽은 자들이 하나님의 아들의 음성을 듣게 될 터인데, 지금이야말로 바로 그때요. 그 아들의 음성을 듣는 사람들은 살 것이오. 그것은, 아버지께서 자기 안에 생명을 갖고 계신 것처럼 아들에게도 생명을 주셔서, 아들 안에도 생명을 갖게 하셨기 때문이라오."

영적으로 죽은 자들이 하나님의 아들이신 예수 그리스도의 음성(복음)을 듣게 되는 때가 지금 이르렀는데, 그 복음을 듣고 믿는 자들은 구원을 받아 영생을 얻게 될 것이란 말씀이다. 그 아들의 음성(복음)이 힘 있는 것은, 죽은 영혼을 살리는 생명의 능력이 아버지에게 있는 것과 마찬가지로 그 아들(예수 그리스도)에게도 주어졌기 때문이다.

"또한 아버지께서는 아들에게 모든 사람을 심판할 수 있는 권한을 주셨는데, 그것은 아들이 '인자'이기 때문이오."

"인자? 그게 대체 무슨 말이오?"

유대인들이 도통 알아들을 수 없다는 표정으로 거칠게 묻는다. '인자(人子)'는 '사람의 아들'이란 뜻인데, 본질상 하나님이시지만 사람의 몸을 입고 '사람의 아들'로 이 땅에 오신 예수님의 메시아 되심을 가리킬 때 적용되는 말이다. 말씀은 이어진다.

“내가 하는 말에 놀라지 마시오. 보시오, 장차 무덤 속에 있는 자들이 다 아들의 음성을 들을 때가 올 것이오. 그때가 오면, 선한 일을 행한 사람들은 부활하여 생명을 얻을 것이고, 악한 일을 저지른 사람들은 부활하여 정죄를 받을 것이오.”

지금 예수님은 세상 종말에 있을 죽은 자들의 부활과 그 이후에 전개될 최후 심판에 관해 말씀하신다. 세상 종말에 예수님은 천사들의 우렁찬 나팔소리 가운데 이 땅에 재림하실 터인데, 그때에 죽은 자들이 선하든지 악하든지 모두 부활하여 백보좌에 앉으신 예수님 앞에 서서 최후 심판을 받게 될 것이다. 그때 선한 일을 행한 사람들(예수님의 복음을 믿은 신자들)은 영생의 장소인 천국으로 들어갈 것이고, 악한 일을 저지른 사람들(예수님의 복음을 배척한 불신자들)은 정죄를 받아 지옥에 떨어질 것이다.

“나는 아무것도 내 마음대로 하지 않소. 나는 오직 아버지께 들은 대로만 심판하기 때문에 내 심판은 올바르고 공정하다오. 이것은, 내가 내 뜻대로 하지 않고 나를 보내신 아버지를 기쁘시게 하려고 오직 그분의 뜻대로 하려 하기 때문이오.”

최후 심판 때에 행하는 예수님의 심판은 자의적으로 멋대로 행하는 심판이 아니라, 어디까지나 아버지(성부) 하나님의 기쁘신 뜻에 따른 것으로 절대적으로 올바르고 공정한 심판이 될 것이라는 말씀이다.

아들을 위한 아버지의 증언 (5:31-47)

“선생, 당신이 지금 무슨 말을 하고 있는지 잘 모르겠지만, 어쨌든 당신의 증언이 거짓이 아니고 참되다는 것을 어떻게 증명할 수 있겠소? 우리가 당신의 증언을 어찌 믿을 수 있냔 말이오?”

유대의 종교 지도자들은 랍비 교육도 제대로 받지 않은 시골 마을 나사렛 출신의 촌뜨기 예수를 도무지 신뢰할 수 없다는 투로 따져 물었다. 이에 예수께서 답하신다.

"물론, 내가 나 자신에 대해 스스로 증언한다면, 그 증언은 정당하다고 할 수 없소. 그러나 나를 위해 증언해 주시는 분이 따로 계시는데, 나는 나에 대한 그분의 증언이 진실로 참되다는 것을 안다오."

예수가 하나님의 아들로서 이 땅에 임하신 메시아(그리스도)임을 증언해 주실, 가장 확실하고도 유일한 증인은 오직 하나님 한 분뿐이시다. 사실상, 그 외의 다른 증인들은 부수적인 것으로 꼭 필요하지 않다.

"대체 무슨 말을 하는 게요? 우리가 알아듣도록 구체적으로 말해 보시오."

모세 율법에 따라, 유대인 사회에서는 어떤 일이 사실이며 참되다는 것을 입증하려면 반드시 2인 이상의 증인을 필요로 했다. 지금 유대의 종교 지도자들은 예수님에게 그런 증인들을 요구한 것이다. 이에 예수께서 그들의 요구에 응하여 답하신다.

"당신들이 세례 요한에게 사람을 보냈을 때 그가 나에 관해 올바로 증언하였소. 내가 구태여 이런 말을 하는 것은, 내가 꼭 그 사람의 증언이 필요했기 때문이 아니라오. 단지 당신들로 하여금 구원을 얻게 하려는 것뿐이라오."

당시 사람들은 세례 요한을 하나님의 선지자로 받아들였다. 그러하기에, 자신에 대하여 '하나님의 어린 양'이라고 외친 그의 증언을 믿고 구원을 얻으라는 말씀이다.

"그렇소, 세례 요한은 타오르는 등불이 되어 당신들에게 빛을 발하여 주었소. 그래서 당신들은 그 빛 가운데서 잠시 동안 즐거워하였소."

빛 자체이신 예수님 자신과 비교할 때, 세례 요한은 태양 앞의 등불 같은 존재란 뜻이다. 그렇지만 그가 타오르는 등불이 되어 빛(예수 그리스도)에 관해 증언함으로써 잠시 동안이나마 어둠의 죄악 아래 있는 그 시대의 사람들에게 빛을 비춰준 것은 참으로 기쁘고 복된 일이었다. 어쨌든, 세례 요한은 예수님이 메시아임을 밝히 증언한 증인이었다.

"흐흠… 그럼, 세례 요한은 그렇다 치고, 또 다른 증인이 있소? 누가 또 당신이 메시아임을 증언한단 말이오?"

사실임을 입증하려면 한 명으로는 부족하니, 또 다른 증인을 대보라는 말투다. 이에 예수님은 답하신다.

"나에게는 세례 요한의 증언보다 더 크고 확실한 증언이 있소. 아버지께서 나에게 완성하라고 맡기신 일, 곧 내가 지금 하고 있는 바로 이 놀라운 일들이 아버지께서 나를 보내셨다는 것을 밝히 증언해 준다오."

예수님이 지금 행하시고 있는 사역, 곧 천국 복음을 베풀고 각종 기적을 행사하는 것 등이 바로 메시아의 사역이라는 의미다. 그런 메시아의 사역이야말로 하나님께서 예수님을 메시아로 이 땅에 보내셨다는 것을 충분히 증언하고 있다는 답변이다. 이제 예수님은 자신을 메시아로 이 땅에 보내신 아버지 하나님에 관해 보다 자세히 일러주신다.

"나를 이 땅에 메시아로 보내신 아버지께서도 친히 나에 관해 증언해 주셨소. 당신들은 그분의 음성을 듣거나 그분의 모습을 본 적이 없소. 또한 그분의 말씀이 당신들 안에 머물고 있지도 않소."

"뭐, 뭐요? 지금 우리를 무시하는 게요? 우리가 얼마나 열심히 하나님의 말씀인 율법을 연구하는지 선생은 정녕 모른단 말이오?"

"당신들 마음속에 하나님의 말씀이 머물고 있지 않은 까닭은 분명하오. 당신들은 그분께서 보내신 이를 믿지 않기 때문이오! 당신들이 성경을 열심히 연구하는 것은, 성경에서 영원한 생명을 얻을 수 있다고 생각하기 때문이오. 그렇지 않소?"

"당연한 말이오! 우리는 영생을 얻으려고 성경을 연구하고 있소!"

"그 성경이 바로 나를 '메시아'로 증언하고 있소. 그런데도 당신들은 영생을 얻기 위해 나에게 오려고 하지 않소. 그러니 당신들이 아무리

성경을 열심히 연구한들 어찌 영생을 얻을 수 있겠소!"

유대의 종교 지도자들은 성경을 끼고 살면서 부지런히 성경을 연구하면서도 성경의 핵심이요 주인공인 메시아를 발견하지 못했다. 게다가 지금 그 메시아가 그들 눈앞에 버젓이 서 있는데도 전혀 알아보지 못하고 예수님을 비난하고 배척했다. 눈 뜨고도 보지 못하는 영적 맹인들이었다.

"아니, 지금 무슨 헛소리를 하는 거요? 성경이 말하고 있는 메시아가 바로 당신이라고? 아무래도 선생은 제정신이 아닌 것 같소!"

유대의 종교 지도자들은 자신들을 영적 맹인 취급하는 예수님의 말씀에 얼굴을 붉히며 버럭 화를 냈다. 그런 반응에 아랑곳없이 예수님은 계속 말씀하신다.

"나는 사람들에게서 영광을 받지 않소. 또 나는 당신들에게 하나님을 사랑하는 마음이 없다는 것을 잘 알고 있소. 당신들이 하나님을 사랑한다면 정녕 나를 영접했을 것이오. 그렇지 않기에, 내가 내 아버지의 이름으로 당신들에게 왔는데도 당신들은 나를 받아들이지 않는 것이오."

"당신을 메시아로 받아들이라고? 하찮은 촌뜨기 같은 당신을?"

"참으로 무지하고 어리석소! 그렇기에 당신들은 누군가가 자기 이름을 내세우며 메시아인 양 행세한다면 그를 선뜻 받아들일 것이오."

"아니, 이자가 못하는 말이 없네! 누굴 바보로 알고…."

"당신들끼리는 서로 영광을 주고받으면서도 정작 유일하신 하나님으로부터는 영광을 받으려고 애쓰지 않으니, 당신들이 어떻게 나를 믿을 수 있겠소?"

자칭 '메시아'라 주장하는 거짓 메시아나 적그리스도를 엉뚱하게 메시아로 받아들인 채 자기들끼리 서로 칭송하고 찬양하면서 피차 영화롭게 한다는 의미다. 하나님을 영화롭게 하지 않는 자들, 곧 예수님을 메시아로 믿지 않는 자들에게서 흔히 찾아볼 수 있는 어리석고 무지한 현상이다. 예수님의 말씀은 이어진다.

"그렇다고 내가 당신들을 하나님 아버지께 고소할 것이라고는 생각하지 마시오. 당신들을 고소하는 이는 따로 있소."

"그가 누구요? 누가 감히 우릴 고소한단 말이오?"

"그는 곧 당신들이 모든 소망을 걸고 매달려온 모세요."

"뭐라? 모, 모세? 아니, 위대하신 모세님께서 왜 우리를…?"

유대 랍비들은 하나님께 율법을 부여받은 모세를 가장 소망하고 존경했다. 그들은 모세 율법을 잘 준수함으로써 구원을 얻고 영생을 누릴 수 있다고 가르쳤다. 그렇지만 실상 인간은 누구도 율법을 온전히 지킬 수 없다. 율법의 기능은 구원과 영생을 위함이 아니고, 죄를 깨닫게 하여 복음의 필요성을 느끼게 하는 데 있었기 때문이다.

이처럼 모세 율법이 지향하는 그 복음을 전하는 메시아(곧, 복음 자체이신 메시아)가 지금 왔는데도 그를 받아들이지 않고 배척하고 있으니, 결국 유대인들은 자신들이 소망하고 자랑하는 모세의 율법에 의해 고발을 당하고 정죄될 운명이었다.

"당신들이 모세를 믿었더라면, 분명 나를 믿었을 것이오. 모세가 나에 관해 기록했기 때문이오. 그러나 당신들이 모세의 글도 믿지 않는데 어떻게 내 말을 믿겠소?"

과연 모세는 메시아(그리스도)이신 예수님에 관해 기록해 놓았다. 모세가 기록한 율법서 곧 모세오경(창세기, 출애굽기, 레위기, 민수기, 신명기)을 살펴보면 메시아에 관한 예언들이 도처에 나타나 있다. 예컨대 여자의 후손(창 3:15), 유다로부터 나올 통치자(창 49:10), 유월절 어린양(출 12:21), 속죄를 위한 희생제물(레 1:4), 야곱에게서 나올 한 별과 이스라엘에게서 일어날 한 홀(민 24:17), 위대한 선지자의 출현(신 18:18) 등등.

6

생명의 빵, 예수

내가 곧 생명의 빵이니
내게 오는 사람은
결코 굶주리지 않을 것이고
결코 목마르지 않으리라

오병이어의 기적 (6:1-15; 마 14:13-21; 막 6:30-44; 눅 9:10-17)

"예수님이 우리 마을에 오셨다!"

얼마 후, 예수께서는 제자들과 함께 갈릴리 바다 곧 디베랴 바다 건너편 지역으로 가셨다. 그곳은 예수님의 제자인 빌립의 고향으로 '벳새다' 마을이었다. 갈릴리 바다는 엄밀히 말하면 호수이지만, 호수라고 하기에는 규모가 커서 흔히 바다로 불리기도 한다. 갈릴리 바다를 가운데 두고 서쪽인 가버나움에서 배를 타고 건너면 동쪽은 벳새다 마을인데, 거리는 6.5km 정도이다.

예수님이 오셨다는 소문은 바람처럼 빨리 퍼졌다. 수많은 인파가 뒤따라왔다. 예수님이 그동안 수많은 병자들을 능히 고치신 놀라운 기적을 보고 또 들었기 때문이다.

"흠, 여기가 좋겠구나. 이곳에 자리를 잡도록 하자."

예수께서는 벳새다 인근의 너른 빈 들판으로 나가셔서 어느 작은 산기슭으로 올라가 제자들과 함께 앉으셨다. 유대인들의 큰 명절인 유월절이 가까운 무렵이었다(주후 28년경, 봄). 예수께서는 모여든 무리를 향해 천국 복음을 가르치셨다. 예수님은 최선을 다해 성심성의껏 가르치셨고, 무리들은 시간 가는 줄 모르고 말씀에 귀를 기울였다. 그러다 보니 시간이 훌쩍 흘러 모두가 시장기를 느꼈다. 그때 예수께서 눈을 들어 측은한 마음으로 거기 모여든 많은 사람들을 찬찬히 둘러보신 뒤 제자 빌립에게 물으신다.

"빌립아, 우리가 어디에 가야 이 사람들을 모두 먹일 만한 음식을 구할 수 있겠느냐?"

"네엣? 이 많은 사람들이 먹을 음식을요?"

빌립이 크게 놀라 되묻는다. 예수님은 사실 빌립을 한번 떠보시려고 이런 질문을 하신 것이다. 빌립이 지금 있는 곳과 가까운 마을인 '벳새다' 출신이었기에, 특별히 그에게 그 마을에 음식 구할 마땅한 장소가 있는지 물으신 듯하다.

그동안 예수님은 제자들 앞에서 수많은 놀라운 기적들을 베푸셨기 때문에, 빌립을 비롯한 다른 제자들이 예수님을 전적으로 의뢰하기를 바라셨다. 그런데 빌립의 대답은 믿음과는 거리가 멀었다.

"스승님! 무슨 말씀을 그리 하십니까? 여기 모인 이 수많은 사람들이 저마다 한 입씩만 먹는다고 해도, 200데나리온 어치의 빵으로도 아마 부족할 것입니다."

빌립은 대단히 합리적이고 계산적인 사람이었다. 그는 예수님의 질문 의도를 전혀 파악하지 못한 채 물리적인 방법만을 생각함으로써 그의 나약한 믿음을 드러내었다. '데나리온'은 당시에 통용되던 로마제국의 은화로, 1데나리온은 노동자의 하루 품삯이다(오늘날 노동자 하루 품삯을 10만 원으로 계산한다면, 200데나리온은 대략 2천만 원 정도다). 빌립의 대답을 듣고 예수께서 뭔가 실망한 표정을 지으시며 허탈해하고 있을 때, 시몬 베드로의 형제인 안드레가 나서서 예수님께 말한다.

"선생님, 여기 한 소년이 보리빵 다섯 덩이와 물고기 두 마리를 갖고 있습니다. 하지만 고작 이걸로 어떻게 이 많은 사람들을 먹이겠습니까? 어찌하면 좋을까요?"

그래도 안드레는 빌립보다는 좀 낫다. 안드레 역시 보리빵 다섯 덩이와 물고기 두 마리로는 해결되지 않을 줄로 생각했지만, 예수님께서 어떻게든 해주시지 않겠는가 은근히 기대하고 이처럼 말한 것이다. 과연 예수님에게는 문제 해결의 능력이 있었다.

"그래? 그것이면 족하다. 너희는 사람들을 자리에 앉게 하여라."

마침 그곳에는 넓은 풀밭이 있어서, 사람들이 모두 삼삼오오 짝지어 자리를 잡고 앉았다. 대충 살펴보니, 거기 모인 사람들의 수효는 어른 남자만 5천 명가량이 되었다. 당시 유대인들의 인구 계산법에 따라 20세 이상의 성인 남자들의 수효만 헤아린 것이다. 따라서 여자들과 어린아이들까지 전부 포함하면 2만 명가량이 된다. 그러니까 예수님은 2만 명가량의 많은 사람들을 앞에 두고, 보리빵 다섯 덩이와 물고기 두 마리만 충분하다고 말씀하신 것이다. 그래서 제자들은 아직까지도 뭐가 뭔지 몰라 어리둥절해할 뿐이다.

"자, 사람들을 모두 자리에 앉혔느냐? 그러면 내게 그 빵과 물고기를 다오."

안드레는 보리빵 다섯 덩이와 물고기 두 마리를 예수님께 드렸다. 보리빵은 볼품이 없었다. 빈민들이 먹는 음식으로, 나귀에게도 먹이는 빵이었다.

물고기에 대해서는 공관복음과 요한복음이 다른 단어를 사용하고 있다. 공관복음은 '익뒤스'로, 요한복음은 '옵사리온'으로 표기했다. 익뒤스는 상품성 있는 물고기로 시장에 내다 팔 수 있다. 옵사리온은 상품으로서의 가치가 전혀 없는 마른 물고기다. 그물을 건져내는 과정에

그리스도인을 상징했던 물고기 모양의 문양

서 상했거나 크기가 손가락 굵기 정도로 전혀 내다 팔 수 없는 생선이다.

어부들은 익뒤스는 바구니에 담아 집으로 가져가지만 옵사리온은 버리고 간다. 가난한 이들은 옵사리온을 주워서 소금에 절여 반찬으로 먹었다. 참고로, 기독교에 대한 박해가 극심할 때 초대교회의 성도들은 익뒤스('예수 그리스도는 하나님의 아들이요 구세주'란 뜻으로, 각 단어의 첫 글자를 이어 쓰면 '익뒤스'가 된다)라는 글씨나 물고기 그림을 은밀하게 그려 자신의 그리스도인임을 나타냈다.

"오, 하늘의 아버지시여, 감사와 영광과 존귀를 올려드립니다. 지금 나의 손에 보리빵과 물고기가 있습니다. 이제…."

안드레에게서 보리빵 다섯 덩이와 물고기 두 마리를 건네받으신 예수님은 먼저 빵을 들어 하나님께 감사기도를 드리셨다. 그런 다음에 열두 제자들을 통해 풀밭에 앉아 있는 사람들에게 각자 원하는 만큼씩 얼마든지 나누어 주셨다. 먼저 빵을 떼어 나누어주신 다음, 물고기도 그와 똑같이 찢어서 나누어주셨다. 빵과 물고기는 떼어내고 찢어낼수록 계속 생겨나고 불어났다.

"우리 예수님은 확실히 다르셔, 하나님의 아들임에 틀림없어!"

"어떻게 그리 적은 음식으로 이렇게나 많은 사람들을 먹일 수 있는 거지? 정말 놀라워!"

예수님의 손에서 끊임없이 제공되는 빵과 생선을 보고서, 제자들은 다시금 예수님의 크신 기적에 놀라워하며 예수님을 하나님의 아들로 믿게 되었다.

"거참, 이런 빈 들판에서 이토록 많은 음식이 제공되다니! 예수님

일행이 언제 이렇게 많이 준비한 거지? 여하튼 대단해! 하하!"

아무런 영문을 모른 채 배불리 먹은 무리들은 모두가 즐거워하며 좋아했다. 모두가 배불리 먹고 나자, 예수님이 제자들에게 이르신다.

"너희는 이제 무리들이 먹다 남은 것들을 남김없이 전부 모으도록 하여라. 버려지는 음식이 하나도 없게 하여라."

제자들은 사람들 사이를 두루 돌아다니며 그들이 먹고 남은 음식물 부스러기를 전부 주워 모았다. 그랬더니 보리빵 다섯 덩이와 물고기 두 마리를 통해 먹고 남은 음식물이 열두 광주리에 가득 찼다.

"예수님이야말로 참으로 이 세상에 오신다던 그 선지자시다!"

벳새다 들판에서 예수께서 행하신 이 놀라운 기적을 본 사람들은 하나같이 놀라며 감탄했다. 여기서 '세상에 오실 그 선지자'라는 말은 아주 오래전에 모세에 의해 예언된 그 위대한 선지자 곧 '메시아'를 가리킨다(신 18:15).

과연 그러했다! 예수께서 유월절이 가까운 시기에 이처럼 특별히 '오병이어의 기적'을 통해 풍성한 음식을 베푸신 까닭은, 이 기적을 통해 예수님이야말로 유월절 어린양의 참된 음식이시며 생명의 빵이심을 깨닫도록 하기 위함이었다.

"여보게들, 예수님을 우리의 왕으로 삼는 것이 어떻겠나? 그리 된다면, 우리가 못 먹어서 배곯을 일은 없지 않겠나? 어떻게 생각해?"

"맞네, 맞아! 우리를 배부르게 해주고 등 따습게 해주는 사람이 최고지! 뭘 더 바라겠나! 우리 예수님을 우리의 왕으로 추대하세나!"

예수님의 크고 놀라운 기적을 통해 빈 들판에서 풍성한 음식으로 배불리 먹은 사람들은 예수님을 자신들의 왕으로 삼자고 서로 웅성거렸고 앞장서서 선동하는 사람도 있었다. 그들이 원했던 왕은 이전에 다윗 왕국처럼 지상에 위대한 이스라엘 왕국을 세울 정치적인 왕이었다. 그들은 예수님이 메시아의 능력으로 자기 민족을 로마의 압제에서 해방시켜 주기를 원했고, 놀라운 기적으로 자신들을 배불리 먹여주기를 원했다.

하지만 그것은 예수님이 아버지 하나님께로부터 부여받은 메시아의 신적(神的) 사명과는 너무나 거리가 멀었다. 메시아로서 예수님이 하나님께로부터 부여받은 거룩한 사명은 이 세상에서 어둠(사탄)의 세력을 몰아내고 빛의 왕국 곧 영적인 영원한 하나님의 왕국을 세우는 것이었다.

예수님은 사람들이 자신을 억지로라도 왕으로 삼으려 한다는 움직임을 아시고는 그런 무리들을 피해, 그리고 제자들을 따로 남겨두시고서, 혼자 외딴 산으로 물러가 조용히 머무셨다.

예수께서 물 위를 걸으심 (6:16-21; 마 14:22-27; 막 6:45-52)

날이 저물자, 제자들은 예수님이 미리 지시하신 대로 벳새다 들판을 떠나 갈릴리 바닷가로 내려갔다. 거기서 배를 타고, 제자들은 바다 건너편에 있는 가버나움을 향해 떠났다. 날이 이미 어두워졌는데도 예수께서 아직 제자들에게 돌아오지 않으셨으므로, 제자들끼리만 배를 타고 갈릴리 바다 건너편으로 가고 있었다.

"이거 아무래도 한바탕 세찬 폭풍이 몰아치겠는데…. 지금 예수님도 안 계시는데 폭풍이 갑자기 몰아치면 어떡하지? 참으로 걱정이로세…."

예수님의 제자가 되기 전에 갈릴리 바다에서 고기잡이를 했던 제자들은 폭풍이 닥쳐올 것을 예감했다. 아니나 다를까, 얼마 지나지 않아 갑자기 강풍이 휘몰아치면서 물결이 사나워졌다. 이미 먼 거리를 왔으므로 되돌아갈 수도 없었다. 그래서 제자들은 젖 먹던 힘까지 내어 모두가 힘껏 배를 저어 갈릴리 바다 건너편으로 가려고 무진 애를 썼다. 그렇게 어렵사리 십여 리쯤(대략 4~5km) 갔을 때였다.

"아앗, 저, 저, 저기! 무언가 이리로 다가오고 있다!"

"정말? 사람같이 생긴 게 물 위를 걷고 있네!"

폭풍과 힘겹게 사투를 벌이고 있던 제자들은 자기들 배 쪽으로 무언가가 다가오고 있는 광경을 보고 크게 두려워하고 경악했다. 그 물체가 좀 더 가까이 다가오자 얼핏 예수님 같기도 했다.

예수께서 물 위로 걸어오시다

"혹시 스승님…? 거기 혹시 스승님이십니까?"

제자들이 용기를 내어 소리쳤다.

"그렇다! 나다. 바로 나니라. 그러니 너희는 조금도 무서워하지 말아라."

"스승님이다! 이제 살았다!"

"우리 스승님은 물 위를 맨땅처럼 걸으시는 놀라우신 분이시다! 정녕 하나님의 아들이심이 분명하다!"

그제야 마음이 놓인 제자들은 기쁜 마음으로 예수님을 배 안으로 얼른 모셔 들였다. 그러자 세차게 몰아치던 폭풍은 언제 그랬느냔 듯 뚝 그쳤고, 잔잔한 물결 위에서 제자들이 힘껏 배를 젓자 어느새 배는 그들이 가려던 가버나움 지역에 다다랐다.

예수께서 갈릴리 바다 위를 걸으신 이 놀라운 기적은, 예수님에 대한 제자들의 믿음을 한층 강화해 주었다. 전날 예수님이 왕 되기를 거부하시자, 제자들은 예수님의 메시아 됨에 관해 혼란스러워하고 있었다. 거센 폭풍처럼 혼란스러워하고 있는 제자들에게 예수님은 물 위를 걸으심으로써 자연을 능히 제어하는 능력과 권위를 보여주신 것이다.

제자들은 이제 모든 의심을 떨치고 이분이야말로 참된 메시아로서 하나님의 아들임을 굳게 믿기에 이르렀다.

생명의 빵 (6:22-59)

다음 날, 갈릴리 바다 건너편에 남아있던 사람들 곧 벳새다 들판에서 오병이어의 기적을 체험했던 무리들은 예수님을 다시 만나고 싶었다. 그들은 바닷가에 배가 한 척밖에 없었고, 예수께서는 제자들과 함께 배를 타지 않았으며, 제자들만 그 배를 타고 갈릴리 바다 건너편의 가버나움 지역으로 떠났다는 사실을 알고 있었다.

그때에 디베랴 마을에서 온 작은 배 몇 척이 벳새다 마을 인근의 바닷가에 닿았다. 그곳은 예수님이 보리빵 다섯 덩이와 물고기 두 마리를 들고 하나님께 감사기도를 드리신 후 무리들에게 음식을 베푸셨던 장소와 가까운 곳이었다. 이들 디베랴 마을의 사람들은 뒤늦게 예수님의 소문을 듣고 급히 배를 구해 벳새다 마을까지 올라온 것이다. 그들이 탄 배를 보고 사람들이 몰려든다.

"엇? 이 배들에도 예수님과 제자들이 없네? 대체 예수님 일행은 어디로 가셨지?"

디베랴 사람들이 탄 배를 살펴본 뒤 벳새다 들판에 있었던 사람들이 실망에 찬 목소리로 말했다. 그런 실망은 배를 타고 온 디베랴 사람들도 마찬가지였다.

"여기에 예수님이 안 계십니까? 예수님이 벌써 이곳 벳새다를 떠나가셨단 말입니까? 어디로 가셨답니까?"

"내 생각엔… 아무래도 갈릴리 바다 건너편의 가버나움으로 가신 것 같아요."

"그래요? 그렇다면 어서 그곳으로 가봅시다!"

두 지역 사람들은 함께 예수님을 찾으러 배를 타고 갈릴리 바다를 건너 가버나움으로 건너갔다. 가버나움에 이른 사람들이 마침내 예수님을 그곳 회당에서 찾게 되자 만면에 희색을 띠며 묻는다.

"아, 여기 계셨군요! 랍비여, 언제 이리로 오셨습니까?"

랍비(Rabbi)는 유대인 사회에서 학식 많은 선생님이나 마땅히 추앙할 인물에 대한 존칭어다. 종종 '율법 선생'을 가리키는 명칭으로 사용되기도 했다. 그들의 물음에 예수께서 답하신다.

"내가 진정으로 말합니다. 여러분이 나를 찾는 것은, 여러분이 나의 표적을 보았기 때문이 아니라 단지 내가 여러분을 배불리 먹여주었기 때문입니다."

'표적'은 '기적'을 뜻하는데, 단순한 기적이 아니라 어떤 중요한 의미가 담긴 기적을 뜻한다. 그러니까 예수님이 베푼 오병이어는 분명히 '표적'으로서, 그 기적 속에는 '예수님이야말로 영원하고도 참된 생명의 빵'이라는 의미가 담겨 있었다. 그런데 사람들은 그런 의미를 전혀 깨닫지 못하고, 그저 풍성한 빵으로 배를 채웠기 때문에 또 다시 예수님을 부지런히 찾은 것이다. 예수님은 안타까우신 듯 말씀하신다.

"여러분, 썩어 없어질 양식을 얻기 위해 애쓰지 말고 영원토록 남아있을 양식을 얻기 위해 애쓰십시오. 인자가 그 영원한 양식을 여러분에게 제공해줄 것입니다. 하나님 아버지께서는 인자가 그런 일을 하도록 인감도장을 찍어 승인해 주셨습니다."

"선생님, 하나님께서 원하시는 일을 하려면 우리가 어떻게 해야 합니까?"

"하나님께서 보내신 이를 믿으십시오. 그것이 곧 하나님의 일을 하는 것입니다."

하나님께서 보내신 이는 곧 예수님이다. 그러므로 예수님을 믿는 것이 곧 하나님의 일을 하는 것이다. 왜 그럴까? 우리가 예수님을 믿을 때, 그 믿음이 우리 마음속에 역사하여 진정 하나님을 위해 일할 수 있게 된다. 하나님의 일은 우리의 인간적인 노력으로 할 수 없다. 예수님을 믿는 믿음이 우리로 하여금 하나님께서 원하시는 '하나님의 일'을 비로소 할 수 있게 한다. 예수님의 답변을 듣고 사람들이 다시 묻는다.

"그렇다면 선생님, 우리가 보고 믿을 수 있도록 선생님이 어떤 기적을 우리에게 보여주시겠습니까? 우리를 위해 무슨 기적을 행하시겠습니까? 벳새다 들판에서 행하셨던 것처럼, 적은 음식으로 풍성한 양식을 베풀어 주시겠습니까? 옛적 우리 조상들은 광야에서 '만나'를 먹었습니다. 성경을 보면 '하늘에서 양식이 내려와, 우리 조상들로 먹게 하셨다'라고 기록되어 있지 않습니까?"

'만나'는 '이것이 무엇이냐?'란 뜻인데, 하나님이 이스라엘 백성들을 먹이시기 위해 하늘에서 내려주신 '광야의 양식'이다. 생김새는 깟씨 열매처럼 희며 그 맛은 꿀 섞은 과자 같았다(깟씨는 미나리과의 일년생 풀로서, 지중해 연안 도처에서 자생하며 50cm 정도로 자란다. 그 열매는 직경 3mm 정도이고, 회백색이며, 건조 후에 조미료나 향료로 쓰인다). 이때 사람들은 표적 중에서도 으뜸으로 여기는 광야의 만나 사건을 상기하면서, 지금 예수님께 그처럼 하늘에서 주어지는 놀라운 기적을 요구하였다. 그러나 예수님의 대답은 그들의 기대와는 달랐다.

"그래요? 하지만 내가 진정으로 밝히 말합니다. 여러분에게 하늘에서 빵을 내려주었던 이는 모세가 아닙니다. 여러분에게 하늘에서 참된 빵을 내려주시는 분은 나의 아버지이십니다. 내 아버지이신 하나님께서 여러분에게 주시는 참된 빵이 무엇인지 아십니까? 그것은, 하늘에서 내려온 이가 세상에 참 생명을 주는 바로 그것입니다."

예수께서는 지금 눈에 보이는 육신의 양식을 요구하는 자들에게 눈에 보이지 않는 영혼의 양식, 곧 예수 그리스도를 통해 주어지는 영원한 참 생명의 양식을 말씀하심으로써 사람들의 무지하고 그릇된 생각을 바로잡아 주셨다. 이런 깊은 의미를 모르는 사람들은 애타게 예수님께 매달린다.

"아, 그렇다면 선생님! 이제부터 그 빵을 우리에게 주십시오."

아무래도 뭐가 뭔지 도통 모르는 요구다. 그래서 예수님은 보다 알아듣기 쉽게 직설적으로 일러주신다.

"여러분, 내가 곧 참된 생명의 빵입니다. 내게 오는 사람은 결코 굶주리지 않을 것이고, 나를 믿는 사람은 결코 목마르지 않을 것입니다."

"네엣? 선생님이 참된 생명의 빵이라고요? 그게 대체 무슨…?"

사람들은 무슨 말인지 몰라 저마다 고개를 갸웃하며 어리둥절해 한다. 그런 그들을 향해 예수님의 말씀이 이어진다.

"내가 여러분에게 이미 말했듯이, 여러분은 나를 보고도 나를 믿지 않습니다. 하지만 아버지 하나님께서 내게 주신 자들은 모두 나에게로 올 것이고, 또 나는 나에게로 오는 자는 누구든지 아무도 마다하지 않을 것입니다."

예수님의 이 말씀을 통해 우리는 하나님께서 우리 구원의 창시자임을 알 수 있다. 죄 많은 인간으로서 우리는 스스로의 의지나 결심을 통해서는 예수님께 나갈 수 없다. 오직 하나님의 부르심이 있을 때 비로소 가능하다.

그런데 하나님은 온 세상 사람들을 모두 부르지 않으시고, 그들 가운데 어떤 자들만을 부르셔서 예수님께 맡기셨고, 예수님은 자신에게 맡겨진 그들을 하나도 잃어버리지 않고 모두 구원과 영생으로 인도하신다. 하나님께서 모두를 부르지 않으시고 어떤 자들만을 구원과 영생에 이르도록 부르신 것은, 진흙에 대한 토기장이의 주권처럼 하나님의 기쁘신 뜻에 따른 주권적인 선택이다. 이럴지라도 부르심을 받지 못한 자들은 복음을 배척한 자신들의 선택에 대해 스스로 책임을 져야 한다. 말씀은 이어진다.

"내가 하늘에서 내려온 것은 내 뜻을 이루기 위해서가 아니라, 오직 나를 보내신 분의 뜻을 이루기 위해서입니다."

"그렇다면 그분의 뜻은 무엇입니까?"

"그분의 뜻은, 그분께서 내게 주신 자들을 단 한 명도 잃어버리지 않고 마지막 날에 모두 다시 살리는 것입니다. 정녕 그러합니다. 아들을 보고 그 아들을 보내신 분을 믿는 자들은 누구든지 멸망치 아니하고 영원한 생명을 얻게 될 것입니다."

예수님의 말씀을 듣는 무리들 가운데는 유대의 종교 지도자들(바리새인, 사두개인, 서기관 등)도 섞여 있었다. 그들은 예수가 자신을 가리켜 '내가 하늘에서 내려온 빵이다'라고 주장한 것에 대해 크게 화를 내며 떠들어댄다.

"아니, 저자가 지금 무슨 소릴 하는 건가? 저 사람은 나사렛 마을에 사는 요셉의 아들 '예수'란 자가 아닌가? 우리가 그의 부모를 뻔히 알고 있는데, 자기가 하늘에서 내려왔다니, 대체 그게 무슨 헛소린가? 제정신으로 하는 소린가?"

그런 자들의 떠드는 소리를 들으시고 예수께서 그들에게 말씀하신다.

"내가 한 말에 트집 잡지 마시오. 나를 보내신 아버지 하나님께서 내게로 이끌어주지 않으시면, 아무도 내게로 올 수 없소. 나는 내게로 오는 사람들을 마지막 날에 모두 다시 살릴 것이오. 그들에게 구원과 영생을 줄 것이오. 예언서를 보면 '그들이 모두 하나님께 가르침을 받게 될 것이다.'라고 기록되어 있소. 정녕 그렇소. 아버지의 말씀을 듣고, 아버지께 진리를 배운 사람들은 모두 내게로 올 것이오."

예수께서 인용하신 예언서의 글은 이사야 54장 13절이다. 그 말씀은, 하나님의 자녀들이 하나님께 직접 가르침을 받는다는 뜻이라기보다 하나님의 계시를 담고 있는 성경 말씀을 통해 하나님의 가르침을 받는다는 의미다. 말씀은 이어진다.

"아버지 하나님께로부터 온 이를 제외하고는 누구도 아버지를 본 적이 없소. 오직 하나님께로부터 온 이만이 아버지를 보았소. 내가 진정으로 밝히 말하겠소. 누구든지 나를 믿는 자는 영생을 가진 자요."

아버지 하나님과 그의 독생자 예수님과의 고유하고 독특한 관계에 주목하라. 아들 예수님만이 아버지 하나님을 보았고, 아들 예수님만이 아버지 하나님에게서 보내심을 받아 이 땅으로 내려오셨다. 그러므로 예수님만이 하나님의 참된 인격과 속성을 온전히 나타내실 수 있다. 따라서 우리는 오직 예수님을 통해서만 하나님을 알 수 있고 또 영생을 소유할 수 있다. 결국 우리가 영생을 얻을 수 있는 유일한 길은 예수님뿐이다. 그렇다면 우리에게 영생을 주시는 예수님은 누구신가? 예수님은 비유적으로 일러주신다.

"내가 바로 '생명의 빵'이기 때문이오. 당신들의 조상들은 광야에서 하늘에서 내려주는 빵을 먹었으나 결국에는 다 죽었소. 그러나 여기 하늘에서 내려온 참된 빵이 있으니, 이 빵을 먹는 사람은 결코 죽지 않소. 내가 바로 하늘에서 내려온 생명의 빵이오. 그러므로 이 빵을 먹는 사람은 죽지 않고 영원히 살 것이오. 내가 줄 이 빵은 곧 세상을 구원하기 위하여 주는 내 살이오."

예수님은 자신을 '하늘에서 내려온 참된 생명의 빵'이라고 비유하셨다. 예수님은 육신의 빵인 '만나'와 영혼의 빵인 '그리스도'를 대조하여 비유적으로 설명함으로써 죽음과 영생의 교훈을 가르치셨다.

요컨대, 예수님은 먹고도 마침내 죽는 만나(광야의 빵)와는 달리, 누구든지 먹으면 결코 죽지 않고 영생을 누리는 살아있는 생명의 빵(영혼의 빵)인 것이다. 이처럼 예수님 자체가

"바로 내가 하늘에서 내려온 생명의 빵이오."

생명의 빵에 비유되었기 때문에, 그 빵은 예수님의 살(몸)이라고 표현될 수 있는 것이다. 이런 고상한 비유를 마음이 강퍅한 유대의 종교 지도자들이 제대로 알아들을 리 만무하다. 그래서 그들은 자기들끼리 주거니 받거니 서로 논란을 벌인다.

"그 빵이 자기 살이라고? 흥, 대체 이 사람이 무슨 수로 자기 살을 우리에게 먹으라고 주겠다고 하는 것인가?"

"여보게, 뭘 그리 심각하게 듣나? 정신 나간 소리일 뿐이네. 괘념치 마시게! 아무래도 저자는 제정신이 아닌 듯하네!"

그런 유대 종교 지도자들의 논란과 배척과 조롱에 상관없이 예수님은 계속해서 가르침을 베푸신다.

"내가 진정으로 밝히 말하겠소. 당신들이 인자의 살을 먹지 않고 또 인자의 피를 마시지 않으면, 당신들 안에 생명이 없소. 오직 내 살을 먹고 또 내 피를 마시는 사람만이 누구든지 영원한 생명을 얻을 것이고, 내가 그를 마지막 날에 다시 살릴 것이오. 내 살은 참된 양식이고, 내 피는 참된 음료이기 때문이오."

'인자(예수님)의 살'과 '인자(예수님)의 피'라는 말은 장차 실현될 예수 그리스도의 십자가 대속(代贖)의 죽음을 암시하는 표현이다. 따라서 그 살을 먹고 그 피를 마신다는 말은, 인류 구원을 위해 십자가 위에서 그 살이 찢기고 그 피가 흘려진 예수님의 보혈의 공로를 믿고, 그 공로에 의지하여 믿음의 삶을 영위해 가는 것을 가리킨다.

이처럼 육신의 생명을 유지하기 위해서는 양식(빵)과 음료가 필요하듯, 영혼의 생명 곧 영생을 얻기 위해서는 인자(예수 그리스도)의 살(빵)과 피(음료)가 필수적 요건이라는 사실을 교훈한다. 이제 예수님은 다시금 자신이 하늘에서 내려온 참된 영생의 빵이라는 사실을 강조하면서 가르침을 마무리 지으신다.

"누구든지 내 살을 먹고 또 내 피를 마시는 사람은 모두 내 안에 있고 나도 그 안에 있소. 살아계시는 아버지께서 나를 보내셨고 또 내가 아버지로 인해 사는 것과 같이, 나를 먹는 사람도 나로 인해 살 것이오. 나는 하늘에서 내려온 참된 빵이오. 당신들의 조상들은 만나를 먹고도 죽었지만, 이 참된 빵을 먹는 사람은 아무도 죽지 않고 누구나 영원한 생명을 누릴 것이오."

"거참, 저자는 왜 자꾸만 자신의 살과 피를 먹으라는 것이야? 대체 무슨 말이 하고 싶은 거야!"

영적으로 눈뜬 맹인과도 같은 유대의 종교 지도자들, 그들은 예수님의 가르침을 도무지 이해할 수 없어 그저 짜증 섞인 반응만 드러낼 뿐이다. 평소에 그런 자들의 가르침을 받고 있었던 유대인들 역시 뭐가 뭔지 몰라 어리둥절해할 뿐이다. 그렇다면 우리가 어떻게 예수님의 살을 먹고 피를 마실 수 있는가?

물론 이것은 식인(食人) 의식에 관한 것이 아니다. 이 표현은 특별한 영적 진리를 전달하기 위해 예수님이 문학적인 기교를 사용하신 것이다. 예수님은, 우리가 영생을 얻기 위해서는 단순히 그리스도를 지식적으로 아는 것으로는 충분하지 않고, 거기서 더 나아가 우리의 전체 삶이 예수님께 바탕을 두어야 한다는 사실을 생생하게 전달하신 것이다.

말하자면 예수님의 살을 '먹고' 또 그의 피를 '마시는' 것은, 우리 삶의 모든 면이 우리를 위해 십자가 위에서 그 살과 그 피를 내어주신 예수님과 동화되고 예수님께 의존해야 한다는 것을 의미한다. 후일 십자가를 지시기 바로 전날 밤, 유월절 최후 만찬을 갖는 자리에서 예수님은 이 말씀의 분명한 의미를 제자들에게 알려주셨다.

예수님이 자신에게서 표적을 구하는 유대인들에 대하여, 그리고 자신의 말에 시비를 거는 유대의 종교 지도자들에 대하여, 자신이 아버지 하나님의 보내심을 받아 하늘에서 내려온 '생명의 양식'임을 분명히 밝히시고 오래 강론하신 곳은 '가버나움 회당'이었다. '가버나움'은 갈릴리 바다 북서쪽에 위치한 비교적 큰 어촌인데, 예수께서 공생애 초반부와 중반부에 걸쳐 천국 복음을 가르치시고 숱한 기적을 행하신 전도 사역의 중심 마을이었다. 예수님은 주로 그곳 회당에서 사람들에게 많은 교훈을 베푸셨다.

영원한 생명의 말씀 (6:60-65)

가버나움 회당에서 가르치신 예수님의 교훈 곧 광야의 만나와 생명의 빵, 인자의 살과 피를 먹는 것 등에 관한 말씀을 듣고, 회당에 모인 무리들은 물론이고 예수님을 열심히 따라다니는 제자들 중에서도 그 의미를 제대로 알아듣지 못하여 자기들끼리 수군거린다.

"자네, 스승님께서 베푸신 교훈을 알아들을 수 있겠나?"

"아닐세, 도저히 알아들을 수 없네. 너무 어려워."

제자들이 이처럼 불평하는 것을 아시고서 예수께서 말씀하신다.

"내 말이 너희들 마음에 거슬리느냐? 만일 인자가 전에 있던 곳으로 올라가는 것을 보게 된다면, 너희는 어떻게 하겠느냐?"

후일 제자들 가운데 열한 명의 사도는 정말로 감람산에서 자기들의 스승이신 예수께서 '전에 있던 곳' 곧 하늘나라 아버지 하나님의 곁으로 올라가시는 광경을 목격하게 된다.

"잘 듣도록 하여라. 생명을 주는 것은 영이다. 육신은 아무것도 줄 수 없다. 지금 내가 너희에게 가르친 이 말은 영이요 생명이다."

'생명의 빵(양식)'에 관한 예수님의 영적 가르침을 육신적이고 세상적인 차원에서 이해하려는 자들에 대한 일침이다. 영적 가르침은 오직 하나님의 영 곧 성령의 감화를 받아야만 올바로 이해할 수 있음을 알 수 있다. 이때까지도 제자들은 그런 성령의 충만함이 없었다. 그런데 이제 예수님은 제자들의 심장이 쿵 떨어질 만한 놀라운 발언을 하신다.

"너희 가운데는 아직도 나를 믿지 않는 자들이 있고, 심지어 나중에 나를 팔아넘길 자도 있다."

예수께서는 그때까지 제자들 가운데 누가 자신을 믿고 있지 않은지, 또 후일 누가 자신을 배반할 것인지를 처음부터 다 알고 계셨다. 예수님을 배반할 자는 나중에 예수님의 12사도 중 하나인 '가룟 유다'로 밝혀진다.

"그렇기 때문에 내가 말하지 않았더냐. '아버지께서 내게로 이끌어주시지 않으면, 아무도 내게로 올 수 없다.'라고 말이다."

누구든지 믿음으로 예수님께 나아가 구원과 영생을 얻는 것, 그것은 전적으로 하나님의 주권적인 예정과 섭리에 달려 있다. 그래서 구원과 영생은 결코 인간의 공로가 아니라 오직 하나님의 은혜요 선물인 것이다.

베드로의 신앙고백 (6:66-71)

"칫, 보여 달라는 기적은 안 보여주고 뭐 이상한 말만 계속하시네."

"그러게 말이야! 예수님을 계속 따라다녀 봤자 별 실익도 없겠어."

생명의 양식에 관한 예수님의 가르침을 듣고 난 뒤, 예수님을 뒤따르던 제자들 가운데 많은 이들이 예수님을 떠나갔다. 그들은 앞서 오병이어의 기적을 체험하고는 예수님에게서 많은 것을 기대하고 뒤따랐지만 예수께서 자신들의 기대와 어긋나게 행동하자 그만 실망하고는 예수님을 떠나간 것이다. 더러는 예수님이 자신들의 기대를 저버리고 이스라엘의 왕 되기를 거부하자 실망해서 떠나갔고, 더러는 예수님의 가르침이 너무 어려웠기 때문에 제자 되기를 포기했다.

본서의 저자인 사도 요한이 이처럼 예수님을 뒤따르던 제자들의 상태를 묘사하고 있는 이유는 분명하다. 그것은 예수님이 거듭 강조하셨던 대로 하나님께서 이끌어주시지 않으면 누구라도 예수님을 믿을 수 없음을 실제적으로 보여주기 위함이었다. 마치 썰물처럼 많은 무리들이 예수님을 떠나가자, 예수께서 적이 안타깝다는 표정을 지으시며 가까이에 있는 열두 제자에게 물으신다.

“너희도 내 곁을 떠나가려느냐?”

그러자 시몬 베드로가 무슨 섭섭한 말을 그리 하시냐는 듯 손을 휘휘 내저으며 열두 제자를 대표하여 대답한다.

“아, 아닙니다, 주님! 영생의 말씀이 주님께 있사온데, 저희가 주님을 떠나 누구에게로 가겠습니까? 저희는 주님이 하나님의 거룩하신 아들이심을 믿고 또 압니다.”

베드로의 고백에 예수님이 만족한 표정을 지으시며 살포시 미소를 지으신다. 그러나 이내 미소를 거두시고 어두운 표정으로 말씀하신다.

“그래, 그래야 한다. 그런데 말이다. 내가 너희 열둘을 택했지만 너희 가운데 한 명은 마귀다!”

예수님의 이 말씀은 열두 제자 가운데 하나이면서도 훗날 예수님을 배반한 가룟 사람인 시몬의 아들 ‘유다’를 두고 하신 말씀이었다. ‘가룟’은 유대 땅 남방에 위치한 ‘그리욧’ 마을을 가리킨다.

그렇지만 이 말씀은 ‘가룟 유다’가 마귀 곧 사탄이라는 말이 아니라, 그가 마귀에게 사로잡혀 마귀의 앞잡이가 되었다는 뜻이다. 그런데 왜 예수님은 장차 마귀에게 사로잡혀 자신을 팔아넘길 자를 자신의 열두 제자 가운데 하나로 택하셨을까? 그 이유는 알 수 없다. 하지만 결과적으로 이 사실은, 하나님께서 이끌어주시지 않으면 누구라도 예수님께로 나아가 구원을 얻을 수 없다는 교훈을 준다.

“네엣? 저희들 가운데 마귀가 있다고요? 그게 무슨…? 대체 왜요?”

“주님! 설마 그런 일이 있겠습니까? 절대로 그런 일은 없을 것이니 조금도 걱정하지 마십시오!”

예수님의 충격적인 발언에 제자들은 모두가 크게 놀라 강력하게 부인하고 반문한다. 도무지 이해할 수 없다는 표정이다. 예수님의 공생애 중반기인 이때까지만 해도, 후일 그 당사자가 될 가룟 유다조차 펄쩍 뛰며 그런 일이 절대로 일어나지 않을 것이라고 호언장담한다.

7

생수의 강, 성령

목마른 사람은 내게로 와서 마시라
나를 믿는 사람은
그의 안에서
생명수가 강같이 흘러 나오리라

예수님 동생들의 불신앙 (7:1-9)

예수께서는 갈릴리 지방을 두루 돌아다니시며 천국 복음을 전하시고 하나님의 말씀을 가르치셨다. 이때는 예수님의 공생애 제2년째 되는 해(주후 28년경)의 5~9월쯤이다. 이처럼 예수님이 갈릴리 지방을 두루 돌아다니신 것은, 유대의 종교 지도자들이 자신을 죽이려고 음모를 꾸미고 있었기 때문에 일부러 유대 지방을 피하신 것이다. 그러던 중에 유대인들의 큰 절기인 초막절이 다가왔다.

초막절은 유월절(무교절), 오순절(칠칠절)과 더불어 이스라엘의 3대 절기 가운데 하나로, 출애굽 이후 광야에서 장막을 치고 생활하던 때를 기념하고, 또 한 해의 추수에 대해 하나님께 감사를 표하는 절기였다. 이런 큰 절기가 다가오자, 하루는 예수님의 동생들이 작심하고 예수께로 나아와 말한다.

혈육에 따른 가족 관계를 살펴볼 때, 당시 예수님에게는 최소 여섯 명의 동생들이 있었다. 성경에 소개된 남동생들로는 야고보, 요셉, 시몬, 유다 등 넷이 있었고, 적어도 두 명의 여동생이 있었다. 이 동생들은 예수님의 어머니인 마리아와 그녀의 남편인 요셉 사이에서 태어난 친자식들이었다. 이들 중에서 예수님은 장남이다. 이때 예수님께 나아온 동생들은 남동생들이었다.

"형님! 형님은 이곳을 떠나 유대 땅으로 가셔야 합니다. 그래야 형님을 따르는 모든 제자들이 형님이 행하시는 놀라운 기적을 보게 될 것이 아닙니까. 이런 시골구석에 숨어서 일하시면, 누가 형님을 제대로 알아보겠습니까. 어차피 이런 일을 행할 바에는, 형님이 위대하시다는 사실을 세상 사람들에게 널리 증명해 보이란 말입니다."

명절을 맞아 수많은 사람들이 몰려드는 예루살렘으로 올라가서 놀라운 기적을 베풀면 그만큼 더 많은 제자를 얻고, 그렇게 되면 큰 명예와 인기와 부를 누릴 수 있지 않겠느냐 뜻이다. 예수님의 동생들이 이런 말을 한 것은, 예수님을 위하기보다는 뉴스를 몰고 다니는 형을 자신들에게서 되도록 멀리 떨어지게 하고 싶었기 때문이다. 형이 옆에 있으면 말거리가 되었고 그로 인해 집안의 가족사가 좋든 나쁘든 사람들의 입에 오르내리는 자체가 싫었다. 그래서 갈릴리에서 떠나 눈에 보이지 않고 소문이 들려오지 않는 예루살렘으로 떠나주기를 바랐던 것이다.

한편으로는, 이왕 메시아 행세를 할 것 같으면 예루살렘에서 제대로 능력을 펼쳐서 온 유대 민족의 인정을 받으라는 뜻이 담겨 있었을지도 모른다. 그래서 자기들도 출세하고 좀 멋지게 살도록 해달라는 것이다.

이런 요구를 한 것은, 그때까지만 해도 동생들조차 예수님을 구원의 메시아로 믿지 않았기 때문이다. 그들은 나중에 예수님의 죽음과 부활, 승천 이후 오순절 성령강림 때에 성령을 받고서야 비로소 예수님을 구원의 메시아로 깨닫게 된다. 그래서 예수님의 형제들 가운데 야고보는 초창기 예루살렘 교회의 지도자가 되었고, 유다는 '유다서'를 기록한 저자가 된다. 동생들의 말을 듣고 예수께서 대답하신다.

"안 된다. 지금은 나의 때가 아니다. 하기야 너희는 때를 가릴 필요가 없겠지. 세상 사람들이 미워하는 것은 너희가 아니라 나다. 그 까닭은, 그들이 악을 행하고 있다고 내가 똑바로 증언하기 때문이다. 너희는 명절을 지키러 예루살렘에 올라가거라. 하지만 나는 이번 명절에는 올라가지 않겠다. 아직 나의 때가 이르지 않았기 때문이다."

여기서 예수님이 말하는 '나의 때'는 하나님께서 예정하신바 예수님의 공생애 마지막 순간에 맞이하게 될 '십자가 수난의 때'를 말한다. 예수님이 이번 명절(초막절)에 예루살렘에 올라가지 않겠다는 말은, 아직은 십자가 수난을 받을 때가 아니라는 뜻이다.

"거참, 형님의 말과 행동은 도무지 이해할 수 없단 말이야. 대체 무슨 생각을 하고 있는지, 원!"

예수님의 답변을 듣고 동생들은 의아하게 생각하며 저마다 시큰둥했다. 어쨌든 예수님은 동생들에게 이 같은 말씀을 하시고는 갈릴리 지방에 그대로 머무르셨다. 때는 예수님의 공생애 2년째가 되던 해(주후 28년)의 9~10월경이었다.

예수께서 명절을 지키러 예루살렘에 올라가심 (7:10-24)

"자, 우리도 예루살렘에 올라가도록 하자!"

초막절이 가까이 이르자 예수님의 동생들은 모두 명절을 지키러 예루살렘에 올라갔다. 이스라엘 백성들이 초막절을 지내는 데는 역사적인 유래와 계절적인 요인이 있다. 역사적 의미는 조상들의 광야생활을 기억하는 것이다. 열두 살 이상의 이스라엘 사람들은 예루살렘에 모여 장막을 치고 한 주간을 생활한다. 예루살렘을 중심으로 30km 이내의 광야나 길거리나 성전 부근 어디든지 천막을 치면서 조상들의 광야생활을 추억했다. 계절적 요인으로는 추수감사절의 의미가 있다. 유대인들에게는 두 번의 감사절이 있는데, 오순절은 첫 곡식을 거두어들이는 맥추감사절이고, 초막절은 가을에 모든 곡식을 거들어 들이고 감사하는 추수감사절이다.

그 후 예수님도 제자들과 함께 사람들의 눈에 띄지 않게 몰래 예루살렘에 올라가셨다. 이처럼 예수께서 여행자들의 틈에 섞여 은밀하게 예루살렘에 올라가신 까닭은 유대의 종교 지도자들이 자신들의 권위와 전통에 도전한 예수님을 크게 미워하였고, 틈을 노려 죽이려고까지 했기 때문이었다. 하지만 예수님은 지금은 자신이 죽을 때가 아님을 알고 있었기에, 그들이 눈치 채지 못하도록 몰래 예루살렘으로 여행하셨다.

"누구 예수를 본 사람이 없느냐? 누군가 보았다면, 숨기지 말고 우리에게 전부 고하도록 하여라."

명절 기간에 유대인 지도자들은 예수님을 잡아가려고 여기저기 묻고 다녔다. 때에 예루살렘에 모여든 사람들은 예수님에 대해 이러쿵저러쿵 수군거렸다. 어떤 이들은 예수님을 훌륭한 분이라고 칭찬했고, 어떤 이들은 민중을 기만하는 사람이라고 비난했다. 하지만 예수님을 칭찬하는 자들은 유대인 지도자들이 두려웠기 때문에 아무도 예수님에 대하여 드러내놓고 말하지는 않았다. 당시 지도자들이 예수를 적극적으로 배척하였으므로 누구든지 예수님을 메시아로 인정하는 사람은 유대 공동체 사회에서 쫓아낼 것이기 때문이었다.

전통적으로 초막절은 유대 종교력으로 티쉬리 월(오늘날 태양력 9-10월경) 15일경부터 7일 동안 지켜졌고 8일째 되는 날에는 성대한 집회를 가졌는데, 명절 기간이 절반쯤 지났을 무렵에 예수께서는 예루살렘 성전 뜰에 들어가셔서 무리들을 가르치기 시작하셨다. 예수님의 가르침을 듣고 유대인들이 저마다 크게 놀라워하며 말한다.

"정말 놀라운 가르침이다. 이제껏 들어보지 못한 신선한 내용이야."

"맞아! 그런데 말이야… 내가 알기론 저 사람은 어떻게 저런 것들을 터득했을까?"

이런 말을 들으시고 예수께서 말씀하신다.

"여러분, 나의 가르침은 내 것이 아니라 나를 보내신 분에게서 온 것이라오. 여러분 가운데 누구든지 참으로 하나님의 뜻을 행하려는 사람이 있다면, 그 사람은 내 가르침이 하나님께로부터 온 것인지, 아니면 내가 내 마음대로 말하는 것인지를 충분히 알 수 있을 것이오."

하나님의 말씀에 따라 그 뜻대로 실천하는 사람은 지금 예수께서 가르치시는 교훈의 출처가 어디서부터 비롯된 것인지를 알 수 있을 것이란 말씀이다. 물론, 예수님의 모든 가르침은 자의적인 것이 아니라 아버지 하나님께로부터 비롯된 것이다. 그래서 이어 말씀하신다.

"누구든지 자기의 생각대로 말하는 사람은 그 자신의 영광을 추구하는 사람이라오. 그러나 자기를 보내신 분의 영광을 위해 일하는 사람은 참된 사람이며 그 사람에게는 거짓된 것이 하나도 없소. 일찍이 모세가 당신들에게 율법을 주지 않았소? 하지만 당신들 가운데 누구도 율법을 올바로 지키는 자가 없소. 게다가 당신들은 하나님의 말씀대로 가르치는

명절 기간에 성전 뜰에서 무리를 가르치시는 예수님

나를 죽이려 하오. 어찌하여 나를 죽이려 하는 것이오?"

예수가 자신들의 권위 및 삶의 방식에 도전한다고 여긴 유대인 지도자들은 기필코 예수님을 죽이려 했다. 예수님은 안식일에 대한 유대인 종교 지도자들의 가르침에 반박했고, 제사장이 허락한 성전의 장사꾼들을 채찍을 휘둘러 내쫓았다. 무엇보다 유대의 종교 지도자들을 분노하게 만든 일은, 예수님이 자신을 하나님과 동등한 존재라고 주장했기 때문이었다. 이런 내막을 알지 못하는 사람들이 의아한 듯 말한다.

"아무래도 당신은 귀신 들린 것 같소. 대체 누가 당신을 죽이려 한단 말이오? 왜 자꾸만 그런 말을 하는 것이오?"

"당신들은 내가 안식일에 한 가지 기적만 행해도 모두가 놀라고 있소. 그러나 알고 보면, 당신들도 할례에 관한 모세 율법에 따라 안식일에 할례를 베풀고 있지 않소?"

할례는 남성 생식기에서 귀두부의 포피를 베어내는 일종의 시술 행위인데, 하나님은 이것으로써 아브라함과 더불어 선민 된 언약의 징표로 삼으셨다. 이 같은 할례는 신성한 일이라 하여 안식일에도 할례 시술은 허락되었다. 이런 사실에 기초하여 예수님은 말씀하신다.

"이처럼 당신들의 자녀들이 안식일에 할례를 받는 것이 안식일에 관한 율법을 어기는 것이 아니라면, 내가 안식일에 사람의 몸을 고친다고 해서 당신들이 어찌 내게 분개하는 것이오? 그러니, 무슨 일이든 겉모양만 보고 판단하지 말고 올바른 표준에 따라 공정한 판단을 하시오."

예수님은 안식일에도 하나님의 백성 된 의식을 행하는 할례 시술이 유대인들에게 적법한 것으로 인정되었다는 사실에 근거하여, 안식일에 하나님의 백성 된 사람의 병을 고쳐주는 일이 결코 율법을 어기는 행위가 아님을 강조하셨다. 이런 반박에 예수님을 비난했던 유대인들이 머쓱한 표정을 지으며 말을 얼버무린다.

"그거야… 그렇게 따지면 그렇긴 하지만… 그래도…."

이분이 정말 그리스도인가? (7:25-31)

그때, 몇몇 예루살렘 사람들이 수군거린다.

"유대인 지도자들이 잡아 죽이려고 하는 사람이 바로 이 사람이 아닌가! 그런데 이 사람이 여기에서 이처럼 터놓고 공공연히 가르치고 있는데도, 왜 그들은 아무런 말도 하지 못하는가? 그런 걸 보니, 그들도 이 사람이 '그리스도(메시아)'라고 내심 결론을 내린 것이 아닌가!"

예수께서 예루살렘 성전에서 사람들에게 공개적으로 가르치고 있는데도 유대인 지도자들이 아무런 제지를 가하지 않자, 이에 대해 의문을 품은 예루살렘 주민들은 이상하게 생각했다. 그러면서 계속 말한다.

"우리는 이 사람이 어디서 왔는지 다 알고 있다. 그러나 정말 그리스도가 오실 때는, 그분이 어디서 오는지 아무도 모를 것이 분명하다."

당시 유대인들은 그리스도(메시아)는 아무도 알지 못하게 갑자기 오시기 때문에 누구도 그분의 출처를 알 수 없다고 생각했다. 하지만 예수란 사람에 대해서는 그의 혈통적인 신상 곧 예수님의 출생지, 가문, 가족관계 등에 대해 잘 알고 있었기 때문에 예수님이 메시아일 리 없다고 생각했다. 이에 성전에서 아직 가르치고 계시던 예수께서 그들의 말을 들으시고 큰 소리로 말씀하신다.

"그렇소. 당신들은 내가 어디서 났고 또 어디서 자랐는지 다 알고 있소. 그러나 나는 내 마음대로 세상에 온 것이 아니라오. 나를 세상에 보내신 분은 참되신 분으로, 당신들은 그분에 대해서 알지 못하고 있소. 그러나 나는 그분을 잘 알고 있소. 내가 그분에게서 왔고 또 그분께서 나를 보내셨기 때문이오."

예수께서 이 땅에 오신 것은 아버지 하나님께로부터 보내심을 받았기 때문이었다. 그리고 하나님이 예수님을 이 땅에 보내신 목적은 '예수'라는 이름 속에 대답이 있었다. '예수'는 '구원'이라는 뜻으로, 하나님은 택한 백성을 그들의 죄에서 구원하시려고 자신의 독생자 예수를 이 땅에 보내셨다. 예수님도 '인자의 온 것은 잃어버린 자를 찾아 구원하기 위해서다'라고 밝히 말씀하심으로써 이 땅에 보내심 받은 자신의 사명을 충분히 인식하고 있었다.

"아, 아니! 저자가 다시금 하나님을 모독하다니! 저런, 괘씸한…!"

유대인 지도자들은 자신이 하나님께로부터 왔다는 예수님의 말씀을 듣고 크게 격분했다. 그래서 신성모독의 죄를 범한 예수를 붙잡아가려 했다. 그러나 아무도 예수께 손을 대는 자가 없었다. 그 이유는, 아직 예수께서 십자가 수난을 겪을 때가 이르지 않았기 때문이었다. 이렇게 볼 때, 후일 예수께서 겟세마네 동산에서 붙잡히신 이유는 힘이 없었기 때문이 아니라, 마침내 십자가 수난을 겪을 때가 이르렀기 때문이었음을 알 수 있다.

"내가 볼 때 예수님은 참으로 위대하신 분이셔. 그분의 가르침은 참으로 신선하고 놀라워! 이제껏 우리에게 그런 가르침을 베푼 랍비는 아무도 없었어."

"맞아, 나도 그렇게 생각해. 그리스도가 달리 오신다고 해도, 예수님이 보여주신 것보다 더 많은 표적들을 보여줄 수는 없을 것이야."

예수를 크게 미워하고 배척한 유대의 종교 지도자들과는 달리, 거기 예루살렘 성전 뜰에 모인 일반 백성들 가운데는 예수님을 믿는 사람들도 많았다. 하지만 그들도 예수를 위대한 하나님의 선지자 정도로만 믿을 뿐 구원의 메시아로는 믿지 않았다.

장차 인자가 가게 될 곳(7:32-36)

"뭐야, 이거? 예수란 작자를 좋게 말하는 사람들이 많잖아. 이러다간 예수가 세력을 크게 불리겠어. 그 전에 미리 손을 써야겠구만!"

예수에 대해 사람들이 호의적으로 수군거리는 것을 듣고서 바리새파 사람들이 크게 당황했다. 그래서 그들은 대제사장들과 연합하여 예수를 체포하려고 성전 경비병들을 보냈다. 자신을 붙잡으려고 성전으로 올라온 자들을 보시고 예수께서 말씀하신다.

"내가 당신들과 여기에 있을 시간도 잠시뿐이라오. 이제 머잖아 나는 나를 보내신 분께로 돌아갈 것이오. 그러면, 당신들은 나를 찾아도 찾지 못할 것이고, 내가 있는 곳에 오지도 못할 것이오."

때는 예수님의 공생애 2년째인 초막절 기간 중이었으므로(주후 28년경, 9~10월경), 이후 예수님은 6개월 정도 더 세상에 머무시다가 마침내 십자가 위에서 죽으시고 사흘 만에 무덤에서 부활하셔서 하늘나라 아버지 곁으로 올라가실 터였다. 그렇게 되면 사람들이 아무리 예수님을 찾아도 찾을 수 없고 또 예수님이 계신 곳에 갈 수도 없을 것이다. 이런 사실을 도무지 알지 못하는 유대인들은 고개를 갸웃하며 서로 수군거릴 뿐이다.

"지금 무슨 말을 하는 거지? 이 사람이 도대체 어디로 가려고 하기에 우리가 찾을 수 없을 것이라고 말하는가? 유대인들이 흩어져 사는 헬라로 가서 헬라 사람들을 가르칠 셈인가?"

유다가 패망한 이후(주전 586년경), 이스라엘을 떠나 전 세계에 흩어져 사는 유대인들 곧 '디아스포라(Diaspora)'가 생겨났다. 특히 알렉산드리아 지방의 헬라인들 속에 많았다. 영적 맹인이나 다름없었던 유대의 종교 지도자들은, 이때 예수가 떠난다는 것을 이스라엘 땅을 떠나 다른 나라로 간다는 말로 오해했다. 오해는 계속되었다.

"아니, '자기를 찾아도 찾지 못할 것'이라고? 어디 깊숙한 산속에라도 들어가 몰래 숨어서 살아갈 작정인가?"

생명수가 흐르는 강 (7:37-39)

명절의 마지막 날, 곧 초막절을 마무리 짓는 제8일째가 되었다. 마지막 날에는 물을 길어서 예루살렘 성전으로 가져가는 큰 행사가 있다. 수십만

오늘날의 '실로암 연못'

명이 두 줄로 길게 늘어서서 십 리 밖에 있는 실로암 연못으로 간다. 제사장들은 순금 항아리에 실로암 연못의 물을 떠서 조심스럽게 들고 다시 긴 행렬과 함께 예루살렘 성전으로 올라온다. 이때 제사장들은 이사야 12장 3절을 찬송한다.

"너희가 기쁨으로 구원의 우물들에서 물을 길으리로다."

그러면 백성들은 시편 113편과 118편 두 편의 찬송가를 부른다. 이렇게 찬송을 부르면서 물 항아리를 가지고 오는 행렬이 예루살렘 성전으로 들어오면 그 물을 제단에 붓는 예식을 거행한다. 광야의 반석에서 물이 터져 시원한 생수를 마시게 해주신 하나님의 놀라운 권능과 은혜를 찬양하는 것이다. 사람들은 물이 없으면 살 수가 없다. 추수도 없다. 그래서 금년에도 물을 주셔서 추수를 하고 풍년을 누리게 해주신 하나님께 감사를 드리는 것이다.

예수님은 제사장들이 순금 항아리에 물을 들고 오는 바로 그 자리에 서서 큰 소리로 말씀하신다.

"누구든지 목마른 사람은 다 내게로 와서 마시십시오. 나를 믿는 사람은 성경에 기록된 말씀대로, 그의 배에서 생명수가 강같이 흘러나올 것입니다."

제사장들이 실로암 연못에서 물을 길어 그 물을 제단에 붓는 특별한 의식을 수행하는 그 초막절 기간에, 예수님은 자신에게로 나와서 (믿음의) 물을 마시라고 말씀하셨고, 그런 사람 곧 자신을 믿는 사람은 그의 배에서 생명수가 강같이 흘러나올 것이라고 말씀하셨다.

사실 이 말씀은, 훗날 예수님을 믿는 사람들이 받게 될 '성령'을 두고 하신 말씀이었다. 예로부터 유대인들은 '배'를 '인간의 깊은 내면'이나 '마음'으로 이해했고, 나아가 '전 인격'으로 이해했다. 그러므로 이 말씀은, 예수님을 믿는 자는 누구든지 그 마음 깊숙한 곳에서 '생명수의 강' 곧 성령이 충만하게 흘러넘치게 된다는 의미다.

하지만 그때는 아직 예수께서 하늘나라의 영광 가운데로 돌아가시기 전이어서 성령이 사람들에게 영구히 임하지 않았다. 성령은 예수께서 십자가 수난을 겪고 무덤에서 부활하시고 하늘로 올라가신 후에, 곧 하늘나라의 영광을 받으신 이후부터 이 세상에 영구히 임하여 믿는 자들에게 강력하게 역사했다. 그렇게 영구히 임한 시점이 바로 '오순절 성령강림 사건'이었다(행 2:1-4).

예수님에 대한 여러 견해들 (7:40-44)

초막절 마지막 날에 예수께서 '생명수'에 관한 가르침을 베푸시자, 그 말씀을 듣고서 군중들은 끼리끼리 모여 수군거린다.

"저분은 틀림없이 구약성경에서 언급된 그 위대한 선지자시다."

"저분이야말로 우리가 그토록 기다리던 '그리스도'이시다!"

"아냐, 어떻게 갈릴리에서 그리스도가 나올 수 있단 말인가? 성경을 보면, 그리스도는 분명 다윗의 혈통을 좇아 다윗이 살던 베들레헴 마을에서 태어날 것이라고 하지 않았던가!"

이처럼 군중들은 예수님을 두고 의견이 여럿으로 갈라졌다. 이때 군중들은 예수님이 다윗의 혈통을 좇아 베들레헴 마을의 어느 외양간에서 태어난 사실을 알지 못했다.

"예수를 따르는 무리들이 저리 많으니 지금 예수를 붙잡을 수도 없고… 참으로 일이 곤란하게 돌아가는구먼!"

군중들 가운데는 호시탐탐 기회를 노려 예수님을 붙잡아가려는 사람들도 섞여 있었다. 그들은 유대 종교 지도자들의 지시를 받은 성전의 경비병들이었다. 하지만 워낙 많은 무리들이 예수님을 열렬히 추종하고 있었으므로 그들은 감히 예수께 손을 대지 못했다.

유대 종교 지도자들의 불신앙 (7:45-53)

"아니, 왜 빈손인 게냐? 어째서 예수를 잡아오지 않았느냐?"

성전 경비병들이 아무런 소득 없이 돌아오자, 대제사장들과 바리새파 사람들이 호통을 쳤다. 그러자 성전 경비병들이 대답한다.

"그… 그게 말입니다. 우리는 지금껏 한 번도 그분처럼 말씀하시는 것을 들어본 적이 없습니다. 그분 말씀은 참으로 뭔가 달랐습니다."

그 말을 듣고, 바리새파 사람들이 어이없다는 듯 호통을 친다.

"다르긴 뭐가 달라! 그래서, 너희도 그자의 말에 넘어가버렸단 말이냐? 잘 들어라! 유대인 지도자들이나 우리 바리새파 사람들 중에는 그자를 믿는 사람이 아무도 없다! 율법이라곤 아무것도 모르는 어리석은 군중들이나 그자를 믿고 따르니 그들은 저주받은 자들이다."

바리새인들은 예수님과 그를 따르는 무리들을 향하여 '율법을 모르는 자들'이라고 멸시한다. 유대인 랍비들의 교훈에 의하면, 율법 없는 자들에 대해서는 여섯 가지 항목의 금지 사항이 있다. 그들의 증거를 받지 말고, 그들에게 증거를 하지도 말며, 그들을 믿지도 말고, 그들에게 고아를 맡기지 말며(구걸하지 말라는 뜻), 그들을 구제하지도 말고, 그들과 함께 다니지도 말라는 사항들이다.

경비병(하속)들이 다녀와서 그렇게 훌륭하게 교훈을 전하는 사람은 처음 본다고 보고하니, 바리새인들이 화가 치밀어 율법 없는 자들이나 예수를 그렇게 평한다고 책망한 것이다. 이처럼 유대의 종교 지도자들인 바리새인들은 예수님을 믿지 않았다. 만일 예수님의 가르침을 믿는다면,

그것은 오랜 세월 동안 이어져온 그들의 정교한 종교 체계 및 전통을 훼손하고 무너뜨리는 일이라고 생각했기 때문이다.

바리새인들에게 있어 예수란 사람은 전혀 율법 교육을 받지 못한 사회의 하층민을 대표하는 아웃사이더로 간주되었기에, 높은 학식을 가진 자신들이 예수의 가르침을 믿고 따르는 것은 자존심도 상할 뿐 아니라 아주 터무니없는 일로 여겨졌다.

바로 그때였다. 예수님을 남몰래 찾아간 일이 있었던 유대인 지도자 니고데모가 바리새인들 중에 섞여 있다가 조심스럽게 입을 연다.

"보시오, 우리 율법으로는 어떤 사람을 판결하기 전에 먼저 그 사람의 말을 들어보거나 그 사람이 행한 일을 자세히 알아보도록 되어 있지 않소? 우리가 예수를 너무 쉽게 판단하는 것은 아닌지 심히 우려되는 바이오."

니고데모! 이 사람은 산헤드린(공회)의 회원으로, 일찍이 한밤중에 예수님을 몰래 찾아가 성령의 사역과 거듭남(중생)에 관한 진리를 배운 자다. 그 이후에 그는 예수님을 남몰래 믿고 따르는 추종자가 되었고, 이제는 나름대로 예수님을 변호하고 있다. 나중에 그는 같은 공회(산헤드린) 회원인 아리마대 요셉과 더불어 예수님의 시신을 잘 수습하여 고이 장사지냈다.

예수님을 잡아오지 못한 성전 경비병들에게 일장 연설을 하는 판에, 니고데모가 나서서 뭔가 결이 다른 주장을 하자 바리새파 사람들이 삐딱한 시선으로 빈정거린다.

"뭐요? 당신도 갈릴리 출신이오? 성경을 자세히 살펴보시오. 갈릴리에서 위대한 선지자가 나온다는 말이 도대체 어디에 적혀 있단 말이오."

바리새인들의 핀잔에 니고데모는 더는 대꾸하지 않고 가볍게 헛기침하며 침묵을 지켰다. 그러자 바리새인들은 뭔가 기분을 크게 잡쳤다는 떨떠름한 표정으로 뿔뿔이 흩어져 각자 자기 집으로 돌아갔다.

8

세상의 빛, 예수

나는 세상의 빛이다
나를 따르는 사람은 결코
어둠 속을 걷지 않을 것이며
생명의 빛을 얻을 것이다

간음하다가 현장에서 붙잡힌 여자 (8:1-11)

바리새인들이 각자 흩어져 집으로 돌아가자, 예수께서는 제자들과 함께 통상적으로 휴식과 기도를 위해 가시곤 했던 올리브(감람)산으로 가셨다. 다음 날 이른 아침, 예수께서는 사람들에게 천국 복음을 가르치기 위해 다시 예루살렘 성전으로 돌아오셨다.

성전에 있던 사람들이 모두 예수님을 알아보고 무척 반가운 표정으로 그의 주변에 우르르 모여들었다. 그러자 예수께서는 성전 뜰의 한쪽에 자리를 잡고 앉아 사람들을 가르치기 시작하셨다.

예수께서 한창 사람들에게 천국 복음을 가르치고 있을 때였다. 율법 교사들과 바리새파 사람들이 한 여자를 예수님께로 거칠게 끌고 왔다. 그녀는 간음하다가 현장에서 붙잡힌 여자였다. 율법 교사들과 바리새인들은 그녀를 예수님과 사람들 앞에 세워놓은 후, 예수께 묻는다. 살기에 가득 찬 날카롭고 차가운 목소리다.

"예수 선생, 이 여자는 간통을 저지르다가 현장에서 붙잡힌 아주 몹쓸 여인이오. 모세 율법에 따르면, 이런 여자는 '돌로 쳐 죽이라!'고 쓰여 있는데, 선생의 의견은 어떻소? 우리가 이 여자를 어떻게 처리하면 좋겠소?"

유대 랍비들이 정죄하는 큰 죄는 세 가지다. 우선 우상숭배다. 유대인들은 우상숭배의 죄를 가장 큰 죄로 여겼다. 둘째는 살인죄다. 셋째는 간음죄인데, 여기에는 두 가지 경우가 있다. 남편이 있는 여자가 다른 남자와 간음했을 경우와 몸을 파는 창녀의 경우다. 유대인들은 창녀를 결코 인정하지 않았다.

랍비들이 정해놓은 세 가지 죄는 증거가 확실하고 2인 이상의 증인만 있으면 로마법의 재판과 관계없이 율법대로 처리하게 되어 있었다. 지금 율법 교사들과 바리새인들은 간음하다 현장에서 붙잡힌 여인을 끌고 나가서 돌로 쳐 죽이는 형벌을 시행하고자 했다. 어른들로부터 아이들까지 동네 사람들 모두를 참여시켜 그녀에게 돌을 던져 돌무더기 속에서 고통 가운데 죽어가게 만드는 수치스럽고도 끔찍한 극형을 가하려 했다. 그렇게 함으로써 온 동네에 죄가 생기지 못하도록 본때를 보여주고자 함이었다.

그런데 율법 교사들과 바리새인들은 예수가 마을에 와 있다는 소식을 듣고 계획을 급히 바꿔 그 여인을 끌고 예수 앞으로 나아온 것이다. 이때 율법 교사들과 바리새인들이 굳이 간음하다가 현장에서 발각된 이 여자를 예수께로 끌고 와서 예수님 앞에 세워놓고 예수님의 의견을 묻는 것은 나름대로 치밀한 계산과 속셈이 있었기 때문이다. 그들의 질문을 풀이하면 이런 것이다.

"예수 선생, 모세 율법은 이런 여자를 돌로 쳐 죽이라고 되어 있소, 그런데 '원수를 용서하고, 이웃을 내 몸같이 사랑하라'는 당신의 가르침에 따르면 이 여자를 풀어주어야 하지 않겠소? 자, 어떡할 거요?"

만일 예수께서 모세 율법에 따라 '그 여자를 돌로 쳐 죽이라'고 대답하면, 그동안 예수님이 가르쳤던 모든 사랑과 용서의 교훈은 허구에 그치는 일이 될 터이고, 만일 예수께서 자신의 가르침에 따라 '그 여자를 용서해주라'고 대답하면, 예수님은 모세 율법을 어긴 자로 간주되어 유대 법정에 서서 재판을 받고 처벌당해야 마땅했다. 율법 교사들과 바리새인들은 예수에게 올무를 놓아 그를 고소할 아주 절묘한 진퇴양난의 수를 쓴 것이다. 그들은 득의만만하고 음흉한 미소를 지으며 예수님의 답변을 초조하게 기다렸다.

'흐흐흐, 이제 예수란 자도 끝장이군. 제까짓 게 뭐라고 설쳐대긴!'

그러나 이때 예수께서는 율법 교사들과 바리새인들의 질문에 직접 답변하지 않으셨다. 대신에 예수께서는 가만히 몸을 굽혀 손가락으로 땅바닥에 무엇인가를 쓰기 시작하셨다. 무엇이라고 쓰셨을까?

알 수 없다! 성경이 그 내용을 기록해놓지 않았기 때문이다. 하지만 대충 추측해 볼 수는 있다. 어쩌면 그 여자를 고소한 자들의 숨겨진 죄목을 몇 가지 썼을 수도 있고, 어쩌면 간음한 남녀를 처형하라고 규정한 구약의 법조문을 썼을 수도 있다. 예수님이 무슨 내용을 썼든지 간에, 그 여자를 고소한 자들의 날카로운 질문을 받고 즉각적으로 대답하는 대신에, 조용히 몸을 굽혀 땅바닥에 무엇인가를 쓰는 예수님의 동작은 주효했다. 그것은 격앙되고 흥분한 무리들을 진정시키는 동시에, 예수님의 답변에 궁금증을 갖고 주목하게 하는 효과를 가져다주었을 것이기 때문이다.

"아니, 지금 땅바닥에 뭐라고 쓰시는 거요? 그렇게 침묵하지 말고, 입을 열어 뭐라고 대답해 보시오! 우리가 이 여자를 어떻게 하면 좋겠소?"

그들이 계속해서 대답을 재촉하자, 예수께서 천천히 몸을 일으키신 뒤 그들을 향해 말씀하신다. 그 말씀은 부드러웠지만 강렬한 권위와 힘이 있었다.

간음한 여인—"죄 없는 자가 먼저 이 여인에게 돌을 던지시오."

"여러분 가운데 죄 없는 사람이 먼저 이 여자에게 돌을 던지시오."

이렇게 말씀하신 후, 예수께서는 다시 몸을 굽혀 손가락으로 땅바닥에 무엇인가를 더 쓰셨다. 여기서 '죄 없는 자'는 '죄에 대한 욕망이 없는 자'다. 죄인을 향해 돌을 던지기 전에 정말 자신은 깨끗한가, 자신을 살피며 자문해 보라는 것이다.

'아름다운 여인이 유혹한다면 외면할 수 있겠느냐? 멋진 남자가 유혹하면 외면할 수 있겠느냐? 너희 또한 때로는 마음속에 부적절한 관계를 맺고자 하는 욕망으로 시달려 본 적이 있지 않느냐?'

예수님은 그렇게 자신들을 살펴보는 가운데 여인에게서 미움과 증오를 거두기를 기대하셨을 것이다. 그래서 무리들을 향해 물음을 던지신 것이다.

'너희는 마음으로 한 번도 여인을 품은 적이 없더냐? 그런 죄가 추오도 없다면 너부터 돌을 던져라!'

"뭐라? 죄 없는 사람이 먼저 돌로 치라고? 죄 없는 사람이…."

예수님의 답변을 듣고 기세등등하던 사람들이 머뭇거리며 주춤했다. 참으로 도전적인 말씀이다. 그리 말씀하신 후, 예수님은 거기 모인 사람들과 한 사람씩 눈을 맞추었다. 마음의 죄들을 찾아내는 강렬한 눈빛이다.

'너희들은 운이 좋아 들키지 않았고, 이 여인은 들켰다는 차이밖에 없다. 그래도 여인을 향해 돌을 던질 자들은 던져라! 돌을 던지는 순간, 내가 너희의 죄를 이 사람들 앞에서 낱낱이 밝혀주마. 그땐 너도 이 여인의 신세가 될 거다! 어디 돌을 던져 봐라.'

마을 사람들은 예수님의 마음을 읽었다. 그 눈빛을 보고 오싹해졌다. 처음에는 눈을 내리깔더니, 한 사람씩 돌을 제자리에 내려놓고는 뒷걸음질을 쳤다. 저마다 양심의 가책을 느끼고는 하나씩 둘씩 현장을 떠나갔다.

이 사건에서 예수님이 하시려는 말씀은, 자기 위선을 벗어던지고 다른 사람을 정죄하기 전에 먼저 자신을 살펴보라는 것이다. 결국 예수님의 이 가르침은, 형제의 눈 속에 있는 티를 빼내려고 애쓰기 전에 먼저 자기 눈 속에 있는 들보를 제거해야 한다는 교훈과 일맥상통한다.

양심의 가책을 받은 사람들은 저마다 한 마디씩 구시렁거리며 한 사람씩 슬슬 자리를 빠져나가기 시작했다. 나이 든 사람들부터 하나씩 빠져나가더니, 나중에는 예수님과 그 여자만 그 자리에 남게 되었다.

간음하다 현장에서 붙잡힌 그 여자는 잔뜩 몸을 움츠린 채 벌벌 떨며 거기 그대로 서 있었다. 여자는 모든 것을 체념한 듯, 사람들이 모두 빠져나간 줄도 모른 채 눈을 꼭 감고 있었다. 그때, 땅바닥에 글을 쓰시던 예수께서 몸을 일으켜 그 여자에게 말씀하신다.

"여자여, 그 사람들이 다 어디로 갔소? 당신을 정죄하려던 사람들은 다 어디로 간 것이오?"

그제야 그 여자가 눈을 떠서 주변을 찬찬히 둘러보며 목이 메어 떨리는 목소리로 대답한다.

"네, 주님! 아무도 없습니다."

"그렇소, 아무도 없소. 나 역시 당신을 정죄하지 않겠소. 그러니 이제 가서, 다시는 죄를 짓지 마시오."

사람의 죄에 대하여 "당신은 죄 있다!" 하고 정죄할 수 있는 유일한 자격을 지니신 예수님조차도 정죄하지 않을진대, 세상에서 누군들 다른 사람을 정죄할 수 있을까? 그러므로 모든 사람은 다른 사람을 정죄해서는 안 된다. 오직 사랑과 용서의 대상이 있을 뿐이어야 한다. 그리고 진즉에 예수님께로부터 그런 사랑과 용서를 받는 자들은 이후로는 더 이상 죄 짓지 않는 성결하고 신실한 삶을 살아가야 한다.

"아, 주님…."

예수님은 죄를 옹호한 것이 아니라, 죄를 깨우쳐 주시고 용서하신 것이다. 앞으로는 잘 해나갈 수 있을 것이라는 믿음과 기대를 갖고 사랑의 권면을 하신 것이다. 여인은 흐느낀다. 여인은 돌멩이를 움켜쥔 율법학자들에게서는 어떤 감화도 받지 못했다. 오히려 반감만 더 강해졌다. 그러나 용서하시는 예수님에게는 회개의 눈물을 보인다. 이후 부도덕한 생활을 버렸다면 그건 예수님의 용서와 사랑의 말씀 때문이다. "사랑은 사람을 치료한다. 주는 사람과 받는 사람 양쪽 모두를!"(칼 메닝거).

곰팡이는 아무리 걸레로 닦아내어도 다시 생긴다. 그러나 뜨거운 빛이 비추면 저절로 사라진다. 예수님은 이 세상에 빛으로 오셨다. 여인의 죄가 예수님의 빛으로 드러났고, 그 빛 앞에 나왔을 때 여인은 자기반성과 함께 용서를 체험하고 새롭게 소망의 세계로 나아간다. 예수님의 용서는 죄인에게 유일한 소망이다

세상의 빛이신 예수님 (8:12-20)

초막절에는 실로암 연못에 가서 물을 길어다 성전 제단에 붓는 큰

행사와 함께 등 놀이 행사도 있다. 등 놀이 행사는, 성전 뜰에 커다란 등 네 개를 달아놓고, 그 밑에서 제사장과 바리새인과 사두개인 등 종교지도자들이 춤을 추고 백성들은 빙 둘러앉아서 구경하는 축제다. 행사의 의미는 하나님께서 세상을 창조하실 때 빛으로 시작했으므로 빛 되신 하나님을 찬양하고 선민 이스라엘이 온 세상의 빛이라는 자부심을 고양시키는 것이다. 예수님은 등 놀이 행사에 참석하셔서 그들의 모습을 보고 있다가 가르침을 베푸신다.

"나는 세상의 빛입니다. 나를 따르는 사람은 결코 어둠 속을 걷지 않을 것이며 생명의 빛을 얻을 것입니다."

예수님은 스스로를 '세상의 빛'으로 소개하셨다. 예수님은 죄로 인해 어둡게 된 세상을 밝히러 오신 분이시다. 죄악으로 뒤덮인 어둠의 세상에 생명과 구원의 빛을 비추기 위해 오신 분이시다.

"당신이 세상의 빛이라고요? 당신을 따르면 생명을 얻을 것이라고요? 무슨 말을 그리 하는 것이오. 누가 그리 말해주었소? 당신 자신이 스스로 그렇게 주장하니, 당신의 증언은 참되다고 할 수 없소!"

유대인들이 금과옥조처럼 여기는 모세 율법에 따르면, 어떤 주장에 대하여 2인 이상의 믿을 만한 증인이 있어야 그 주장이 유효하다고 인정되었다. 지금 바리새인들은 이 같은 율법에 근거하여 예수님께 따진 것이다. 이에 예수께서 말씀하신다.

"나 자신에 대한 말일지라도 내 증언은 진실로 참된 것이오. 나는 내가 어디에서 왔으며 또 어디로 가고 있는지를 알기 때문이오. 그러나 당신들은 내가 어디서 왔으며, 어디로 가는지를 알지 못하오. 당신들은 사람의 잣대로 남을 판단하지만, 나는 어느 누구도 함부로 판단하지 않소. 하지만 만일 내가 판단한다면, 내 결정은 언제나 옳소. 왜냐하면 나는 혼자가 아니라 나를 보내신 아버지와 함께하기 때문이오."

예수님은 본질상 하나님이시고, 또한 하늘 아버지께서 항상 함께하신다. 그렇기 때문에 예수님은 스스로에 대해 밝히 증언하실 수 있었고, 또 그 증언을 뒷받침해 주는 다른 어느 누구의 증언이 필요하거나 요구되지 않았다. 오직 예수님의 증언만으로 100% 온전했고, 그래서 예수님의 판단은 언제나 100% 옳았다. 말씀은 이어진다.

"그래, 좋소! 당신들의 율법에는 '두 사람이 증언하면 참되다.'라고 기록되어 있소. 그렇지 않소?"

"맞소! 그래서 지금 우리가 당신에게 두 사람의 증인을 요구하고 있는 게 아니오. 당신의 증언을 확증해 줄 두 증인이 있는 것이오?"

"있소!"

"있다고요? 대체 그 둘은 누구요?"

바리새인들이 크게 의아한 듯 즉시 캐묻는다.

"한 사람의 증인은 바로 나 자신이고, 또 한 사람의 증인은 나를 보내신 내 아버지요."

예수님은 모세 율법에 따라 두 증인을 제시했는데, 그 둘은 '예수님 자신'과 '아버지 하나님'이셨다. 이때 증인으로 소환된 예수님은 요셉과 마리아의 아들인 육신적인 존재로서의 예수님이 아니라 바리새인들이 그의 오고감(본질적 정체성)을 전혀 알지 못하는 신적(神的)인 존재로서의 예수님이다. 이런 진리의 말을 영적 맹인 된 바리새인들이 제대로 알아들을 리 없었다. 그들은 황당한 듯 되묻는다.

"아버지가 증인이라고요? 당신의 아버지가 어디 있소? 설마 지금 나사렛에 있는 목수 아버지 요셉을 말하는 것은 아닐 테고…."

"당신들은 나도 모르고, 내 아버지도 모르오. 만일 당신들이 내가 누군지 나를 제대로 알았더라면, 내 아버지도 바르게 알았을 것이오."

"지금 우리를 무시하는 게요? 뭘 자꾸 모른다고 그러시오!"

유대의 종교 지도자로서 모세 율법에 대하여 통달하고 있다는 자부심으로 가득한 바리새인들, 그들은 예수님의 말씀에 자존심이 크게 상한 듯 화를 내며 대들었다. 이에 예수님은 딱하다는 듯 그들을 바라보셨다. 예수께서 바리새인들과 논쟁을 벌였던 장소는 예루살렘 성전 뜰의 헌금함이 있는 곳이었다. 당시 예루살렘 성전에는 열세 개의 헌금함이 있었는데, 그것들은 성전 뜰의 여러 구역 가운데 '여인의 뜰'에 놓여 있었다.

"에잇! 저자를 그냥…!"

바리새인들은 크게 화가 나서 예수님을 붙잡아 감옥에 가둬두고 싶었다. 하지만 그렇게 할 수 없었다. 예수님을 따르는 군중들의 눈이 너무 많았고, 예수님을 체포할 명분도 약했기 때문이다. 그러나 그런 이유들보다 더 결정적인 것은, 아직은 예수께서 그들에게 붙잡힐 때가 이르지 않았기 때문이다. 후일 겟세마네 동산에서 예수께서 유대의 종교 지도자들에게 붙잡히신 것은 결코 힘이 없어서가 아니었다. 마침내 십자가 사역을 수행할 때가 이르렀기 때문에 순순히 붙잡히신 것이다.

장차 예수께서 가시는 곳 (8:21-30)

예루살렘 성전 내 '여인의 뜰'에 놓인 헌금함 앞에서 예수께서 다시 유대인들에게 말씀하신다.

"나는 머잖아 떠나갈 것이고, 당신들은 나를 찾다가 당신들의 죄 가운데서 죽을 것이오. 그리고 내가 가는 곳에 당신들은 오지 못하오."

예수님의 말씀에 유대인들이 그 뜻을 알지 못해 저마다 고개를 가웃하며 수군댄다.

"도대체 무슨 말인가? 예수가 가는 곳에 우리는 가지 못할 것이라니?"

"쯧쯧! 아무래도 저 사람이 자살을 할 모양이야. 그러니 우리가 찾지도 못하고, 그곳에 갈 수도 없는 거겠지."

유대인들의 엉뚱한 반응에 아랑곳없이 예수님은 계속 말씀하신다.

"당신들은 아래에서 왔고, 나는 위에서 왔소. 당신들은 이 세상에 속해 있지만, 나는 이 세상에 속해 있지 않소. 당신들이 당신들의 죄 가운데서 죽을 것이라고 말한 것은 바로 이 때문이오."

"그게 대체 무슨 말씀이오? 우리가 죄 가운데 죽을 것이라니…?"

"내가 나에 대해 누구라고 주장하는 말을 당신들이 믿지 않는다면, 당신들은 당신들의 죄 가운데서 죽고 말 것이오."

예수님은 천국 복음을 전하시면서, 또한 여러 기적을 행하시면서, 자신이 하늘에서 내려온 하나님의 아들이며 인류의 메시아임을 밝히 알려주셨다. 그 사실을 믿지 않으면, 다시 말해 예수님을 자신의 구세주로 받아들이지 않으면, 누구든지 죄 사함을 받지 못하고 스스로의 죄 가운데서 영원한 죽음에 이르게 된다. 이런 사실을 깨닫지 못하고 유대인들이 다시 묻는다.

"당신을 믿지 않으면 죽는다고요? 도대체 당신이 누구란 말이오?"

예수께서 답답하고 안쓰럽다는 듯 대답하신다.

"내가 누구라는 것은 지금까지 내내 말해왔지 않소. 내가 당신들에 대해서 말할 것도 많고 판단할 것도 많소. 그렇지만 지금은 하지 않겠소. 다만 나를 보내신 분은 참되시므로, 오직 나는 그분에게서 들은 것만을 세상에 말할 뿐이오."

"알아듣기 힘든 말만 하는구료. 대체 누가 당신을 이 세상에 보냈단 말이오?"

이때 유대인들은 예수께서 자신의 하늘 아버지 곧 성부 하나님을 두고 말씀하고 계신다는 사실을 깨닫지 못했다. 그런 모습을 보시고, 예수께서 그들에게 다시 말씀하신다.

"당신들은 인자가 높이 들려진 다음에야, 내가 누구라고 주장했던 내 말이 참되다는 것을 깨닫게 될 것이오. 또한 내가 내 마음대로 말하지 않고, 오직 아버지께서 가르쳐 주신 것만을 말했다는 사실도 비로소 깨닫게 될 것이오."

이때 예수님은 머잖아 자신이 감당하게 될 '십자가 사역'에 대하여 말씀하신 것이다. 십자가에 높이 매달려 죽으신 후에야(더 나아가 부활하시고 승천하신 후에야), 사람들은 비로소 예수님이 '메시아'였다는 사실과 그분이 하늘의 하나님께로부터 이 세상에 보내심을 받아 오직 하나님의 말씀만 가르치셨다는 사실을 깨닫게 될 터였다. 예수님의 말씀은 이어진다.

"나를 보내신 분은 항상 나와 함께 계신다오. 그분은 결코 나를 혼자 버려두시지 않는다오. 그 까닭은, 그분께서 기뻐하시는 일만을 내가 항상 행하고 있기 때문이오."

여러 번 반복된 예수님의 가르침을 통해 유대인들 중에서 그 마음이 열린 자들은 예수님을 보내신 분이 하늘의 하나님이라는 사실을 비로소 깨닫게 되었다. 그렇게 깨달음을 얻은 자들이 적지 않았다.

진리가 너희를 자유롭게 하리라 (8:31-38)

예수께서는 자신의 가르침을 깨닫고 자신을 믿는 자들이 적지 않음을 보시고, 자신을 믿는 유대인들을 향해 특별히 말씀하신다.

"여러분이 내 가르침에 따라 산다면, 여러분은 참으로 나의 제자들입니다. 그러면 여러분은 진리를 알게 될 것이고, 그 진리가 여러분을 진정 자유롭게 할 것입니다."

여기서 믿는 자들을 진정 자유롭게 하는 '그 진리'는 하나님의 독생자이신 예수님이시다. 예수님이 진리인 까닭은, 본질상 하나님이신 그분은 속성상 모든 옳은 것의 완전한 척도로서 진리의 근원이시고 또 진리 자체이시기 때문이다. 그러므로 참 진리이신 예수님은 믿는 자들을 모든 왜곡되고 뒤틀린 상태 곧 죄와 사망으로부터, 사탄의 종노릇 신세로부터 능히 해방시켜 주실 수 있다.

이때 예수님이 믿는 자들에게 주시는 자유는 원하는 것을 마음대로

“진리를 알지니, 정녕 진리가 여러분을 자유롭게 할 것입니다.”

할 수 있는 방종의 자유가 아니다. 그것은 죄와 사망의 길에서 벗어나, 또한 사탄의 종노릇 신세에서 풀려나 진리의 길을 걷고 살아갈 수 있게 하는 참 자유다. 예수님 안에 있는 생명과 성령의 법이 죄와 사망의 법으로부터 믿는 자들을 해방시켜 주심으로써 진리이신 예수님은 이 참된 자유를 주시는 것이다. 그런데 이 같은 진리를 깨닫지 못한 자들이 예수님께 묻는다.

“하지만 선생님, 우리는 아브라함의 후손으로서 어느 누구의 종이 된 적이 없습니다. 그런데 우리가 자유롭게 될 것이라니, 그게 무슨 말씀입니까?”

예수님의 신령한 가르침을 육적이고 혈통적으로 이해한 질문이다. 대대로 유대인들은 ‘아브라함의 후손’이라는 선민의식에 가득 차 있었다. 이에 예수님은 알아듣기 쉽게 말씀하신다.

“내가 진실로 밝히 말하겠습니다. 죄를 진 사람은 누구든지 죄의 종입니다. 종은 주인의 집에 영원히 머물러 있을 수 없지만, 아들은 그 집에 영원히 머물러 있습니다. 그러므로 아들이 여러분을 자유롭게 해주면, 비로소 여러분은 참으로 자유롭게 되는 것입니다.”

한 집안에서 아버지는 물론이고 아들도 종을 자유롭게 해줄 수 있었다.

이스라엘의 법률상, 종을 해방시킬 수 있는 권한은 아버지뿐만 아니라 상속권을 이어받을 아들에게도 주어졌다. 그래서 아버지 하나님의 아들이신 예수님은 '죄의 종' 된 자들을 능히 해방시켜 주실 수 있다. 예수님의 말씀은 이어진다.

"물론 여러분이 혈통적으로 아브라함의 후손인 줄은 나도 잘 압니다. 그러나 여러분 가운데 나를 죽이려고 하는 자들이 있는데, 그것은 그들의 마음속에 내 말을 받아들일 자리가 없기 때문입니다. 나는 내 아버지 앞에서 본 것을 여러분에게 말하고 있고, 여러분은 여러분의 아버지에게서 들은 것을 행하고 있습니다."

너희의 아비는 마귀다 (8:39-47)

예수님의 말씀을 제대로 이해하지 못한 유대인들이 되묻는다.

"선생님, 우리의 조상은 아브라함입니다."

"그렇지 않소. 당신들이 아브라함의 자손이라면, 당신들은 아브라함을 따라 아브라함이 행한 일을 당신들도 했을 것이오. 그런데 당신들은 지금 내가 아버지께 들은 진리를 말했다고 해서 나를 죽이려 하고 있소. 아브라함은 결코 그런 일을 행한 적이 없소. 그런데도 당신들은 지금, 당신들의 아비가 행한 일을 하고 있소."

영적 차원에서 신령한 진리를 말씀하고 계시는 예수님과 육신적이고 혈통적인 차원에서 모든 것을 이해하는 유대인들 사이에서 빚어지고 있는 대화의 어긋남이다. 예수님의 말씀에 유대인들이 성을 내며 말한다.

"무슨 말씀을 그리 하십니까? 우리는 음행으로 태어난 사생아들이 아니란 말입니다. 우리는 불순한 이방인들의 피가 한 방울도 섞이지 않은 순수한 아브라함의 자손이란 말입니다. 또한 더 올라가면, 우리의 아버지는 하나님 한 분뿐이십니다."

유대인들의 말을 듣고 예수께서 즉각 말씀하신다.

"말 잘하였소. 만일 하나님께서 당신들의 아버지라면, 당신들은 나를 사랑할 것이오. 내가 하나님 아버지께로부터 왔기 때문이오. 다시 말씀드리지만, 나는 내 마음대로 온 것이 아니오. 오직 그분께서 나를 보내셨기 때문에 내가 이 세상에 온 것이오."

"무슨 말씀인지, 우리가 알아듣기 쉽게 말씀해 주시면 안 되겠습니까?"

"당신들이 내 말을 알아듣지 못하는 이유가 어디 있는 줄 아시오? 그것은 당신들이 내 말을 들을 수 있는 귀가 없기 때문이오."

예수님의 말씀은 세상에 속한 육신적인 것이 아니라 하늘에 속한 거룩한 것이기에, 어디까지나 영적 차원에서 듣고 이해해야 하는 신령한 말씀이었다. 그러므로 영적 귀가 닫힌 자들은 예수님의 말씀을 한마디도 알아들을 수 없었다. 이제 예수님은 자신을 불신하고 배척하는 유대인들을 향해 준엄하게 말씀하신다.

"당신들은 당신들의 아비인 마귀의 자식들이오. 그래서 당신들의 아비가 원하는 것을 행하려 하는 것이오. 마귀는 처음부터 살인자였고 진리에 따라 살지 않소. 마귀 안에는 진리가 없기 때문이오. 마귀는 자기 본성에 따라 마구 거짓말을 해대는 자요. 진실로 그렇소. 마귀는 거짓말쟁이이고 거짓의 아비요. 그래서 마귀가 거짓말을 해대는 것은 당연한 일이오."

"뭐요? 우리가 마귀의 자식들이라고요? 대체 거 무슨 말씀을 그리 심하게…. 당장 취소하십시오!"

마귀 곧 사탄은 본래 하늘나라의 천사장이었다. 하지만 교만한 마음으로 하나님께 대적하다가 이 세상으로 쫓겨난 타락한 존재다. 마찬가지로 하나님께서 보내신 아들, 곧 메시아이신 예수님을 대적하는 유대인들은 자신들의 조상이 아브라함이라고 주장하지만, 실상 그들의 아비는 마귀였다. 일찍이 마귀가 아버지 하나님께 대적했듯이, 이제 유대인들이 하나님의 아들이신 예수님께 대적하기 때문이다. 유대인들의 성난 대꾸에 아랑곳없이 예수님은 계속 말씀하신다.

"하지만 당신들의 아비인 마귀와는 달리 나는 오직 진리만을 말한다오. 그렇기 때문에 당신들이 내 말을 믿지 않는 것이오. 당신들 가운데 누가 나에게서 죄를 찾아낼 수 있소? 내가 진리를 말하는데도, 어찌하여 당신들은 내 말을 믿지 않는 것이오?"

"아니, 선생께서 무슨 진리를 말했다고 그러시오?"

불신 유대인들이 엉뚱하게 또 말꼬리를 잡고 늘어진다. 사실 예수님은 줄곧 자기 스스로를 가리켜 '진리'라고 말씀하셨다. 뿐만 아니라 자신이 하는 모든 말씀 역시 '진리'라고 강조하셨다. 예수님이 말씀하신 이 진리는 마귀(사탄)에게 얽매인 자들을 풀어주어 그들에게 구원을 가져다주는 '생명의 말씀'을 가리킨다. 그것은 하나님의 크신 은총으로서 누구든지 예수님을 받아들이고 그 말씀을 믿으면, 그는 자신이 받아들이고 믿는 '그 진리'로 인해 구원과 영생을 얻는 것이다. 그런 진리를 깨닫지 못하는 유대인들에게 예수님은 말씀하신다.

"누구든지 하나님께 속한 사람은 하나님의 말씀을 듣는 법이오. 그러므로 당신들이 하나님의 말씀을 듣지 않는 이유는 당신들이 하나님께 속하지 않고 마귀에게 속했기 때문이오."

"선생, 기분 나쁘게 자꾸 우리를 마귀에게 속했다고 말하지 마시오! 그리고 선생이 진리를 말하고 있다고 주장하지도 마시오! 그게 진리인지 아닌지 어떻게 알 수 있단 말이오?"

예수님 당시에 유대인들, 특히 유대의 종교 지도자들은 예수님의 말씀이 진리인지 아닌지를 결정할 수 있는 권한을 자신들이 갖고 있다고 생각했다. 하지만 예수님은 그러한 그들의 태도를 정죄하셨다. 예수님은 단지 자신의 말씀을 진리로 받아들이는 사람은 하나님께 속한 자들이고, 그렇지 않은 사람은 마귀(사탄)에게 속한 자라고 명쾌하게 규정하셨다. 하늘에 속한 그 신령한 진리는 세상에 속한 사람이 감히 평가하고 판단할 성격의 것이 아니었다. 오직 믿음으로 받아들여야 하는 것이었다. 그러나 당시 유대인들에게 그런 믿음이 없었다.

아브라함이 있기 전부터 계셨던 예수님 (8:48-59)

예수님의 말씀을 듣고 기분이 크게 언짢아진 유대인들이 예수님을 향해 빈정거리듯 힐난하며 말한다.

"가만 보니, 당신은 사마리아 사람 같고 귀신이 단단히 들렸소. 그렇지 않소?"

당시 유대인들 사이에서 '사마리아 사람 같다'란 말은 그 사람의 인격을 모독하는 상스러운 욕설이었다. '아브라함의 자손'임을 주장하는 유대인들에게 예수께서 '마귀(사탄)의 자손'이라고 하자, 단단히 화가 난 유대인들이 당시 기피와 경멸의 대상인 사마리아 사람들과 가까이 지내는 예수님을 이 같은 말로 모욕한 것이다. 여기에 덧붙여 '귀신 들렸다'는 말로 예수님을 미치광이 취급하였다.

"틀렸소! 나는 귀신 들린 것이 아니오. 나는 내 하늘 아버지를 공경하고 있는데, 당신들은 그런 나를 욕되게 하고 있소. 나는 나 자신의 영광을 구하지 않소. 나를 위해 영광을 구해주시며 심판을 해주시는 분은 따로 계시오. 내가 진실로 밝히 말하겠소. 누구든지 내 말을 듣고 내 말대로 사는 사람은 영원히 죽지 않을 것이오."

예수님의 말씀을 듣고 그 말씀대로 살아간다는 것, 그것은 예수님의 말씀을 진리로 받아들여 그것을 마음속에 거하도록 하는 것을 의미한다. 비록 삶 속에서 일시적인 퇴보가 있을지라도, 예수님을 계속 믿으면서 예수님이 말씀하신 진리를 힘써 좇아 살아갈 때 영생에 이를 수 있는 것이다. 이런 사실을 알지 못하는 유대인들이 큰 소리로 외친다.

"이제 우리는 당신이 귀신 들렸다는 것을 똑똑히 알았소! 아브라함도 죽었고 예언자들도 죽었건만, 당신은 말하길 '누구든지 내 말에 따라 사는 사람은 영원히 죽음을 맛보지 않을 것이다'라고 하니, 미치지 않고서야 어찌 그런 말을 할 수 있겠소! 당신이 우리 조상 아브라함보다 더 위대하단 말이오? 그는 죽었고 예언자들도 전부 죽었소. 당신은 대체 누구란 말이오?"

"나 말이오? 만일 내가 나 자신을 높여 영광 되게 한다면 내 영광은 아무런 가치가 없소. 그러나 당신들이 당신들의 하나님이라고 주장하는 그분께서 나를 영광 되게 해주시고, 그런 영광만이 진정 가치 있는 것이라오. 그분은 곧 나의 아버지이시오. 당신들은 그분을 모르지만 나는 잘 알고 있소. 만일 내가 그분을 모른다고 하면, 나도 당신들같이 거짓말쟁이가 될 것이오. 그러나 나는 그분을 잘 알고 있고, 지금 나는 그분의 말씀에 따라 살아가고 있소."

"글쎄, 알아듣기도 힘든 이상한 말은 하지 말고, 우리가 묻는 말에만 대답하시오! 당신이 우리 조상 아브라함보다 더 위대하단 말이오?"

"당신들의 조상 아브라함은 나의 날을 보기를 고대하면서 즐거워하였고, 마침내 그것을 보고 기뻐하였소."

그렇다. 일찍이 아브라함은 하나님과 맺은 언약을 통해 장차 자신의 혈통을 좇아 자신의 후손 가운데서 메시아가 임할 것이라는 사실과, 그 메시아로 인해 온 세상의 모든 백성이 구원의 축복을 얻게 될 것이라는 사실을 미리 알고 기뻐하였다. 하지만 예수님을 메시아로 믿지 않고 받아들이지 않는 유대인들이 이런 사실을 깨달을 리 없었다. 그래서 그들은 격한 어조로 예수께 따지며 대든다.

"무슨 당치도 않는 말을! 당신은 아직 나이 쉰 살도 안 되었는데, 어떻게 아브라함을 보았단 말이오? 말이 되는 소리를 하시오!"

하늘 진리를 전하시는 예수님의 신령한 말씀과 세상의 육신적인 언어로만 이해하는 유대인들의 대꾸는 내내 평행선을 긋고 있었다. 그럴지라도 예수님은 초지일관, 하늘의 신령한 진리를 말씀하신다.

"내가 진실로 밝히 말하겠소. 아브라함이 태어나기 전부터 내가 있소!"

'내가 있다'(헬, 에고 에이미)란 말에 주목하라. 여기서 예수님은 아브라함보다 나이가 더 많다고 주장하시는 것이 아니다. 말씀의 핵심은 '나이'가 아니라 '존재'다. 만일 예수님이 단순히 나이를 주장하셨더라면, (아브라함이 있기 전부터) '내가 있었다(I was)'라고 했을 것이다. 하지만 예수님은 '내가 있다(I am)'라고 현재형으로 말씀하심으로써 자신의 영원한 신적 자존(自存)을 주장하셨다. 이는 예수님의 자기 계시적 언어였다. 따라서 이것은 유대인들에게 일찍이 여호와께서 자신에 대해 계시하셨던 것, 곧 '나는 스스로 있는 자다(I AM WHO I AM)'라는 말씀을 생각나게 했고, 그래서 그들은 예수가 신성모독죄를 범한 것으로 간주하고 크게 격분하여 죽이려 했다.

"저, 저, 저런, 참람한 말을! 저자가 정녕 하나님을 모독하려는 것인가!"

"자신을 하나님과 동격으로 놓다니! 도저히 용서받지 못할 자로다! 당장 돌로 쳐 죽여야 한다!"

예수님의 말씀을 듣고 유대인들은 저마다 화가 나서 길길이 날뛰며 돌을 집어 예수님을 치려고 했다. 그러자 예수께서는 제자들의 도움을 받아 황급히 몸을 피하여 성전 뜰을 빠져나와 밖으로 나가셨다.

9

날 때부터 눈 먼 사람

태어날 때부터 눈 먼 사람의 눈에
예수께서 진흙을 개어 바르시고
실로암 못에 가서 씻어라 하시니
그가 눈을 뜨고 광명을 찾네

예수께서 태어날 때부터 맹인 된 사람을 고치심 (9:1-12)

하루는 예수께서 제자들과 함께 길을 가시다가 태어날 때부터 맹인 된 사람을 만나셨다. 사람이 살아가면서 얻는 인생의 즐거움은 90%가 보는 것과 관련된다. 부모와 자식, 아내와 남편의 얼굴, 동료들의 얼굴, 산과 들과 바다, 꽃과 나무들, 영화와 미술… 등등. 모든 즐거움은 눈으로부터 온다. 그러기에 눈이 처음부터 기능을 하지 못하거나 후천적으로 고장이 나면 그만큼 불편하고 웃을 일, 행복할 일이 없어진다.

여기 이 남자, 몇 살이나 되었을까? 부모 슬하에 있는 것으로 보아 30세 이하다. 요즘처럼 사회복지가 되지 않았고 마땅히 할 일도 없는 시절에 이 사람은 집에서나 공동체에서나 '잉여 인간' 취급을 받았다. 잉여 인간은 '남아도는 인간'으로 쓸모가 없는 사람이다. 가장 비참한 인간이다. 눈물과 탄식과 한숨뿐이다. 풍성한 삶이 없고 기쁨이 없고 춤이 없다.

고대 팔레스타인에서는 건조한 광야의 먼지나 거친 모래 따위로 인해 안질 병자들이 많았고, 제때 치료를 받지 못하면 시각장애자가 되는 경우가 종종 있었다. 그러나 이번 경우는 특이하게도 태어날 때부터 눈이 먼 상태였다. 그래서 제자들이 무척 궁금한 듯 예수님께 묻는다.

"스승님, 왜 이 사람은 태어나면서부터 눈 먼 사람이 되었습니까? 그건 이 사람의 죄 때문입니까? 아니면, 그 사람 부모의 죄 때문입니까?"

당시에 유대 랍비들은 '죄 없이는 고통이 없다'라고 가르쳤다. 따라서 유대인들은 치유가 불가능한 몹쓸 병이나 극심한 육체적 고난은 무조건 죄의 결과라고 여겼다. 만일 자신의 죄 때문이 아니라면 반드시 조상의 죄와 관련되었다고 믿었다. 제자들의 질문에는 이 같은 유대 사회의 오랜 관념이 반영되어 있었다. 하지만 예수님은 이런 잘못된 생각을 바로잡아 주신다.

"둘 다 아니다. 이 사람이나 그의 부모가 죄를 지어서가 아니다. 그가 태어나면서부터 맹인 된 것은 그 사람에게서 하나님의 일이 드러나도록 하기 위함이다."

"네엣? 그게 무슨 대체 말씀이신지요?"

예수님의 답변을 듣고 제자들은 크게 놀라 어안이 벙벙해졌다. 예수님은 선천적으로 맹인 된 그 사람이 유대인들의 통상적인 관념과는 달리 그 사람이나 그 사람의 부모의 죄 때문이 아니라 도리어 하나님께 그 원인이 있다고 말씀하셨다. 하나님은 하나님의 기쁘신 뜻과 섭리와 경륜에 따라 때로 어떤 이들에게 극심한 질병과 고난을 주셔서 그로 인해 하나님이 일이 밝히 드러나도록 하신다. 여기 맹인의 경우에는 아주 영광스럽게도 예수님의 '메시아 기적'을 드러내는 데에 사용되었다. 예수님의 말씀은 이어진다.

"해가 떠 있는 낮 동안에 우리는 나를 보내신 분의 일을 해야 한다. 밤이 오면, 그때는 아무도 일할 수 없다. 내가 세상에 있는 동안 나는 세상의 빛이다."

여기서 '낮'은 세상의 빛이신 예수님이 이 세상에 머무시면서 메시아의 사역을 수행하고 있는 '빛'의 때를 가리킨다. 반면에 '밤'은 예수님이 십자가에 못 박혀 죽으심으로써 이 세상에서 메시아의 사역이 종료된 '어둠'의 때를 가리킨다. 그러므로 예수님은 '세상의 빛'이신데, 이 호칭은 지금 어둠에 갇혀 전혀 빛을 볼 수 없는 맹인을 앞에 두고 그를 치유해 주시는 사건과 어우러지면서 절묘한 조화를 이룬다. '어둠'(죄, 사망, 사탄 등)에 갇힌 자들에게 '빛'(자유, 구원, 영생)을 가져다주신 것이다.

"자, 잘들 보아라."

말씀을 마치신 후 예수께서는 그 맹인에게로 가까이 다가가셨다. 그리고는 땅에 침을 뱉고서 거기에 소량의 진흙을 갠 다음에 그 맹인의 눈에 바르시고 말씀하신다.

태어날 때부터 맹인 된 자를 고쳐주신 예수님

"이제 실로암 연못에 가서 눈을 씻으시오."

실로암은 '보냄을 받았다'란 뜻으로 예루살렘 성전의 남동쪽, 그러니까 기드론 골짜기와 접하는 튀로페온 골짜기의 맨 끝에 위치한 인공 연못이다. 남왕국 유다의 히스기야 왕(주전 728~687년경) 때에 예루살렘 성읍 밖의 기혼 샘으로부터 예루살렘 성읍 안의 실로암 연못에 이르는 지하 45m의 터널을 뚫어 성읍 안으로 물을 끌어 들여온 역사가 있다.

"이, 이럴 수가! 눈이… 눈이 밝아졌다. 이제 앞이 보인다! 앞이 보여!"

예수님의 지시대로 맹인이 실로암 연못으로 가서 진흙이 발라진 눈을 씻자, 그 즉시 눈이 밝아져 앞을 볼 수 있게 되었다. 난생처음 앞을 볼 수 있게 된 맹인은 기쁨에 넘치고 감격에 겨워 덩실덩실 춤추듯 좋아하며 실로암 연못에서 곧장 자기 집으로 돌아갔다.

"아니, 이 사람은 날 때부터 맹인 된 자로 앉아서 구걸하던 그 거지가 아닌가? 어떻게 갑자기 앞을 볼 수 있는 거지? 허, 그것 참!"

맹인의 이웃들과 그 맹인이 지금껏 길바닥에 앉아 구걸하던 것을 쭉 보아온 사람들은 크게 의아해하며 벌린 입을 다물지 못했다. 눈으로 직접 보고서도 도저히 믿을 수 없었다. 그래서 그들은 그 맹인 되었던 자를 놓고서 자기들끼리 논쟁을 벌인다.

"암만 살펴봐도 그 맹인이 맞다니깐! 틀림없어!"

"무슨 소릴! 아니야, 그럴 리 없어! 하지만 그 맹인과 너무 닮았어. 정말 똑 닮았군!"

그러자 맹인이었다가 눈을 뜨게 된 그 사람이 스스로에 대해 밝힌다.

"내가 바로 그 사람입니다. 이전에는 맹인이었지만, 보시다시피 이젠 눈을 뜨게 되었다고요!"

그 사람의 주장에 사람들이 도무지 믿을 수 없다는 듯 고개를 갸웃하며 의심쩍은 표정으로 그에게 캐묻는다.

"아니, 그렇다면 도대체 어떻게 해서 눈을 뜨게 되었소?"

"'예수'라고 하는 분이 진흙을 개어 내 눈에 발라주더니 실로암 연못에 가서 씻으라고 하시대요. 그분 말대로 했더니, 이처럼 눈이 밝아져 보게 되었습니다."

"그게 정말이오? 그렇다면 당신의 눈을 뜨게 해준 그분은 지금 어디에 있소?"

"글쎄요, 지금 어디에 계신지는 나도 모릅니다."

바리새파 사람들이 예수님의 사역에 생트집을 잡다 (9:13-34)

"모른다고요? 좋소! 그럼, 우리와 함께 좀 가 주어야겠소!"

사람들은 전에 맹인이었던 그 사람을 데리고 바리새파 사람들에게로 갔다. 그들이 그 사람을 바리새파 사람들에게로 데려간 것은, 예수께서 진흙을 개어 발라 그 사람의 눈을 뜨게 하신 날은 마침 안식일이었기 때문이다. 당시 바리새파 사람들의 율법 해석에 따르면, 안식일에 진흙 개는 행위를 한 것은 일종의 노동 행위로서 안식일을 범한 죄에 해당되었다. 바리새파 사람들은 예수를 고발할 좋은 구실을 찾았다고 생각하고 그 사람에게 낱낱이 캐물었다. 그러자 그 사람은 바리새파 사람들의 위세에 눌려 자기가 아는 대로 꼬박꼬박 대답한다.

"그 '예수'란 분이 땅의 진흙을 개어 내 눈에 발라주신 뒤 실로암 연못에 가서 눈을 씻으라고 하셨는데, 내가 그대로 행하자 즉시 눈이 밝아져 이렇게 앞을 보게 되었습니다요."

사실, 예수님은 맹인을 치유하기 위해 구태여 침을 뱉어 진흙을 개는 행위를 하지 않아도 되었다. 말씀 한마디로 죽은 자까지 살리시는 예수께서는 그 맹인을 향해 단지 "눈을 뜨라!"는 말씀만으로도 충분히 가능했다. 그렇지만 이번 맹인의 경우에는 침을 뱉어 진흙을 개고 그 진흙으로 그 맹인의 눈에 바르는 독특한 방법을 사용하셨다. 왜 그리 하셨을까?

예수님은 맹인의 눈에 진흙을 바름으로써 구경꾼들의 관심을 집중시킬 수 있었고, 그들에게 자신의 메시아 능력을 분명히 나타내 보일 수 있었다. 또 어쩌면 예수님은 침을 뱉어 진흙을 만들고 그것을 맹인의 눈에 바른 후에 실로암 연못에 가서 씻으라는 일련의 물리적인 행동을 통해 치유의 과정에 대한 맹인의 기대를 진작시키고, 그래서 그로 하여금 메시아의 기적을 차분하게 받아들일 수 있도록 배려한 것일 수도 있다.

"분명 '예수'라고 하는 자가 네게 그리 하였단 말이지?"

그 사람의 말을 듣고 바리새파 사람들은 예수를 고발할 확실한 구실을 찾아내고는 회심의 미소를 지었다. 그렇지만 날 때부터 맹인이었던 자가 눈을 뜨게 된 그 놀라운 기적을 두고는 서로 간에 의견이 분분했다.

"아무리 그래도 그렇지, 예수가 안식일을 어긴 것을 보면 그는 하나님께서 보내신 자가 아닐 겁니다. 분명해요."

"하지만 말입니다. 죄인이 어떻게 그런 놀라운 기적을 행할 수 있단 말이오? 기적도 보통 기적이래야 말이지. 날 때부터 맹인 된 자를…."

자기들끼리 서로 다른 의견을 분분하게 나누던 바리새파 사람들이 다시 맹인이었던 그 사람에게 묻는다.

"그래, 너는 네 눈을 뜨게 해준 그 사람 예수를 어떻게 생각하느냐?"

"내가 볼 때는… 그분은 분명 선지자입니다."

"뭐라? 선지자라고? 별 시답잖은…. 그건 그렇고, 네가 정말로 태어날 때부터 앞을 볼 수 없었느냐?"

"네, 그렇습니다. 저는 태어날 때부터…."

"그만! 됐다, 차라리 네 부모에게 물어보는 게 더 확실하겠다."

바리새인들은 그 사람이 태어날 때부터 맹인이었다는 사실이 못내 미심쩍어 그의 부모를 불러와서는 묻는다. 눈에 불을 켜고 예수님의 잘못을 밝혀내려는 질문으로 거의 겁박에 가까운 심문이었다.

"이 사람이 당신네 아들이 맞소?"

"네, 맞습니다. 이 아이는 우리 아들이 분명합니다."

"그렇다면 그 아들이 태어나면서부터 앞을 보지 못했던 것이 진짜 맞소? 그런데 어떻게 해서 이제는 그가 보게 된 거요?"

"그 아이는 정말로 태어날 때부터 맹인이었습니다. 하지만 그 아이가 지금은 어떻게 보게 되었는지, 누가 그 아이의 눈을 뜨게 해주었는지는 우리로선 잘 모릅니다. 우리 아들이 어린애도 아니고 나이가 들 만큼 들었으니, 그 아이에게 직접 물어 보십시오."

그 사람의 부모가 이렇게 자신들의 책임을 회피하듯 말한 것은 바리새인들이 두려웠기 때문이었다. 앞서 바리새인들은 사람들에게 공표하기를, 예수를 '그리스도(메시아)'라고 하는 사람은 누구를 막론하고 회당에서 쫓아내겠다고 했기 때문이었다.

유대인 사회에서 회당에서 쫓겨난다는 것, 곧 출교(黜敎)는 죽음이나 마찬가지였다. 유대인들에게 있어 회당은 사회적, 종교적, 정치적으로 모든 면에서 생활의 중심이었다. 따라서 출교 당한 자는 회당 예배와 모임에 참석할 수 없었는데, 그것은 곧 이웃과 사회로부터 떨어져 나간 추방자를 뜻했다.

그 부모의 말을 듣고 바리새인들은 다시 맹인이었다가 눈을 뜨게 된 그 아들을 불러와서 으름장을 놓으며 묻는다.

"자, 너는 이제 하나님께 영광을 돌려라. 우리가 알기로, 그 예수란 자는 안식일을 어긴 죄인이다. 너도 그렇게 생각하느냐?"

바리새인들은 그 사람이 선뜻 동의해 주기를 바랐다. 고침 받은 당사자가 그렇게 직접 말한다면, 예수를 죄인으로 규정하는 일이 손쉽게 이루어질 수 있었기 때문이다. 하지만 그 사람은 도무지 자신의 양심을 거스를 수 없었다. 그래서 대답한다.

"그분이 죄인인지 아닌지, 저는 모릅니다. 내가 아는 것이라고는, 태어날 때부터 앞을 못 보았던 내가 그분의 능력으로 이제는 보게 되었다는 사실뿐입니다."

바리새인들은 자신들이 해석한 율법을 근거로 예수를 죄인으로 규정했지만, 맹인 되었던 그 사람은 자신의 체험을 근거로 예수님을 선지자로 깨달았다. 그래서 솔직하게 대답한 것이다. 그런 대답에, 바리새인들이 아주 못마땅한 듯 미간을 찌푸리며 다시 묻는다.

"뭐라? 그렇다면 그자가 네게 무엇을 해주었다는 것이냐? 그자가 어떻게 네 눈을 뜨게 하였느냐?"

자꾸만 같은 말을 되풀이하는 바리새인들의 질문에, 그 사람이 답답하다는 듯 큰 소리로 말한다.

"내가 아까 모든 걸 말했습니다. 내가 당신들에게 말할 때는 듣지 않다가 왜 다시 그분에 대해 똑같은 걸 묻는 겁니까? 당신들도 그분의 제자가 되려고 그러십니까?"

그러자 바리새파 사람들이 크게 성을 내며 말한다.

"이놈이 감히 뭐라고 지껄이는 게냐? 그러고 보니 네놈이 바로 그자의 제자로구나! 하지만 우린 모세의 제자들이다! 우린 하나님이 모세에게 말씀하셨다는 것은 잘 알고 있다. 그러나 그자 예수에 대해선 모른다. 심지어 우린 그자가 어디서 왔는지조차 모른다! 그자는 근본을 알 수 없는 뜨내기일 뿐이다!"

바리새인들의 위세와 겁박이 대단했지만, 예수님께 치유받은 그 사람은 한마디도 지지 않고 대꾸한다.

"그것 참 놀랍군요! 당신들은 그분이 어디서 왔는지조차 알지 못하지만, 어쨌든 그분은 내 눈을 뜨게 해주셨습니다. 태어날 때부터 볼 수 없었던 내 눈을 밝히 볼 수 있도록 뜨게 해주었단 말입니다!"

"이놈! 그만, 닥쳐라! 입 다물고, 아무 말도 하지 마라!"

그래도 그 사람은 바리새인들의 겁박에 조금도 주눅 들지 아니하고 자기 할 말을 다한다.

"하나님은 죄인의 말은 들어주시지 않지만, 하나님의 뜻에 따라 행하는 사람의 말은 들어주십니다. 우린 그걸 분명히 알고 있습니다."

"그만! 그만 입 다물래도!"

"아닙니다. 할 말은 해야겠습니다. 세상이 생긴 이후로, 태어날 때부터

"어쨌든 실로암 연못에서 내 눈을 씻자 보게 되었습니다."

눈 먼 사람의 눈을 누가 뜨게 해주었다는 말을 나는 여태 들어본 적이 없습니다. 만일 그분이 하나님께서 보내신 분이 아니라면, 그분은 결코 이런 일을 하실 수 없었을 것입니다."

이런 말을 듣고, 화가 머리끝까지 치솟은 바리새파 사람들이 그 사람을 향해 욕하고 저주하며 큰 소리로 야단친다.

"이런 배워먹지 못한 놈을 봤나? 죄 많은 몸으로 태어난 주제에 감히 우리를 훈계하려 들다니! 우리 눈앞에서 썩 꺼져라!"

바리새인들은 손으로 세게 후려치는 자세를 취하면서 그 사람을 밖으로 내쫓았다. 그러고는 그에게 출교의 징계를 내렸다.

이처럼 예수가 자신들의 가르침에 따르지 않고 안식일까지 범하자 유대의 종교 지도자들은 예수를 심히 싫어하며 배척했다. 예수가 하나님에게서 보내심 받은 메시아(그리스도)라는 사실도 부정했고, 나아가 만일 누구든지 예수를 그리스도로 시인하면 출교하기로 결정했다.

치유받은 그 사람이 자신이 치유받은 명백한 사실에 근거하여 예수님의 신적인 능력을 강력하게 주장하자 바리새인들은 크게 화가 났지만 명백한 사실 앞에서 그의 말을 반박할 수 없었다. 결국 바리새인들은 그 치유받은 맹인이 더 많은 사람들에게 예수의 능력을 증언하기 전에 그에게 회당 예배를 금지시키는 출교 조처를 취했던 것이다.

참으로 눈 먼 영적 맹인들 (9:35-41)

"흐흠, 그 사람이 내쫓겼단 말이냐? 참으로 안타깝구나."

머잖아 예수께서는 자신이 눈을 뜨게 해준 그 사람이 회당에서 내쫓겼다는 이야기를 전해 들으셨다. 하루는 예수께서 그 사람을 만나셨다. 우연한 만남이 아니라 예수께서 일부러 시간을 내어 그 사람을 찾아간 것이다. 이렇듯 예수님은 버림받고 소외된 자를 그대로 방치해두지 않으시고 친히 찾아가신다. 예수께서 그 사람을 만나 진지하게 물으신다.

"당신은 인자를 믿소?"

"선생님, 인자가 누구입니까? 그분이 누구인지, 제가 믿을 수 있도록 제게 말씀해 주십시오."

"당신은 전에 그를 보았소. 그리고 지금 당신과 이야기하고 있는 사람이 바로 그 사람이오."

그러자 그 사람은 예수님 앞에 즉시 엎드려 절하면서 대답한다. 감사와 기쁨과 감격에 가득 찬 떨리는 목소리다.

"네, 주님! 제가 믿습니다!"

"그래야지요. 사실, 나는 세상을 심판하기 위해 왔소. 이제부터 눈 먼 사람들은 보게 될 것이고, 눈 뜬 사람들은 눈이 멀게 될 것이오."

치유받은 맹인처럼 육적으로는 눈 먼 사람들일지라도 믿음을 가지게 되면 영안이 뜨여 참된 진리와 구원을 보게 되지만, 육적으로는 눈 뜬 사람일지라도 믿음이 없으면 영적으로 눈 먼 자가 되어 하늘에 속한 각종 신령한 것들을 보지 못할 것이라는 말씀이다. 이런 말씀을 제대로 알아들을 리 없는 바리새인들, 때마침 그 자리에 함께 있다가 예수께 거친 어조로 묻는다.

“뭐라고요? 선생! 선생은 지금 우리도 맹인이라고 말하고 있는 거요?”

바리새인들의 물음에 예수께서 딱하다는 듯 그들을 바라보며 대답하신다.

“차라리 당신들이 맹인이라면 죄가 없었을 것이오. 그러나 당신들이 지금 본다고 주장하니 당신들의 죄가 그대로 남아 있소.”

아담의 타락 이후로 세상의 모든 사람은 하늘의 신령한 것들을 보지 못하는 영적 맹인이다. 하지만 그런 사실을 인정하고 예수님을 구세주로 받아들이면 차라리 죄가 없다고 볼 수 있다.

그러나 바리새인들처럼 영적 맹인이 되어 하늘의 신령한 것들을 전혀 보지 못하는데도 자꾸만 본다고 주장하면 그것은 스스로를 속이는 일로서 하나님 앞에 죄가 되는 것이다. 우리의 죄를 제거하기 위해 하나님이 우리에게 요구하시는 것은, 우리가 영적으로 맹인 된 죄인임을 인정하고 우리의 구세주로서 하나님의 독생자이신 예수님이 필요하다는 사실을 겸손하게 받아들이는 것이다.

여기 등장하는 바리새인들은 건강한 눈을 가졌다 하나 사실은 영혼의 맹인들이다. 차라리 태어나지 않았으면 좋았던 사람이 가룟 유다였다면, 안식일에 눈을 고쳐준 그것을 율법에 위배되는 노동이라면서 생애 처음으로 춤의 무대에 올라 기쁨으로 춤추려는 이 청년, 평생 처음으로 멋진 구원과 생명의 왈츠를 추고 있는 이 젊은이를 끌어내리려고 애쓰는 이 바리새인들이야말로 진짜 구제불능의 시각장애인들이었다!

10

선한 목자, 예수

문 대신 담을 넘으면 도둑
나는 문으로 들어가는 목자
양들은 목자의 목소리를 따르고
선한 목자는 양들을 돌보네

양 우리의 비유 (10:1-6)

예수님은 유대의 종교 지도자들인 바리새인들을 향해서 하늘의 신령한 것들을 보지 못하는 영적 맹인이라고 말씀하셨다. 그들은 사람들을 옳고 바른 데로 인도하는 선한 인도자가 결코 될 수 없었고, 도리어 사람들을 짓밟고 해치는 도둑이요 강도에 지나지 않았다.

이런 점을 강조하면서, 예수님은 사람들을 구원과 생명의 길로 인도하는 정녕 참되고 선한 인도자가 누구인지를 무리들에게 알려주신다. 이때 예수님은 직설적으로 말하지 않으시고 비유적으로 말씀하셨다. 이른바 '양 우리의 비유'다.

"여러분, 내가 진실로 밝히 말하겠습니다. 양 우리에 들어갈 때, 문으로 들어가지 않고 담을 넘어 들어가는 사람은 누구나 도둑이요 강도입니다. 그러나 문으로 들어가는 사람은 양을 돌보는 목자입니다."

대대로 양떼를 치고 돌보는 일에 익숙한 이스라엘 사람들로서는 누구라도 고개를 끄덕일 수밖에 없는 당연한 말씀이다. 남의 양을 몰래 탈취하려는 도둑이나 강도가 아닌 이상, 양의 우리에 들어갈 때 목자는 당당하게 문을 통해 들어가는 법이다.

"목자가 양의 우리에 들어갈 때, 문지기는 목자를 위해 문을 열어 주고 양들은 목자의 음성을 알아듣습니다. 그러면 목자는 자기 양들의 이름을 일일이 부르면서 우리 밖으로 데리고 나갑니다."

팔레스타인 지방에서는 예로부터 목자가 양들에게 일일이 이름을 붙여주고, 그 이름을 부르면서 양들을 돌보는 풍속이 있었다. 이런 배경에서 목자와 양들의 관계는 마치 가족 관계처럼 아주 친밀했다. 비유는 이어진다.

"우리에서 양들이 모두 나오면, 목자는 앞장서서 걷고 양들은 목자를 뒤따라갑니다. 그 까닭은, 양들은 제 이름을 부르는 목자의 음성을 잘 알고 있기 때문입니다. 그래서 양들은 절대로 낯선 음성을 내는 낯선 사람을 따라가지 않습니다. 낯선 음성이 들리면, 오히려 양들은 피하여 달아납니다."

사람들은 예수님의 이야기를 술술 잘 받아들였다. 하지만 이때 예수께서는 비유로 말씀하셨기에 사람들은 그 본래의 말뜻을 깨닫지 못했다.

비유는 이중적 특성을 갖고 있었다. 진리를 추구하는 열린 마음의 소유자들에게는 심오한 영적 교훈이 쉽게 전달되는 효과가 있었던 반면, 복음을 훼방하려는 완악한 마음의 소유자들에게는 풀기 어려운 수수께끼처럼 들려지는 효과도 있었다. 말하자면 예수님은 심오한 천국 진리를 '비유'라는 멋진 포장지에 싸서 사람들에게 전달했던 것이다.

선한 목자이신 예수님 (10:7-21)

사람들이 '양 우리의 비유'가 무슨 말인지 깨닫지 못하는 걸 보시고 예수님은 보다 직설적으로 다시 설명하신다.

“내가 진실로 밝히 말합니다. 나는 ‘양의 문’입니다. 나보다 먼저 온 자들은 모두 도둑이요 강도입니다. 그래서 양들은 그들의 말을 듣지 않았습니다. 나는 양의 문이므로 누구든지 그 문으로 들어오면 구원을 얻고 또 문을 드나들면서 좋은 풀을 얻을 것입니다. 도둑과 강도는 도둑질하고 죽이고 파괴하기 위해 옵니다. 하지만 나는 양들에게 생명을 주고 또 그 생명을 더욱 풍성하게 해주기 위해 왔습니다.”

여기서 예수님이 도둑이요 강도라고 언급한 ‘나보다 먼저 온 자들’은 예수께서 세상에 오시기 전에 자칭 ‘메시아’라 주장하며 나타나서는 뭇사람들을 미혹하였던 거짓 선생들이나 거짓 선지자들을 가리킨다. 예수님의 말을 듣고 사람들이 의아한 듯 반문한다.

“양의 문? 선생님이 양의 문이라고요?”

“그렇습니다. 나는 양의 문입니다. 모든 양들은 오로지 나를 통해 우리에 들어가야 구원을 얻고 풍성한 생명을 얻습니다.”

팔레스타인 지방의 들판에는 양떼의 방목을 위해 임시로 만든 우리가 있었는데, 거기에는 따로 출입문이 없었다. 그래서 목자들은 양을 우리에 전부 들여보낸 후에 자신의 몸으로 출입구를 막아 문의 역할을 대신했다고 한다.

이런 배경에서 예수님은 자신을 ‘양의 문’에 비유하셨다. 따라서 여기 ‘양의 우리’는 교회 공동체를, ‘양들’은 교회 공동체를 구성하는 성도들을 비유한 것으로, ‘양의 문’ 되시는 예수 그리스도를 통해서만 성도들로 구성된 교회 공동체가 올바로 유지되고 풍성하게 번성할 수 있다는 교훈이다.

“내가 온 것은 양으로 생명을 얻게 하고, 더 풍성히 얻게 하려는 것입니다.”

예수께서는 세상에 오신 목적을 분명히 밝히신다.

“영생한 생명, 곧 영생을 주기 위해 왔다!”

"너희에게 풍성한 삶을 주려고 왔다!"

오랜 세월 동안 유대인들이 고대하던 '풍성한 삶'은 메시아가 오셔서 로마제국을 몰아내고 자신들이 주인 되는 세상이다. 그들이 기대하는 이상적인 국가 모델은 다윗 왕국과 솔로몬 왕국이다. 그 시절에 국방은 튼튼하고 나라는 확장되었으며 조공은 사방에서 올라오고 율법은 철저히 준수되었으며 성전은 예배로 충만했다. 모두가 하나님의 선민이라는 자부심으로 성군 다윗과 현군 솔로몬 왕의 통치 하에서 행복한 자존감을 누리며 살았다.

그러나 지금은 주권과 영토를 잃어버렸다. 종교는 제 역할을 해주지 못한다. 그래서 삶은 힘들고 일상은 고단했다. 정치는 친(親)로마 반(反)로마로 양분되어 허구한 날 서로 다투고 싸웠다. 삶은 피곤했고, 미래에 대한 희망과 기대가 없었다. 그래서 손꼽아 '메시아'를 기다린다. 다윗과 솔로몬 왕국의 치하에서 누렸던 풍성한 지상의 왕국을 꿈꾼다.

예수님은 이처럼 풍성한 지상의 왕국을 기대하는 무리들에게 "나는 너희가 꿈꾸던 것보다 훨씬 더 풍성한 삶을 주려고 왔다"라고 선언하신다. 그야말로 귀가 번쩍 뜨이는 말이다. 풍성한 삶을 주려고 오셨다는 예수님은 다른 세상에서 살다 오셨음을 전제한다. 그 세상은 바로 하늘나라다. 성부, 성자, 성령의 삼위 하나님께서 사시는 하늘 왕국이다.

그 왕국은 생명과 풍성함으로 넘쳐난다. 삼위 하나님은 서로 존경하고 사랑하고 친밀한 관계를 유지하신다. 서로의 존재는 상대방을 한없이 풍성하게 만들고, 영광스럽고 존귀하게 만들며, 영원한 생명으로 흘러넘친다.

예수님이 세상을 보니 모두가 외롭고 쓸쓸하고 버림받은 처지였다. 생명이 없었고 풍성함이 없었다. 그래서 이제 예수님은 하늘왕국의 생명과 풍성함을 제자들에게, 세상에 주시겠다고 선언하신 것이다. 자신을 따르는 양들에게 보장해 주셨다. 대속의 희생을 통해 그런 생명과

"나는 선한 목자입니다. 양들을 위해 목숨까지 희생합니다."

풍성함을 선물하겠다고 말씀하신 것이다. 예수님의 말씀은 이어진다.

"여러분, 또 나는 선한 목자입니다. 선한 목자는 양들을 위하여 자기 목숨을 아끼지 않습니다."

목자는 성실함과 깊은 애정으로 양들을 지도하고 보호하는 역할을 감당한다. 특히 선한 목자는 양에 대하여 일일이 그 사정을 알고, 심지어 양을 위해 목숨까지도 희생할 책임감을 갖고 있다. 이처럼 예수님은 자기 백성에 대하여 목자와 같고, 특히 양을 위해서 자신을 희생하는 선한 목자와 같다. 하지만 목자라고 해서 다 선한 목자만 있는 게 아니다. 오직 삯만을 위해 일하는 삯꾼 목자도 있고, 양들에게서 제 잇속만 챙기고 제 배만 불리는 악한 목자도 있다. 예수님은 그런 자들에 관해 일러주신다.

"그러나 삯꾼은 목자가 아닙니다. 삯꾼은 양들이 자기의 것이 아니므로, 이리가 오는 것을 보면 양들을 버리고 혼자 살겠다고 달아납니다. 그렇게 되면 이리가 양들을 공격하여, 양들을 물어뜯어 죽이고 흩어버립니다. 삯꾼이 양들을 버리고 달아나는 것은, 양들을 진심으로 아끼는 마음이 없기 때문입니다."

선한 목자는 진정으로 양들을 아끼고 사랑하기 때문에 양들이 위험에 빠지면 자기 목숨을 희생하고서라도 양들을 구출한다. 그러나 단지 돈을 바라고 고용된 삯꾼 목자는 돈을 사랑할 뿐 양을 사랑하지 않기 때문에, 양이 위험에 처하면 언제든지 양을 버리고 냅다 도망친다. 후일 예수님은 자기 양들을 위해 십자가까지 기꺼이 지심으로써 선한 목자임을 분명히 입증해 보이셨다.

"여러분, 나는 선한 목자입니다. 나는 내 양들을 잘 알고, 내 양들도 나를 잘 압니다. 그것은 마치 내 아버지께서 나를 잘 아시고, 내가 아버지를 잘 아는 것과 같습니다. 나는 양들을 위해 내 목숨조차도 기꺼이 내어놓습니다."

여기서 '안다(헬, 기노스코)'는 말은 단순히 지식적으로 아는 것을 가리키는 말이 아니라 실제적인 교류와 체험을 통해 아는 것을 뜻한다. 그것은 곧 굳건한 신뢰에 바탕을 둔 신실하고도 친밀한 상호 관계를 뜻하는데, 성부 하나님과 그분의 독생자이신 성자 예수님과의 관계가 그러하고, 선한 목자 되시는 예수님과 예수님의 양떼가 되는 성도들 간의 관계가 그러하다. 이제 예수님은 듣는 자들이 언뜻 이해하기 어려운 말씀을 하신다.

"나에게는 이 우리 안에 들어 있지 않은 다른 양들도 있습니다. 그래서 나는 그 양들 또한 이 우리 안으로 데려와야 합니다. 그 양들 역시 내 목소리를 알아듣고, 마침내 한 무리의 양떼가 되어 한 목자 아래 있게 될 것입니다."

"선생님께 속한 다른 양들도 있다고요?"

당시 사람들은 예수님의 이 말씀을 알아듣지 못했다. 하지만 모든 계시가 밝히 드러난 오늘날에 이르러, 우리는 그 말씀의 뜻을 분명히 알 수 있다. 당시 '이 우리' 안에 들어 있는 양들은 '유대 백성'을 가리킨다. 그에 비해 당시 '이 우리' 안에 들어 있지 않았지만 예수님께 속한 다른 양들은 '이방인들'을 가리킨다.

그러므로 예수님의 이 말씀은, 이방인들도 장차 메시아 예수께서 세울 하나님의 왕국에 포함될 것이라는 사실을 뜻한다. 당시 선민의식에 가득 찬 유대인들은 메시아는 오직 유대인들의 구원을 위해서만 일할 뿐, 이방인들은 메시아의 구원 사역과는 전혀 상관없다고 생각하고 있었다. 말씀은 이어진다.

"내 아버지께서 나를 사랑하시는 까닭은, 내가 양들을 위해 내 목숨을 기꺼이 내어놓기 때문입니다. 이처럼 기꺼이 목숨을 내어놓는 자는 오히려 목숨을 얻습니다. 아무도 내게서 내 목숨을 빼앗을 수 없습니다. 나는 내가 스스로 원해서 양들을 위해 내 목숨을 바칠 뿐입니다. 나는 목숨을 내놓을 권리도 있고 다시 얻을 권리도 있습니다. 그것은, 아버지께서 그런 권리를 내게 주셨기 때문입니다."

예수님이 유대의 종교 지도자들에게 붙잡혀 십자가에 못 박히신 것은 결코 힘이 없어 강제로 그렇게 된 것이 아님을 보여준다. 어디까지나 선한 목자이신 예수님이 자기 양들을 구원하기 위해 스스로 그런 십자가의 길을 기꺼이 걸으셨던 것이다.

하지만 예수님이 그렇게 십자가에 목숨을 내어놓으신 일은 그 목숨을 영원히 빼앗기는 길이 아니었다. 잠시 잃었지만, 영원히 얻는 길이었다. 그러므로 예수님은 십자가 죽음 후에 다시 목숨을 얻어 부활하시고 승천하셔서 하늘의 영광을 누렸다. 뿐만 아니라 예수님의 십자가 죽음으로 그의 양들(선택받은 자들)이 구원을 얻어 영원한 생명을 풍요롭게 누릴 수 있게 되었다.

"대체 무슨 말씀을 하시는 건지, 이거야 원 알아들을 수가 있나?"

예수께서 목자와 양에 관한 비유의 말씀을 모두 마치시자, 유대인들 사이에 다시 의견이 분분해졌다. 마음이 완악한 자들은 이렇게 말한다.

"저자는 귀신 들렸거나 미친 것이 분명하오! 그러니 우리가 그런 자의 헛소리를 듣고 있을 필요가 무어 있겠소!"

하지만 마음이 조금이라도 열린 자들은 이렇게 말한다.

"그렇지 않소! 이런 말은 귀신 들린 사람이 할 수 있는 말이 아니오. 생각해 보시오. 귀신이 어떻게 맹인의 눈을 뜨게 할 수 있단 말이오?"

유대인들이 예수님을 배척함 (10:22-42)

예수님의 공생애 사역 2년차 말엽(주후 29년경), 때는 겨울이었고 예루살렘에 '수전절'이 이르렀다.

수전절! 이 절기는 신구약 중간시대에 예루살렘을 침공하여 점령한 수리아 왕 안티오쿠스 에피파네스(주전 175~163년경)가 하나님의 성전과 제단을 더럽히고 모독했을 때, 유다 마카비가 봉기하여(주전 165년경) 이방 군대를 물리치고 성전을 되찾아 정결케 한 후에 다시 하나님께 봉헌한 것을 기념하는 절기다. 유대 종교력으로 기슬레 월(오늘날 태양력으로는 11월 중순~12월 중순) 25일부터 8일 동안 축제가 열렸다.

수전절을 맞아 예루살렘 성전으로 올라가신 예수님은 성전 안에 있는 솔로몬 행각을 거닐고 계셨다. '솔로몬 행각'은 성전의 동쪽 벽을 이루는 부분인데, 지붕이 있는 회랑이다. 곧게 뻗은 대리석 기둥 위에 지붕이 덮여 있었고, 넓은 보도가 길게 뻗어 있어 사람들이 다니기에 편했다. 또, 햇볕과 비를 피하기에 안성맞춤이어서 항상 사람들이 많이 모여들었다. 특히 당시는 계절이 우기(雨期)인 겨울이었고 명절까지 겹쳤기에 그곳에는 사람들로 붐볐다.

"어? 잠깐, 예수 선생이 아니신가?"

솔로몬 행각에서 예수님을 발견한 유대인들, 그들은 마치 기다렸다는 듯이 순식간에 예수님 주변으로 몰려들었다. 그런 뒤 예수님을 빙 둘러싼 채로 따지듯 묻는다. 평소에 단단히 벼르고 있던 질문이다.

"선생, 당신은 얼마나 더 우리 속을 뒤집어 놓을 작정이오? 당신이 '그리스도'라면, 우리에게 그렇다고 분명히 말해 주시오."

그리스도 곧 메시아를 대망하고 있는 유대인들에게 예수님 자신이 바로 그 당사자인지 아닌지를 '예!' 혹은 '아니오!'로 분명하게 입장을 밝히라는 말이다. 사실, 당시 유대인들은 자기 민족을 로마의 압제에서 구원하여 예전의 다윗 왕국 같은 강성한 독립 국가를 건설해 줄 그런 정치적인 메시아를 대망하고 있었다. 그런데 그동안 예수님의 행적을 줄곧 지켜보니, 어떨 땐 그런 것 같기도 하고 어떨 땐 아닌 것 같기도 하여 이런 질문을 던진 것이다. 이에 예수께서 대답하신다.

"나는 이미 당신들에게 여러 번 말했소. 그런데도 내 말을 여전히 믿지 못하는 것이오? 내가 내 아버지의 이름으로 행하는 숱한 기적들이 내가 누구인지를 분명히 말해주고 있지 않소?"

"그래서 우리가 선생께 지금 묻고 있지 않소! 선생은 정말 그리스도요, 그리스도가 아니요? 다른 말은 하지 말고, 그 사실만 분명히 대답해 주시오!"

이처럼 단세포적인 대답만을 요구하는 유대인들을 딱하게 바라보시며 예수님은 안타까우신 듯 비유로 대답하신다.

"당신들이 나를 믿지 않는 것은, 당신들은 내 양들이 아니기 때문이오. 내 양들은 내 음성을 알아듣소. 나는 내 양들을 잘 알고, 내 양들 또한 나를 잘 따른다오."

그러니까 예수님은 믿음 없는 유대인들은 예수님의 양이 아니라고 말씀하셨다. 그들은 혈통적으로는 아브라함의 자손이지만, 구세주로 이 땅에 오신 예수님을 믿지 않음으로써 영적으로 믿음의 우리를 떠난 것이다. 유대인이든 이방인이든, 믿음의 우리 안에 든 자들만이 예수님의 양이다. 불신 유대인들을 향한 예수님의 말씀은 이어진다.

"나는 나를 믿는 자들에게 영원한 생명을 줄 터인데, 그러면 그들은 결코 멸망하지 않을 것이오. 어느 누구도 그들을 내 아버지의 손에서 빼앗아가지 못한다오."

"선생이 말하는 그 아버지는 하늘에 계시는 하나님을 말하는 것이오? 그렇다면 선생이 하나님의 아들이란 말이오?"

유대인들이 어처구니없다는 표정으로 날카롭게 물었다. 그에 아랑곳하지 않고 예수님은 계속 말씀하신다.

"내게 내 양들을 주신 내 아버지께서는 그 무엇보다 크고도 위대하신 분이오. 그러므로 온 세상의 그 누구도 내 양들을 내 아버지의 손에서 빼앗아가지 못한다오. 나와 내 아버지는 하나라오."

예수님이 아버지와 '하나'라고 말씀하신 것은, 제1위 되시는 성부 하나님과 제2위 되시는 성자 예수님은 그 본질적 속성에 있어서 동일하시며 일체이심을 뜻하는 말이다.

"뭐, 뭐라? 당신이 하나님과 하나라고? 그렇다면 당신이 하나님이란 소린가? 어찌 그런 참람한 말을!"

예수님이 아버지와 하나라고 말하자, 그 말을 듣고 유대인들이 크게 격분하여 돌을 집어 들어 예수님을 치려고 했다. 신성을 모독한 죄로 투석형을 가하려 한 것이다. 그런 유대인들의 살기등등한 기세에도 예수님은 조금도 겁먹거나 굴하지 않으시고 당당하게 말씀하신다.

"멈추시오! 나는 아버지께로부터 권능을 받아 많은 기적들을 당신들에게 직접 보여주었소. 그런 이유로 당신들이 지금 나를 돌로 치려 하는 것이오?"

"아니다! 그런 것 때문이 아니다. 당신이 지금 당신의 입술로 하나님을 모독했기 때문이다. 당신은 일개 사람에 불과하면서 스스로를 하나님이라고 주장하고 있지 않느냐? 그건 신성을 모독한 중대한 범죄다!"

"틀렸소! 난 신성을 범한 게 아니오. 생각해 보시오. 당신들의 율법에도

유대인들이 신성을 모독한 죄를 지었다며 돌로 예수님을 치려고 하다

기록되어 있기를 '내가 너희를 신들이라 하였다.'라고 되어 있지 않소? 이처럼 하나님께서는 하나님의 말씀을 받은 자들을 '신들'이라 하였으니, 성경 말씀이 틀릴 리가 없소."

이때 예수님이 인용하신 율법의 말씀은 '시편 82장 6절'이다(본래 율법은 '모세오경'을 가리키는 말이지만, 넓은 의미로는 '구약성경 전체'를 가리키기도 한다). 그 시편에서 하나님은 하나님의 일을 맡아 행하는 자들 곧 재판관, 사사, 선지자, 지도자 등을 가리켜 '신들(gods)'이라 칭했다. 왜냐하면 신정국가에서 그들의 임무는 하나님께로부터 부여받은 신성한 것이기 때문이다. 이 같은 성경 말씀을 바탕으로 예수님은 자신을 변호하신다.

"그런 자들도 '신들'이라고 불렸다면, 아버지께로부터 거룩하게 하심을 받아 특별히 따로 이 세상에 보내심을 받은 자가 '나는 하나님의 아들이다.'라고 말했다고 해서, 당신들이 나를 하나님을 모독하는 자로 몰아붙이는 것이오?"

그렇다. 하나님의 일을 대신 집행한다는 관점에서 인간조차도 '신'으로 불릴 수 있다면, 하물며 하나님께로부터 거룩하게 구별하심을 받아 따로 이 세상에 보내심을 받은 예수님이야말로 '신'으로 불리기에 얼마나 합당하신 분인가! 결국 이 사실은, 예수님을 신성모독죄로 몰아 돌로 쳐 죽이려는 유대인들의 처사가 얼마나 어리석인 짓인지를 잘 보여준다.

"당신은 심지어 하나님과 하나라고 하지 않았느냐?"

성부 하나님과 성자 예수님은 본질상 일체이기 때문에 아버지와 아들은 '하나'라는 예수님의 말은 당연히 맞는 말이다. 비록 당시의 유대인들이 이 같은 삼위일체의 교리를 전혀 깨닫지 못했다고 하더라도, 예수님이 '하나님의 아들'이라는 사실을 인정한다면 그 '하나'라는 말을 충분히 이해할 수 있었어야 한다. 하지만 당시 유대인들, 특히 종교 지도자들은 예수님을 하나님의 아들로 인정하지 않았기 때문에 아버지와 아들은 하나라는 말을 신성모독의 죄로 인식했던 것이다. 그들은 크게 분노하여 예수님을 몰아붙인다.

"세상에! 당신이 하나님과 하나라니! 사람이 어찌 하나님께 대하여 그런 참람한 말을 할 수 있단 말이냐! 당신은 돌에 맞아 죽어 마땅하다!"

"다들 진정하고 내 말을 들어 보시오! 내가 내 아버지께서 하시는 일을 행하지 않는다면, 당신들은 나를 믿지 마시오. 그러나 내가 그분의 일을 행한다면, 설령 나는 믿지 못하더라도 내가 행하는 기적은 믿으시오. 그러면 아버지께서 내 안에 계시고 내가 아버지 안에 있다는 것을 깨달아 알게 될 것이오."

'아버지께서 내 안에 계시고, 내가 아버지 안에 있다는 것'은 결국 둘은 '하나'라는 또 다른 표현이다. 이 말을 듣고, 유대인들이 큰소리치며 또 다시 격분한다.

"닥쳐라! 당신은 도무지 용서받지 못할 자다!"

그러면서 성난 유대인들이 우르르 달려들어 또다시 예수님을 붙잡아 돌로 치려 했다. 그러나 예수께서는 그들의 손을 능히 벗어나 다른 데로 얼른 피하셨다. 이로 볼 때 예수께서 나중에 겟세마네 동산에서 군사들에게 붙잡히신 것은 십자가 사역을 감당할 때가 이르렀기 때문에 일부러 붙잡히신 것이지, 그들에게서 빠져나갈 힘이 없어서 붙잡히신 게 아니었다. 마음만 먹으면 아무리 유대인들이 붙잡으려 애를 써도 예수님은 얼마든지 빠져나갈 수 있었다.

요단강 동편의 베레아에 머무시다

솔로몬 행각에서 급히 빠져나오신 예수님은 요단강을 건너 일전에 세례 요한이 세례를 베풀던 곳으로 가서 거기에 머무르셨다. 그곳은 요단강 동편의 '베레아 지역'인데, 이곳은 세례 요한이 세례를 베풀고 예수님을 '하나님의 어린양'이라고 소개했던 곳으로, 이 지역 사람들은 예수님에 대해 대체로 우호적이었다.

"와, 예수님이 오셨다!"

예수님이 베레아 지역에 이르시자, 소문을 듣고 그 지역의 많은 사람들이 예수께로 나아와 말한다.

"세례 요한은 어떤 표적도 행한 적이 없지만, 그가 이분을 두고 예언한 말들은 모두가 사실이었다."

그러면서 그 지역의 많은 사람들이 예수님을 믿었다. 이처럼 예수님은 크게 환영을 받아야 할 곳에서는 도리어 돌에 맞아 죽을 뻔한 위험에 처한 반면, 당시 유대인들로부터 천대받던 베레아나 사마리아 지역 같은 곳에서는 환영을 받았다. 천국 복음은 삶이 곤고하고 자신의 처지가 비천하며 심령이 가난한 자들에게 더욱 큰 효과를 발휘하는 법이다.

11

나사로를 살리시다

나흘 된 나사로의 무덤 앞에서
나는 부활이요, 생명이다
나사로야, 이리 나오너라 하시니
수의 차림의 나사로가 걸어 나오네

나사로의 죽음 (11:1-16)

예루살렘에서 남동쪽으로 대략 3km 떨어진 지점, 올리브산(감람산)의 동쪽 기슭에 '베다니'라 부르는 작은 마을이 있었다. 그 마을에 예수님이 사랑하시는 세 사람이 살고 있었다. 나사로, 마르다, 마리아가 그들인데, 셋은 남매지간이었다.

어느 날, 마리아와 그의 자매 마르다의 오빠인 나사로가 갑자기 중한 병에 걸렸다. 셋 중에서도 특별히 마리아는 예수님의 발에 귀한 향유를 붓고서 자기 머리털로 그 발을 정성껏 닦아주었던 신실한 여인이었다.

"아, 아, 어떡해, 이러다간 오빠가 죽게 생겼어! 아, 이를 어째…."

중한 병에 걸린 나사로가 급기야 사경을 헤매자 마르다가 안절부절못하며 발을 동동 굴렀다.

"언니, 예수님께 얼른 이 사실을 알려 오빠를 살려 달라고 간청해야겠어요. 예수님이라면 오빠의 병을 능히 고칠 수 있을 거예요."

"그래, 어서 이 사실을 예수님께 알려 그분을 모셔오도록 하자꾸나."

두 자매는 서둘러 예수님께 사람을 보내어 오빠가 병들어 죽게 된 사실을 알린다.

"주님, 주님이 아끼시고 사랑하시는 사람이 지금 병들어 곧 죽게 생겼습니다. 급히 오셔서 오라비의 병을 고쳐 주십시오. 아주 급합니다!"

두 자매의 긴급한 말을 전해 듣고서도, 예수님은 아무렇지도 않은 듯 아주 태연하게 말씀하신다.

"그의 병은 죽을병이 아니오. 오히려 그의 병을 통해 하나님의 아들이 영광을 받고, 또 그 일을 통해 하나님의 영광을 드러내기 위한 것이오."

나사로가 병에 걸렸다는 그 자체가 하나님께 영광이 된다는 뜻은 아니다. 그가 하나님의 능력으로 육체적인 병을 극복하고 죽은 자들로부터 다시 살아나게 될 때, 그 사실로 인해 예수님의 메시아 능력이 밝히 선포되고 하나님의 영광이 널리 드러나게 된다는 의미다. 이런 의미에서 나사로가 병든 것은 결국 하나님의 영광을 위한 것이었다. 그러나 이런 사실을 알 리 없는 마르다와 마리아 자매는 더딘 예수님의 처신에 무척 애가 탔다.

예수님은 베다니 마을과 꽤나 멀리 떨어진 곳에 계셨다. 대략 하룻길 걸리는 곳이었다. 나중에 예수님이 나사로의 집에 왔을 때 그가 무덤에 묻힌 지 나흘째 되던 날이었기 때문이다. 그러니까 두 자매가 기별꾼을 예수님께 보내고 나서 얼마 지나지 않아 나사로는 죽은 것이다. 기별꾼이 예수님께 나아가는 데 하루, 그리고 예수님이 계시던 곳에 이틀을 머무르신 뒤 베다니 마을까지 오시는 데 또 하루가 걸렸기 때문이다.

예수님이 마르다와 마리아 자매, 그리고 나사로를 무척 사랑하신 것은 사실이었다. 그런데도 예수님은 나사로가 죽을병에 걸렸다는 소식을 전해 듣고서도 그들에게 즉시 가시지 않고 계시던 곳에 이틀이나 태연하게 더 머무셨다. 그렇게 이틀이 지나자, 예수께서 비로소 몸을 일으키시며 제자들에게 말씀하신다.

"자, 이제 길을 나서자. 다시 유대 지방으로 가도록 하자."

그러자 제자들이 근심 가득한 얼굴로 예수님께 묻는다.

"선생님, 유대인들이 선생님을 죽이려고 한 것이 바로 며칠 전의 일입니다. 그런데 어째서 다시 그곳으로 가시려 하십니까?"

"낮은 열두 시간이나 되지 않느냐? 사람이 낮에 걸어 다니면, 세상을 비추는 빛 때문에 걸려서 넘어지지 않는다. 하지만 밤에 걸어 다니면, 빛이 없기 때문에 걸려서 넘어지고 만다."

아주 당연한 말씀이다. 그런데 왜 예수님은 지금 제자들에게 이런 말씀을 하시는 걸까? 유대인들은 하루를 12시간씩 둘로 나눠 각각 낮과 밤으로 구분했다. '낮'은 해 뜰 때부터 해 질 때까지를, '밤'은 해 질 때부터 해 뜨기 전까지로 보았다. 사람들은 낮에 다니면 빛이 있으므로 넘어지지 않고, 밤에 다니면 빛이 없으므로 넘어진다.

이를 영적으로 해석하면 이러하다. 세상의 빛이신 예수님이 계실 때가 낮이고, 안 계실 때가 밤이다. 이 땅에서 예수님이 빛으로 계셔서 사역하실 동안에는 어떤 죽음의 위협이 있더라도 넘어지지 않고 안전할 것이란 의미다. 그러니 비록 예수님을 죽이려는 적대 세력이 있더라도, 죽음을 두려워하지 말고 유대 지방으로 올라가자는 의미였다. 낮과 밤과 빛에 관해 말씀하신 뒤 예수께서 이어 말씀하신다.

"우리 친구 나사로가 잠들었다. 자, 이제 내가 가서 그를 깨워야겠다."

장차 재림 때에 예수님은 믿는 자들을 죽음에서 일으킬 것이다. 따라서 믿는 자들에게 있어 죽음은 잠시 자는 것 이상의 심각한 의미를 지닌 것은 아니므로, 예수님은 나사로의 죽음에 대하여 '잔다'라고 말씀하셨다.

그러나 제자들은 그 말을 곧이곧대로 알아들었다. 앞서 예수님이 나사로의 병에 대해 죽을병이 아니라고 말씀하셨기에, 이제는 나사로의 병이 나아 그가 잠을 취하면서 쉬고 있는 줄 생각했던 것이다. 그래서 제자들이 예수님께 말한다.

"주님, 나사로가 한숨 푹 자고 일어나면 병에서 완전히 낫게 될 것입니다."

예수님은 나사로가 죽었다는 사실을 말씀하신 것이지만, 제자들은 그가 단순히 잠이 들어 누워 있다고 생각했던 것이다. 제자들이 이처럼 반응한 데에는 분명한 이유가 있었다. 나사로의 병이 나았으니 굳이 유대 지방으로 가서 그를 깨울 필요가 없지 않느냐는 뜻이 담겨 있었다. 제자들은 자신들에게 호의적인 베레아 지방을 떠나 유대인들의 박해가 예상되는 유대 지방으로 가기 싫었던 것이다. 그런 제자들의 심중을 아시고 예수님이 분명하게 말씀하신다.

"나사로는 죽었다!"

"네엣? 주님께서 사랑하시던 나사로가 이미 죽었다고요? 그런데 왜 주님께서는 그를 치료하려 급히 베다니 마을로 가시지 않았습니까?"

"내가 거기에 있지 않았던 것이 너희를 위해 도리어 잘된 일이다. 그래야 너희가 나사로의 죽음을 통해 나를 더욱 믿을 수 있게 될 것이기 때문이다. 자, 그러므로 이제 그에게로 가자."

예수님은 죽은 지 나흘째 되는 나사로를 무덤에서 일으키시는 놀라운 표적을 통해 제자들의 믿음을 한층 고취시켜 주려고 하셨다. 하지만 제자들은 달리 생각했다. 이미 나사로가 죽었는데도, 그래서 구태여 그에게로 갈 필요가 없는데도, 예수님이 기어코 그가 있었던 유대 지방의 베다니 마을로 가시려고 한 것은 나사로의 죽음에 조문을 해야겠다는 뜻을 밝힌 것으로 생각했던 것이다.

그래서 열두 제자 가운데 '디두모'란 별명을 가진 도마가 다른 동료 제자들에게 결의에 가득 찬 목소리로 말한다. '디두모'는 헬라어이고 '도마'는 히브리어인데, 그 뜻은 '쌍둥이'다.

"여러분, 우리도 주와 함께 죽으러 갑시다."

예수께서 큰 위협과 박해가 도사리고 있는 유대 지방으로 가시려 함은 이미 죽음을 각오하셨다는 뜻으로 받아들이고, 도마는 예수님의 유대 행 곧 스승님의 죽음에 동참하겠다는 비장한 각오를 나타냈다. 비록 도마는 확실한 증거를 보지 않으면 잘 믿지 않는 의심 많은 제자였지만, 누구보다도 의협심 강한 성품의 소유자였다. 하지만 그 의협심이 종종 쓸데없을 때 발동되는 것이 탈이다. 지금의 경우도 상황에 하등 상관없는 발언을 목숨을 내놓는 비장한 심정으로 말하고 있는 것이다.

부활이요 생명이신 예수님 (11:17-27)

예수께서 하룻길을 걸어 제자들과 함께 베다니 마을에 도착했다. 주변 사람들에게 물어보니, 나사로는 이미 죽어 무덤에 묻힌 지 나흘이나 된 상태였다. 베다니 마을은 예루살렘에서 2km 정도 떨어진 곳인데, 많은 유대인들이 문상을 와서 마르다와 마리아 자매를 위로하고 있었다.

유대 풍습에 의하면, 유대인들은 상(喪) 당한 집을 찾아가 죽은 자에게 존중과 애도를 표시하는 것 이상으로, 유족들에게 진심을 담아 위로와 격려의 뜻을 나타내는 것을 큰 미덕 가운데 하나로 여겼다.

유대 사회의 장례 문화에서 유족들은 장례가 끝날 때까지 머리에 기름을 바르지 않고 세수도 하지 않는 등 몸단장을 하지 않는다. 종종 이웃집에서 팥죽을 끓여 유족들에게 갖다주기도 한다.

나사로의 집은 문상객들로 북적거렸다. 동네 사람들에게 미움 받지 않고 살았고, 부모 없이 살던 집의 가장인 나사로가 죽었으니 너무 딱해서 일부러라도 조문하려고 찾아오는 사람들도 있었다. 예수님 일행을 발견한 사람들은 예수님도 조문하러 온 줄로 알았다.

예수께서 집으로 오고 계신다는 말을 전해 듣고 마르다가 일손을 멈추고 얼른 마중을 나갔다. 이때 마리아는 소식을 듣지 못한 채 집안의 자기 방에 그대로 있었다. 여기서 두 자매의 대조적인 성격이 잘 드러난다. 마르다는 분주하게 손님들을 맞이하고 접대하다가 예수님이 집으로 오신다는 소식을 전해 듣고 곧장 예수님을 맞으러 달려 나간 반면, 마리아는 오빠를 잃은 큰 슬픔에 빠져 자기 방에 혼자 앉아 있었다. 예수님을 마중 나간 마르다가 도중에 예수님을 만나 안타까움이 가득 배인 목소리로 말한다.

예수께서 베다니 마을에 도착하시다

"주님! 주님께서 여기에 계셨더라면 제 오빠가 아무리 죽을병에 걸렸어도 분명 죽지 않았을 것입니다. 그러나 지금이라도 주님께서 구하기만 하신다면, 하나님께서 다 이루어 주실 것입니다."

마르다는 예수님의 크신 능력을 의심치 않았다. 예수께서 그동안 행하신 놀라운 기적들을 고려할 때, 만일 예수께서 베다니 마을에 계셔서 나사로의 병을 놓고 하나님께 구하셨더라면 그대로 이루어져서 오빠가 분명 죽지 않았을 것이라고 고백한 것이다. 그런 마르다의 말을 듣고 예수께서 말씀하신다.

"마르다야, 염려하지 마라. 네 오빠가 다시 살아날 것이다."

마르다는 예수님의 이 말씀이 자신을 슬픔을 달래주는 말이라고 생각하고, 자신의 신앙을 고백한다. 마르다는 평소 예수님의 가르침을 통해 죽은 자들의 부활에 관한 지식을 배운 상태였다.

"네, 그렇습니다. 마지막 날 죽은 자들이 모두 부활할 때, 제 오빠도 다시 살아날 것이라는 사실은 저도 잘 압니다."

예수님은 마르다가 자신의 말뜻을 제대로 깨닫지 못하고 있음을 아시고, 보다 분명한 어조로 마르다에게 말씀하신다.

"마르다야, 나는 부활이요 생명이다. 나를 믿는 자는 죽어도 살 것이고, 또 살아서 나를 믿는 자는 영원히 죽지 않을 것이다. 네가 이것을 믿느냐?"

"네, 주님! 저는 주님이 이 세상에 오신 하나님의 아들 '그리스도'이심을 믿습니다."

마르다의 신앙은 좋았다. 하지만 불완전했다. 예수님이 자신을 가리켜 '부활'이요 '생명'이라고 말씀하셨을 때, 마르다는 하나님의 아들이요 그리스도이신 예수님이 장차 부활의 때뿐만 아니라, 당장이라도 죽은 자를 다시 살리시는 능력 있는 분인 줄은 미처 깨닫지 못하고 있었다.

그건 비단 마르다뿐만이 아니다. 누구도 그런 상황에서는 그런 고백을 할 수밖에 없다. 그만큼 죽음은 인간 세상에서는 모든 가능성이 사라져 버린 절망 자체이기 때문이다. 죽음의 권세 아래 얽매인 인간들에게 죽음은 모든 가능성의 끝이기 때문이다.

예수께서 눈물을 흘리시다 (11:28-37)

"마르다야, 네 동생 마리아는 어디에 있느냐?"

예수님이 마리아를 찾으시자, 마르다가 집으로 돌아가 동생 마리아를 가만히 불러 말한다.

"마리아야, 선생님이 오셔서 지금 너를 찾고 계셔. 어서 예수님께 가보렴."

마리아는 즉시 자리에서 일어나 예수께로 급히 달려갔다. 때에 예수께서는 아직 베다니 마을 안으로 들어가지 않으시고, 마르다가 마중 나왔던 마을 입구 쪽에 그대로 머물러 계셨다.

"아니? 마리아가 어딜 저리 급하게 가는 거지? 우리도 함께 가보자."

나사로의 집에서 마리아를 위로하고 있던 유대인들은 마리아가 부랴부랴 급히 나가는 것을 보고는, 그녀가 곡을 하러 오빠 나사로의 무덤으로 가는 줄 알고 함께 따라나섰다. 예수께서 계시는 곳에 도달한 마리아는 예수님을 보고는 그의 발 앞에 풀썩 엎드려 슬픔에 가득 배인 목소리로 말한다.

"아, 주님! 주님께서 여기에 계셨더라면, 제 오빠는 죽지 않았을 것입니다. 하지만 이제는…. 흑흑."

마리아는 예수님의 발 앞에 엎드려 어깨를 들썩이며 마냥 흐느꼈다. 마리아를 뒤따라왔던 유대인들도 슬픔에 겨워 함께 울었다. 졸지에 울음바다가 되었다. 그런 모습들을 보시고 예수님은 심히 마음 아파하셨다. 잠시 침묵하시다가 예수께서 그들에게 물으신다.

"나사로를 어디에 묻었소?"

"주님, 나사로가 묻힌 곳으로 가셔서 직접 보십시오."

그러면서 사람들이 예수님을 나사로의 무덤으로 인도하였다. 바위에 동굴을 만든 뒤 그 안에 나사로의 시신을 안치해놓은 무덤은 초라했다. 그러나 무덤 문을 막고 있는 큰 돌문은 마치 거대한 절망처럼 그들 앞에 떡하니 버티고 있었다.

이때, 예수께서는 눈물을 흘리고 계셨다. 이제 곧 죽은 자들로부터 나사로를 다시 살릴 터인데, 예수님은 눈물을 흘리시는 것일까? 예수님이 우신 것은 나사로의 죽음 때문이 아니라, 사랑하는 오라비를 잃고 큰 슬픔에 빠진 친구들의 아픔에 깊이 동화되었기 때문이다. 여하튼 사람으로 성육신하신 예수님의 충만한 인성(人性)은 이처럼 '우셨다'는 사실에서 잘 나타나고 있다.

"어? 예수님이 눈물을 흘리시네."

그때 예수님 곁에서 예수님의 눈물을 훔쳐본 유대인들이 수군거린다.

"여보게, 저것 좀 보게나. 예수님이 우신다네."

"정말! 아, 저분이 나사로를 무척 아끼고 사랑했던 모양이오."

그러나 유대인들 가운데 평소 예수님에 대해 삐딱한 시선을 가진 어떤 이들은 빈정거리며 말한다.

"칫, 그게 뭐야! 맹인의 눈도 뜨게 한다는 사람이 나사로를 죽지 않게 할 수는 없었단 말인가? 죽고 나서 저리 울면 다 무슨 소용이야."

예수께서 나사로를 살리심 (11:38-44)

사람들이 예수님을 나사로의 무덤으로 인도하자, 예수께서는 침통한 마음으로 나사로의 무덤 앞으로 다가가셨다. 동굴로 된 무덤은 입구가 큰 돌로 막혀 있었다.

당시 유대인들은 자연적으로 생긴 동굴, 또는 벼랑을 파서 만든 동굴을 무덤으로 사용했는데, 동굴 안에 시신을 넣은 뒤 들짐승들의 침입을 방지하기 위해 큰 돌로 무덤 입구를 막아두었다. 나사로의 동굴 무덤 앞에 서신 예수께서 주변 사람들에게 말씀하신다.

"무덤 입구를 막은 저 돌을 치우도록 하시오."

그러자 죽은 나사로의 누이 마르다가 얼른 앞으로 나서며 말한다.

"하지만 주님! 오빠가 죽은 지 나흘이나 되었으니 지금쯤 냄새가 날 겁니다."

'나흘'이란 기간은 죽은 자의 사망 여부에 대해 더는 의심할 필요 없이 아주 확실한 기간이다. 그래서 마르다는 오빠의 죽음이 더는 확인할 필요조차 없이 확실한 상태에서 굳이 큰 돌을 옮겨 무덤 안을 들여다볼 필요가 없다고 판단한 것이다. 그녀는 무덤 입구를 막고 있는 돌을 옮기라는 예수님의 말씀이 지닌 의미를 전혀 간파하지 못하고 있었다. 이에 예수께서 그녀를 향해 타이르듯 부드럽게 말씀하신다.

"마르다야, 네가 믿으면 하나님의 영광을 보게 될 것이라고 내가 네게 말하지 않았더냐?"

"네에? 하나님의 영광을 본다고요?"

마르다는 얼떨떨한 상태로 멍하니 서 있었다. 사람들이 우르르 달려들어 무덤을 막은 큰 돌을 옆으로 굴려 놓았다. 그러자 예수께서 하늘을 우러러보시며 기도하신다.

"아버지여, 제 말을 들어주시니 참으로 감사합니다. 언제나 제 말을 들어주시는 아버지께 새삼 이런 기도를 드리는 것은, 여기 서 있는 사람들로 하여금 아버지께서 저를 이 세상에 보내셨다는 것을 믿게 하려는 것입니다."

예수께서 나사로를 살리시는 목적이 분명히 드러나 있다. 그것은 죽은 자를 다시 살리는 놀라운 표적(의미가 담긴 기적)을 통해 사람들로 하여금 예수님이 하나님의 아들로서 이 세상을 구원하기 위해 하나님께로부터 보내심을 받은 메시아(그리스도)라는 사실을 믿게 하려는 것이었다. 그런 사람들의 믿음이 결국 하나님께 영광이 되는 것이다. 간단한 기도를 마치신 예수께서는 무덤 안을 향해 큰 소리로 외치신다. 마치 살아있는 사람을 부르시는 것과 똑같았다.

"나사로야, 이리 나오너라!"

보라, 예수님의 부르시는 소리를 듣고 분명 죽은 지 나흘이나 된 나사로가 멀쩡하게 살아서 무덤 밖으로 약간 비틀거리며 한 걸음씩 한 걸음씩 천천히 걸어 나오는 게 아닌가! 하지만 그런 나사로의 모습은 시신을 싸서 무덤에 안치할 때의 모습 그대로였다. 아직도 그의 손발은 베에 감겨 있었고 얼굴은 천으로 싸매져 있었다.

"아앗! 나사로가 살아서… 살아서 걸어 나온다!"

"세상에, 세상에! 저, 저럴 수가!"

"어찌 죽은 사람이… 그것도 죽은 지 나흘이 되어 시체 썩는 냄새가 났는데 어찌 저리 멀쩡하게 살아서…."

나사로가 살아서 걸어 나오는 모습을 지켜본 사람들은 모두가 경악을 금치 못했다. 두 눈으로 직접 보고서도 도무지 믿을 수 없다는 표정들이었다. 예수께서 놀라 당혹해하고 있는 사람들에게 말씀하신다.

"자, 이제 싸맨 것들을 풀어주어 나사로가 자유롭게 걸어 다닐 수 있게 하시오."

당시 유대인들은 시신을 정결한 세마포로 정성스럽게 싸매어 무덤에 안치하였는데, 나사로는 그런 상태로 무덤 밖으로 걸어 나온 것이다.

유대 지도자들의 음모(11:45-57; 마 26:1-5; 막 14:1-2; 눅 22:1-2)

"과연 예수님은 하나님의 아들이셨어! 정말 확실해!"

"하나님의 아들이 아니라면 누가 저런 기적을 흉내조차 낼 수 있겠어."

예수께서 행하신 이 놀라운 기적을 지켜본 유대인들 가운데 많은 이들이 마침내 예수님을 믿게 되었다. 그러나 그들 중에는 강퍅한 마음의 소유자도 있어 그 길로 곧장 바리새파 사람들에게로 달려가서, 예수께서 행하신 그 기적에 관해 낱낱이 일러바친 사람도 있었다.

"예수가 죽은 자를 다시 살렸다고?"

"세상에, 어찌 그런 일이 있을 수 있단 말이냐! 정말로 확실한 것이냐?"

그 일에 관해 전해들은 바리새인들이 도무지 믿지 못하겠다는 표정으로 역정을 내며 호통을 쳤다. 그러자 소식을 전한 자가 더욱 확신 있게 주장한다.

"확실합니다! 제가 이 두 눈으로 그 광경을 처음부터 끝까지 똑똑히 보았습니다. 저뿐만 아니고, 많은 사람들이 함께 목격했습니다."

대제사장들과 바리새파 사람들은 그 일을 논의하기 위해 공회를 소집했다. 히브리어로 '산헤드린'이라 불리는 공회는 의장 한 명을 포함하여 모두 71명으로 구성된 유대인들의 최고 의결기구다. 구성원들은 주로 제사장들, 바리새인들, 사두개인들이었다. 주전 3세기 말엽에 구성되어 주후 70년의 예루살렘 함락 때까지 지속되었다. 공회를 소집한 뒤, 유대의 지도자들이 심각한 표정으로 서로 의논한다.

"대체 이 일을 어떻게 처리하면 좋겠소? 그 근본도 알 수 없는 예수란 자가 별별 기적들을 다 행하고 있으니 말이오. 병자를 고치고 귀신을 내쫓는 것은 물론이고, 이제는 죽은 사람까지도 다시 살렸다고 하니, 그자를 어찌하면 좋겠느냐 말이오?"

"그자를 이대로 내버려두면 아마도 온 백성이 그자를 추종하게 될 것이고, 그리 되면 로마 사람들이 쳐들어와서 우리 땅을 파괴하고 우리 민족을 짓밟을 것이 분명하오."

유대의 지도자들 곧 공회 회원들은 예수님의 놀라운 표적에 대해 심히 못마땅해 했다. 예수님의 표적이 베풀어질 때마다 백성들은 자신들의 통제에서 벗어나 더욱 예수님을 따랐고, 예수님을 메시아로 인식하기 시작했기 때문이다.

유대 백성들이 예수님을 앞세워 어떤 종류의 반란이라도 일으키게 된다면, 그것은 로마를 자극하게 되고, 그 같은 사회적 불안정과 혼란을 야기한 데 대하여 유대의 지도자들이 책임을 져야 했다. 그렇게 되면, 결국엔 자신들이 누렸던 권세와 특권이 사라지게 될 것이다. 그것을 두려워한 것이다.

하지만 예수님의 표적은 엄연한 현실이고 백성들은 하루가 다르게 더욱 예수님을 추종하고 있는지라, 이러지도 못하고 저러지도 못한 채 끙끙 앓고 있었다. 그때에 공회를 이끌고 있던 가야바가 자기 의견을 말한다. 그는 그 해의 대제사장으로서(주후 18-36년 재위), 이전 대제사장인 안나스의 사위다.

"여러분들은 정말 그렇게도 모르겠소? 유대 백성을 위해 그 한 사람을 죽게 해서, 민족 전체를 망하게 하지 않는 것이 정녕 여러분들에게 유익이 되는 줄을 알지 못하는 것이오?"

예수 한 사람을 희생시켜 유대 민족 전체를 로마의 공격으로부터 지켜내자는 말이었다. 그렇게 함으로써 유대 지도자들의 안위와 권세도 그대로 유지할 수 있을 것이라는 뜻이었다. 심히 이기적인 말이다. 하지만 구속사적인 관점에서 살펴볼 때, 가야바의 이 말은 제멋대로 하는 말이 아니었다.

그 해의 대제사장으로서 가야바는, 예수님이 온 유대 백성을 위해 죽게 될 것임을 예언한 것이나 마찬가지였다. 구약 시대에 대제사장은 하나님의 뜻을 백성에게 전달하는 자였는데, 본서의 저자 요한은 가야바가 자신도 모르는 중에 이 같은 임무를 수행했음을 밝히고 있다. 즉, 예수께서 유대 민족을 위해서뿐만 아니라, 흩어져 있는 하나님의 자녀들을 위해 그들 모두를 한데 모아 하나가 되게 하기 위해서 죽으실 것임을 예언한 것이다.

"좋은 의견이오! 아무리 생각해 봐도 그 방법 외엔 달리 수가 없는 것 같소."

"나도 찬성이오. 그럼, 그리 하도록 합시다!"

예수 한 사람을 희생시켜 유대 백성과 민족의 안위를 도모하자는 대제사장 가야바의 의견에 공회 회원들이 대부분 찬성했다. 그래서 이때부터 유대의 지도자들은 예수님을 죽일 음모를 본격적으로 꾸미기 시작했다. 예수께서 나사로를 다시 살리신 사건을 계기로 더는 예수를 그대로 놔두지 않기로 의견 일치를 보았던 것이다.

예수께서도 유대 지도자들의 그런 움직임을 간파하셨다. 그래서 이후로는 더 이상 드러내놓고 공공연히 다니시는 일을 중단하셨다. 대신에 예루살렘 도성을 떠나 광야가 인접해 있는 에브라임 지방으로 가셔서 제자들을 부지런히 가르치시며 하나님의 때를 조용히 기다리셨다. 에브라임 지방은 예루살렘에서 동북쪽으로 27km 떨어진 지점에 위치하고 있었다.

유대인들의 최대 명절인 유월절이 가까워오자 많은 사람들이 유월절 전에 정결 의식에 참여하려고 시골에서 예루살렘으로 올라왔다. 모세 율법에 의하면, 종교 의식상 부정(不淨)을 입은 자는 유월절 축제에 참가할 자격을 상실했다. 그래서 유월절 축제에 참여하려면 부정을 제거해야 하는 정결 의식을 치러야 하는데, 그런 정결 의식은 예루살렘 성전에서 치러야 했다. 그래서 유월절 축제에 참여하고자 하는 많은 유대인 순례자들이 일찍부터 예루살렘에 올라와서 스스로를 정결케 함으로써 유월절을 준비했다.

"혹시 예수 선생을 보았습니까? 그분은 지금 어디에 있다고 합니까?"

유대인 순례자들은 너나 할 것 없이 모두가 예루살렘에서 예수님을 만나려고 했다. 예수님에 관한 이런저런 놀라운 소문들을 익히 들었기 때문이다. 그들은 예수님을 찾아다니다가 성전 안에서 서로에게 묻는다.

"어떻게들 생각하십니까? 그분이 이번 유월절에 예루살렘에 올라오시지 않을까요?"

"글쎄요, 들리는 소문으로는 유대의 지도자들이 예수 선생을 불온하게 보고 그분을 붙잡으려 한다는데…."

"그러니 이번 유월절에는 예루살렘에 안 오실지도 모르죠."

한편, 유대의 지도자들인 대제사장들과 바리새파 사람들은 이 유월절 기간에 예수를 체포하여 죽이려고 했다. 그래서 누구든지 예수를 보거든, 즉시 자신들에게 보고하라는 포고령을 내려놓고 있었다. 유월절을 앞둔 예루살렘 도성에 팽팽한 긴장감이 돌았다. 여느 때보다 뜨거운 열기로 끓고 있었다. 그 열기가 어떤 식으로 폭발할지는 아무도 몰랐다.

12
예루살렘을 향해

마르다가 잔치 준비에 정신이 없을 때
마리아는 값진 향유를 가져오더니
예수님의 발에 붓고 자기 머리털로
예수님의 발을 정성껏 닦아 드리네

예수님께 향유를 부은 마리아(12:1-8; 마 26:6-13; 막 14:3-9)

유월절 엿새 전(유대력 니산월 9일, 토요일), 그러니까 예수님의 공생애 사역 3년차의 막바지(주후 30년 봄), 예수께서는 그동안 줄곧 제자들과 함께 머무르셨던 에브라임 지방을 떠나 예루살렘 도성과 아주 가까운 곳에 위치한 베다니 마을로 올라가셨다. 베다니 마을은 일전에 예수께서 죽은 지 나흘 된 나사로를 다시 살리셨던 곳이다.

베다니 마을 사람들은 예수님을 보고서 모두 기뻐하고 환영했다. 그들 중 많은 사람들이 예수께서 죽었던 나사로를 다시 살리시는 놀라운 기적을 목격한 사람들이었기 때문이다. 특히 죽은 지 나흘 된 오빠 나사로를 다시 살려주신 예수님께 대하여 마르다와 마리아 자매의 기쁨과 환영은 남달랐다.

베다니 마을 사람들은 예수님을 대접하기 위해 잔치를 열었다. 잔치가 열린 장소는 베다니 마을에 있는 시몬의 집, 이 시몬은 이전에 나병환자였다가 예수님께 치료를 받고 회복된 사람이었다. 이때 마르다는 일손을 거들기 위해 시몬의 집에 와서 부지런히 시중을 들고 분주하게 음식을 마련하였다. 잔치에 초대받은 여러 손님들이 그 자리에 함께했는데, 특별히 죽었다가 다시 살아난 나사로도 예수님과 함께 식탁에 앉아 있었다. 물론, 예수님의 제자들도 함께했다.

"예수님! 차린 것은 변변치 않지만 많이 드십시오."

잔치 자리에서 여러 이야기들이 오갔지만 손님들의 이야기 주제는 단연 나사로의 소생이었다. 그들은 그때의 놀라운 기적을 다시금 꺼내 이야기하면서 모두가 웃으며 즐겁게 음식을 먹고 포도주를 마셨다. 그렇게 한창 잔치 분위기가 흥겹게 무르익을 때였다.

나사로의 여동생이요 마르다의 자매인 마리아가 예수님께로 가까이 다가왔다. 그녀의 손에는 순전한 나드(nard) 한 근의 향유가 쥐어져 있었다. 나드는 히말라야산(産) 다년생 초본의 감송향 뿌리에서 채취한 향료로 '향내나다'란 뜻의 산스크리트어 '나라다'에서 유래한 말이다. 불순물이 섞이지 않은 순전한 나드 한 근(대략 340g)은 대략 300데나리온 정도 나갔는데, 이 액수는 거의 노동자 1년 치의 품삯이었다(당시 1데나리온은 노동자의 하루치 품삯). 이토록 귀하고 비싼 향유를 갖고 마리아가 예수님께로 접근한 것이다.

"어? 마리아가 왜 저리지? 저 비싼 걸 왜?"

예수님께 가까이 다가온 마리아, 그녀가 그 비싼 향유를 아무런 망설임 없이 예수님의 발에 쏟아붓는 게 아닌가! 그러고는 자신의 머리털로 향유 발라진 예수님의 발을 정성껏 닦아 드리는 게 아닌가! 잔치에 참석한 사람들은 모두 놀라 입을 다물지 못했고, 온 집안에는 향기로 가득 찼다.

마리아의 이 같은 행동은 아주 특별했다. 당시에는 손님에게 발 씻을 물을 제공하는 관습이었다. 무더운 팔레스타인 지방에서 여행자의

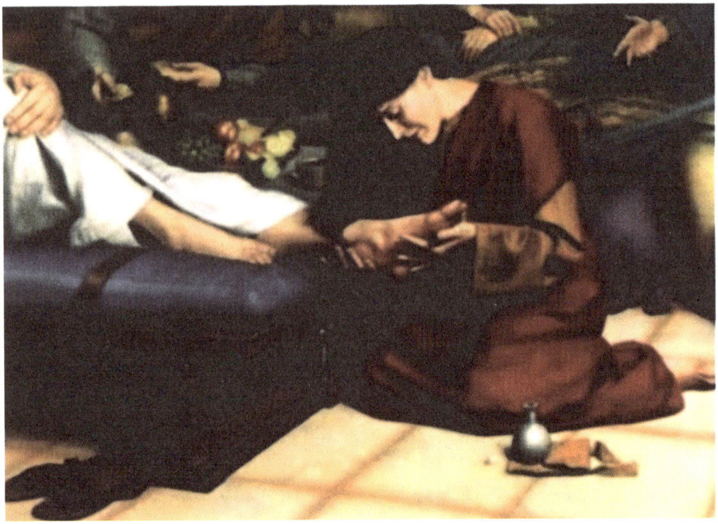

예수님의 발에 향유를 붓고 자기 머리털로 닦는 마리아

발은 길의 먼지로 인해 쉽게 더러워졌기 때문이다. 특별한 경우에는 비싼 향유를 존경하는 사람의 머리에 붓기도 했다.

예수님의 발에 비싼 향유를 붓고 자기 머리털로 그 발을 닦은 마리아의 행동은 그야말로 예수님에 대한 최고의 존경과 경배의 태도였다. 말하자면 향유를 예수님의 머리에 부을 자격조차도 없다는 지극한 자기 겸손의 표현으로 스스로 비천한 종의 태도를 취한 것이다.

평소부터 예수님을 지극히 존경했던 마리아는 오빠 나사로를 다시 살려주심으로써 자신의 가정에 크나큰 은혜를 베풀어주신 예수님께 자신의 몸과 마음과 물질을 다 쏟아붓는 온전한 헌신을 표현한 것이다. 참으로 아름답고 향기로운 장면이었다. 그런데 이 아름답고 향기로운 장면을 일순간에 깨뜨리는 불평 가득한 목소리가 들려왔다.

"아니, 이게 대체 무슨 짓인가? 이 비싼 향유를 왜 이렇게 쓸데없이 낭비한 것인가! 이걸 300데나리온에 팔아 가난한 사람들에게 나누어주면 훨씬 좋았을 텐데! 참으로 어리석은 짓을 하였구먼! 쯧쯧."

이 목소리의 주인공은 예수님의 열두 제자 중 한 사람으로서 나중에 예수님을 배반하는 가룟 유다였다. 마리아가 행한 일을 지켜보던 그가 참으로 어처구니없다는 듯 혀를 끌끌 차며 투덜댔다.

그런데 사실 가룟 유다가 이렇게 말한 것은 정말로 가난한 사람들을 생각해서가 아니었다. 그는 돈을 탐하는 도둑이어서, 제자들 가운데 돈을 맡아 관리하는 사람이었는데도 곧잘 돈을 빼돌리곤 했다. 그래서 그는 마리아의 행동이 아무 쓸데없이 돈을 허공에 날린 것으로 인식하고 그 돈이 못내 아쉬워서 연신 투덜댔던 것이다.

"저 돈으로 가난한 사람들을 구제하면 얼마나 빛이 나는가!"

정작 자기는 돈 한 푼 내지 않으면서 남의 돈을 아까워하고 비난한다. 가룟 유다가 그랬다. 그런 가룟 유다를 예수님이 아주 딱하게 보시고 그를 향해 말씀하신다.

"가룟 유다야, 그 여인이 하는 대로 그냥 두어라. 지금 그녀는 나의 장례를 미리 준비하는 것이다."

가룟 유다와는 달리, 예수님은 마리아의 행동을 헛된 낭비로 본 것이 아니라 자신의 마지막 순간을 장식하는 거룩한 낭비로 여기셨다. 다시 말해 귀한 헌신으로 보셨다. 예수님은 자신이 조만간 십자가에 못 박혀 죽을 줄 알고 있었다. 이런 상황에서, 마리아의 헌신은 유월절 어린양으로 희생될 자신의 장례를 미리 준비하는 아주 가치 있는 상징적 행위로 여기셨다. 당시에는 죽은 자의 몸에 향유를 바르는 관습이 있었기 때문이다.

여기에 중요한 신앙의 원칙이 있다. 주님을 영예롭게 하기 위해 자신의 최선과 최고를 바치는 것은 결코 헛된 낭비가 아니라 귀한 헌신이라는 사실이다. 예수님의 말씀은 이어진다.

"보아라, 너희가 마음만 먹으면 가난한 사람들을 언제라도 도울 수 있다. 그러나 나는 언제까지나 너희들 곁에 있는 것이 아니다."

예수님이 가난한 자들을 돕는 행위를 가볍게 생각하신 것이 아니다. 돈의 용도와는 상관없이, 주님을 영화롭게 하려는 목적으로 행해진 헌신이 결코 비난받아서는 안 된다는 점을 강조한 것이다.

나사로를 죽이려는 음모 (12:9-11)

베다니 마을에서 잔치가 베풀어지고 있는 동안, 예수님에 관한 소문이 인근 예루살렘까지 순식간에 퍼졌다. 그러자 많은 유대인들이 예수께서 베다니 마을에 계신다는 말을 듣고는, 예수님을 뵙고자, 또한 죽었다가 다시 살아난 나사로도 직접 볼 겸, 떼를 지어 베다니 마을로 몰려왔다.

"저런 어리석은 자들! 근본도 알 수 없는 뜨내기를 저렇게 추종하다니!"

"아무튼 이대로 두어선 안 되겠네! 예수란 자를 속히 처리해야겠네!"

"예수뿐인가. 죽었다가 다시 살아났다는 나사로란 자도 함께 죽여야겠어. 그자 때문에 많은 사람들이 예수를 더욱 따른다지 않던가."

대제사장들을 비롯한 유대의 지도자들은 예수뿐만 아니라 나사로까지 죽이기로 계획을 세웠다. 유월절이 다가올수록 그런 살벌한 음모는 더욱 구체적으로 진행되었다.

예수님의 예루살렘 입성 (12:12-19; 마 21:1-11; 막 11:1-11; 눅 19:28-40)

다음 날, 그러니까 유월절 닷새 전(주후 30년, 유대력 니산월 10일 일요일), 예수께서 베다니 마을을 떠나 예루살렘으로 들어오신다는 소식이 온 도성 안에 파다하게 전해졌다. 그러자 유월절을 지내려고 예루살렘에 올라왔던 수많은 사람들이 그 말을 전해 듣고 모두가 들뜬 마음으로 예수님을 맞을 준비를 했다.

유월절은 유대 민족의 가장 큰 명절이다. 당시 기록에는 양을 18만 6천 마리나 도살했다고 한다. 25만 마리까지 잡았다는 기록도 있다.

한 가족을 4인으로 볼 때 대략 100만 명 정도가 모인 것이다. 군중들은 드디어 예수님이 유대인들의 민심을 규합하여 민족의 해방자로 우뚝 일어설 줄로 잔뜩 기대했다. 로마의 압제에서 이스라엘을 구할 구원자가 될 것임을 스스로 선포할 줄로 기대했다. 그래서 열렬하게 환영한다.

"호산나! 호산나! 주님의 이름으로 오시는 이여!"

"당신께 복이 있기를! 이스라엘의 왕께 크신 복이 있기를!"

사람들은 저마다 손에 종려나무 가지를 들고 예수님을 맞으러 나와 큰 소리로 외쳤다. 호산나(Hosanna)는 '이제 구원하소서!'란 뜻의 히브리어 '호쉬아 나'를 헬라어로 음역한 말이다. 처음에는 기원과 호소의 뜻으로 쓰였으나 점차적으로 축하와 찬양의 뜻으로 사용되었다. 백성들이 길가에 늘어서서 '호산나'를 연호하며 예수님을 맞이하는 광경! 이 광경은 당시 전쟁에서 승리하고 돌아오는 왕이나 장군이 입성할 때 벌이는 백성들의 축하 행렬과 똑같았다.

공생애 사역의 막바지에서 예수님은 자신이 누구인지를 공개적으로 밝히기를 원하셨다. 유대 백성들은 올바로 깨닫지 못하고 예수님을 정치적인 메시아로 환영했지만, 예수님은 호산나 퍼레이드를 통해 자신이 죄와 죽음을 정복하기 위해 이 땅에 내려온 왕이요 메시아임을 선포하셨던 것이다.

이때 예수님은 어린 나귀를 타고 예루살렘에 입성하셨는데, 이는 성경에 기록된 메시아 예언을 성취하는 행동이었다. 일찍이 스룹바벨 시대(주전 520년경)에 활동한 스가랴 선지자는 장차 이 세상에 오실 메시아를 두고서 이렇게 예언한 적이 있다.

> "시온의 딸아, 두려워하지 말라! 보라, 너희 왕께서 오신다. 그분은 어린 나귀를 타고 오신다"(슥 9:9).

베다니 마을에서 예루살렘 도성까지의 거리는 불과 2~3km 정도로, 얼마든지 걸어서 갈 수 있는 가까운 거리였다. 그런데도 예수님은 굳이 나귀, 그것도 어린 나귀를 타고 예루살렘으로 입성하셨다. 예수님 자신이 구약성경에서 예언된 바로 그 왕임을 공개적으로 드러내기 위함이었다.

특히 예수께서 '어린 나귀'를 타신 점에 주목하라. 세상의 정치적인 왕들은 전쟁 시에 말을 타고 다녔고, 특히 정복자들은 위풍당당한 말을 타고 백성들의 환호를 받으며 성 안으로 들어왔다. 하지만 인류의 구세주로 이 땅에 오신 메시아는 세상 왕들과는 전혀 다른 종류의 왕, 곧 겸손한 왕으로서 평강과 구원의 사신으로 이 땅에 오신 왕이었다. 그래서 어린 나귀를 타고 입성하신 것이다.

영안이 뜨인 사람들은 어린 나귀를 타고 예루살렘 도성 안으로 들어오시는 예수님을 보고 그분이 바로 인류의 구세주로 이 땅에 오신 메시아임을 충분히 알아차릴 수 있었다.

그러나 불행하게도 당시 유대 백성들은 그런 사실을 전혀 깨닫지 못했고, 심지어 예수님의 제자들조차도 처음에는 깨닫지 못했다. 하지만 나중에 예수께서 부활 승천하시고 하늘 영광을 받으신 후에야, 스가랴의 그 말씀이 예수님에 관한 기록이라는 것과, 백성들이 예수님께 대하여 그렇게 환호했다는 사실의 의미를 제대로 알게 되었다.

"여보게, 저기 있는 저 사람이 죽었다가 다시 살아난 나사로라네."

"그래? 저 사람이 예수님의 기적으로 다시 살아난 베다니 마을의 그 나사로란 말이지. 참으로 복 받은 자로세."

예수께서 나사로를 무덤에서 불러내어 그를 다시 살리셨을 때, 거기 있었던 사람들은 자기들이 목격한 사실을 다른 사람들에게 널리 퍼뜨렸다. 그래서 어느새 나사로도 유명 인물이 되었다. 그날, 그토록 많은 군중이 길거리로 몰려나와 예수님을 열렬히 환영하게 된 것도 예수께서 행하신 그 놀라운 기적에 관해 소문을 들었기 때문이었다.

여하튼 그날 예수님을 맞이하는 호산나 퍼레이드는 대단한 장관이었다. 수많은 사람들이 길에 늘어서서 저마다 승리의 개선장군을 맞이할 때 사용하는 종려나무 가지를 손에 들고 열심히 흔들어댔으며, 앞다투어 자신들의 겉옷을 벗어 예수님이 지나가시는 길바닥에 펼쳐놓았고, 각종 나뭇가지를 꺾어 길에 쭉 깔아놓았다. 그런데 그런 광경을 벌레 씹는 듯한 얼굴로 인상을 찡그리며 아니꼽게 지켜보고 있는 자들이 있었으니, 그들은 유대의 종교 지도자들인 바리새파 사람들이었다. 그들은 근심어린 말투로 자기들끼리 쑥덕거린다.

"저길 보시오, 이제 우리가 설 자리는 없어졌소. 온 세상 사람들이 다 그를 따라가고 있잖소!"

"거참, 군중들이 앞뒤 분간도 못하고 저리도 어리석으니… 쯧쯧."

온 유대인들이 예수에게 열광하는 작금의 상황을 보노라니, 유대 종교 지도자들의 눈에는 모든 것이 '게임 끝!'이었다. 운동장은 이미 기울어져 버렸다. 자신들은 기울어진 아래쪽에서 예수와 그를 열렬히 환영하는 예루살렘 백성들을 지켜보고 있을 따름이다. 예수의 놀라운 인기를 인정하지 않을 수 없었다. 그렇다고 이대로 포기할 수도 없는 노릇이다. 뭔가 방법이 있을 것이다. 그들은 부지런히 그 방법을 찾고 있었다.

예수님을 찾아온 헬라 사람들 (12:20-26)

예수님의 예루살렘 입성을 환영한 인파들 중에는 유월절을 맞아 하나님의 성전에서 예배드리기 위해 예루살렘에 올라온 헬라 사람들도 몇 명 있었다. 이들은 헬라계 유대인이 아니라 순수한 혈통의 헬라인들로서 유대교로 개종한 자들이었다. 솔로몬 시대 이후로 이방인들도 개종하면 유월절 예배에 참석할 수 있었다. 그들은 예수님의 열두 제자 가운데 하나인 갈릴리 벳새다 출신의 빌립에게로 가서 간청한다.

"예수님을 꼭 뵙고 싶습니다. 어떻게 한번 자리를 주선해 주십시오."

그들은 예수님을 직접 만나 무언가를 요청하거나 상담하려 했다. 그런 부탁을 받고, 빌립이 다른 동료 제자인 안드레에게로 가서 이 일을 상의한다.

"여보게, 헬라 사람들 몇 명이 예수님을 꼭 뵙고 싶다고 하네. 어떡하면 좋겠나?"

"그래? 그게 뭐 어려울 게 있겠나. 스승님께 한번 말씀드려 보세나."

빌립과 안드레는 함께 예수님께 나아가서 말씀드린다.

"스승님, 개종한 헬라 사람들 몇 명이 스승님을 꼭 만나고 싶답니다. 그들을 위해 시간을 좀 내실 수 있으신지요?"

두 제자의 말을 듣고 예수께서 대답하신다. 그런데 그 대답은 '만나겠다' 혹은 '만나지 않겠다'라는 가부(可否)에 대한 말씀이 아니셨다. 도리어 제자들을 향한 가르침이었다. 십자가 사역을 앞둔 비장한 가르침이다.

"보라, 인자가 영광을 받을 때가 이르렀다. 내가 진실로 밝히 말한다. 밀알 하나가 땅에 떨어져 죽지 않으면 그냥 한 알의 씨앗으로 남을 뿐이다. 하지만 그것이 땅에 떨어져 죽으면 많은 열매를 맺게 된다."

예수님 자신이 이제 곧 십자가 죽음을 겪은 뒤 부활, 승천하여 하늘의 영광을 얻을 때가 이르렀다는 말씀이다. 그래서 '밀알 하나'는 인류의 구원이라는 많은 열매를 맺기 위해 그들을 대신하여 죽으시는 예수님 자신을 비유한 표현이다. 말씀은 이어진다.

"그렇다. 자기 목숨을 사랑하는 사람은 그 목숨을 잃을 것이고, 이 세상에 사는 동안 나를 위해 자기 목숨을 아까워하지 않는 사람은 영원한 생명을 얻을 것이다. 나를 섬기려는 자는 누구든지 나를 따라야 한다. 내가 있는 곳에는 나를 섬기는 자도 함께 있을 것이다. 누구든지 나를 섬기면 내 아버지께서 그를 귀하게 여겨 높여주실 것이다."

육신의 목숨과 하늘의 영원한 생명이 대조되었다. 세상 목숨과는 비교조차 할 수 없을 정도로 아주 귀하고 가치 있는 영원한 생명을 얻기 위해서는, 예수님을 위해 세상 목숨을 조금도 아까워하지 말아야 한다는 가르침이다. 또한 그런 각오로 예수님을 따르고 섬기면, 하늘 아버지께서 그런 자를 천국에서 귀하게 여겨 높여주실 것이라는 교훈이다.

어쨌든, 예수님은 두 제자의 건의를 받고서도 헬라 사람들을 직접 만나주지 않으셨다. 그 이유는 아마도 이러했을 것이다.

당시 헬라인들은 독특한 철학이나 새로운 사상을 탐구하는 데 관심이 많았다. 따라서 예수님을 만나려는 그들의 목적은 영적 갈망보다는 지적 호기심 때문이었을 가능성이 많았다. 그래서 십자가 사역을 닷새가량 앞둔 예수님은 아까운 시간을 낭비하기를 원치 않으셨을 것이다.

예수께서 자신의 죽음을 예고하심 (12:27-36)

헬라 사람들이 예수님을 꼭 만나고 싶어 한다는 두 제자의 건의를 들으시고, 예수님은 그에 대해선 가부를 직접 언급하지 않으셨다. 대신에 그 기회를 빌어 제자들에게 심도 깊은 가르침을 베푸셨다. 이제 며칠만 지나면 실행될 예수님의 십자가 사역과 관련된 가르침이다.

"아, 지금 내 마음은 깊은 번민에 싸여 있다. 내가 무엇이라고 기도해야 할까? '아버지, 이 고난의 시간에서 저를 건져 주소서.'라고 기도해야 할까? 아니다! 내가 이 세상에 내려온 것은 바로 이때에 이 일을 하기 위해서다. 오, 아버지여, 아버지의 이름을 영광스럽게 하옵소서."

극한의 고난, 수치, 모욕, 고통, 조롱 등으로 이어질 십자가 사역! 마침내 가까이 다가온 그 사역을 앞둔 예수님의 고뇌와 번민의 모습이다. 하지만 그 고뇌와 번민의 끝은 '아버지 하나님의 영광'이다. 그 영광을 위해 기꺼이 십자가 수난의 길을 걸어가시겠다는 비장하고도 의연한 다짐이다. 이 같은 예수님의 말씀이 끝나자마자 하늘에서 장엄한 음성이 들려온다.

"내가 이미 영광스럽게 하였고, 또다시 영광스럽게 할 것이다."

이 땅에 계신 아들 예수님은 하늘 아버지의 영광을 생각하시고, 하늘에 계신 아버지 하나님은 땅 위에 있는 아들 예수님의 영광을 생각하신다. 이때 하늘에서 들려진 아버지의 음성의 뜻은 이러하다. 예수님의 교훈, 기적, 병 고침 같은 공생애 사역을 통해 이미 예수님께 영광이 주어졌고, 이제 곧 실현될 십자가 죽음, 부활, 승천을 통해 예수님이 더욱 큰 영광을 누리게 될 것임을 뜻한다.

하늘에서 장엄하게 울려 퍼진 음성을 들은 사람들은 모두가 까무러치게 놀랐다. 조금 있다가 정신을 차리고서 그들은 서로에게 말한다.

"그 소리는 천둥이 울린 소리가 틀림없어!"

"아냐, 그 소리는 천둥소리와는 분명 달랐어. 하늘의 천사가 예수님께 말하신 거야!"

그런 말을 들으시고, 예수께서 말씀하신다.

"그 소리는 나를 위해서가 아니라 당신들을 위해서 들려왔소."

장엄한 하늘의 소리는 예수님의 기도에 대한 아버지 하나님의 응답으로, 사람들로 하여금 예수님의 신성(神性)을 믿도록 하기 위해 주어진 것이다. 예수님의 공생애를 통해 하나님은 세 번에 걸쳐 사람들이 있는 데서 직접 하늘에서 말씀하셨다.

첫번째, 예수님이 공생애를 막 시작하시려고 요단강에서 세례 요한에게 세례를 받고 올라오실 때(막 1:11). 두 번째, 갈릴리 지역에서의 3차 사역 시기에 변화산 정상에서(마 17:5). 세 번째, 예수님의 공생애 말기에 십자가 사역을 닷새 앞둔 기도의 응답으로(요 12:28).

제자들과 무리를 향한 예수님의 말씀은 계속 이어진다.

"이제 세상이 심판받을 때가 되었으니, 이 세상의 임금이 쫓겨나게 될 것이오. 내가 이 땅 위에서 높이 들려 올라갈 때, 나는 모든 사람을 내게로 이끌 것이오."

예수께서는 자신이 조만간 당하실 십자가 죽음을 미리 아시고 이처럼 말씀하셨다. 여기서 '이 세상의 임금'은 이 세상 사람들에 대하여 나름대로의 권세와 영향력을 지니고 있는 '사탄'을 가리킨다. 그 사탄이 예수님의 십자가 사역으로 조만간 그 자리에서 쫓겨나 영원한 심판을 받게 될 운명에 놓이게 되었다. 예수님의 말씀을 듣고, 사람들이 대답한다.

"선생님, 잠깐만요! 우리는 율법에서 '그리스도는 영원히 살고, 결코 죽지 않는다.'라고 배웠습니다. 그런데 '그리스도'라 주장하는 선생님은 어째서 인자가 높이 들려야 한다고 말씀하십니까? 그렇다면 인자는 도대체 누구입니까?"

사람들은 여전히 그리스도(메시아)의 십자가 사역에 대해서 아주 무지했다. 옛적에 높이 매달린 광야의 놋뱀처럼, 그리스도 되시는 예수님도 먼저 십자가에 높이 매달려 죽으신 후에야 하늘의 영광을 얻으신다는 사실을 그들은 전혀 깨닫지 못하고 있었다. 예수님은 사람들의 어리석은 질문에 자신을 '빛'에 빗대어 대답하신다.

"빛이 당신들에게 비칠 수 있는 날도 얼마 남지 않았소. 어둠이 오기 전에 어서 서둘러 빛 가운데 걸어 다니시오. 어두워지면 길을 찾기에 너무 늦을 것이오. 빛이 있는 동안에 그 빛을 믿으시오. 그러면 당신들은 빛의 자녀가 될 것이오."

여기서 '빛'은 물론 '예수 그리스도'를 가리킨다. 그러므로 빛 되시는 예수님이 함께 있는 동안에 복음을 받아들이고 그분을 구주로 영접하라는 말씀이다. 그리고 그처럼 빛 되신 예수님을 구주로 받아들이는 자는 하나님의 자녀 되는 자격을 얻게 될 것이라는 말씀이다.

"자, 이제 여기를 떠나자!"

말씀을 모두 마치시고, 예수님은 제자들을 데리고 사람들의 눈을 피하여 몸을 숨기셨다. 예수님은 닷새 앞으로 다가온 십자가 사역에 온통 집중하시기 위해 사람들을 피해 한적한 베다니 마을로 가셨다. 이후 예수님은 마지막 순간까지 남은 시간을 제자들과 함께 지내시면서 부지런히 가르치시고 훈련시키셨다. 십자가 수난주간 내내, 낮에는 성전에서 가르치시고 밤에는 베다니 마을로 돌아와 휴식을 취하셨다.

유대인들의 불신앙 (12:37-43)

예수께서 공생애 3년의 기간 동안 수많은 표적(의미가 담긴 기적)을 보이셨음에도 불구하고, 대부분의 유대인들은 아직도 예수님을 믿으려 들지 않았다. 심지어 유대의 지도자들은 예수님을 불신하고 배척하는 데서 더 나아가 아예 없애려고 했다.

예수께서 많은 기적을 행하신 이유는 단지 초자연적인 현상을 보고자 했던 사람들의 호기심을 충족시키기 위한 것이 아니었다. 그것은 말씀의 가르침을 시각적으로 알려주는 일종의 실물교육과 같은 것이었다. 예수님은 자연, 사탄, 질병, 그리고 죽음까지도 능히 다스리시는 분으로서, 하나님께 보내심을 받은 '메시아'라는 사실을 입증하기 위한 것이었다.

예수님은 사람들이 자신의 기적을 보고서 자신을 메시아(그리스도)로 인정하고 구주로 받아들이길 원하셨다. 따라서 예수님의 기적에 마음을 연 사람들에게는 하나의 새로운 출발점이 되었지만, 그것을 단지 호기심으로 접한 사람들에게는 아무런 효과가 없었다. 결국 유대인들의 불신은 일찍이 선포된 이사야 선지자(주전 739-680년경)의 예언이 그대로 이루어진 것이다. 옛적에 이사야는 이렇게 예언하였다.

> "주님! 우리가 전하는 것을 누가 믿었으며, 주님의 능력의 팔이 누구에게 나타났습니까?"(사 53:1).

메시아의 직접적인 가르침을 받고서도 그분을 믿지 않고, 메시아의 놀라운 권능을 보고서도 그분을 받아들이지 않을 것이라는 예언이다. 이처럼 본서의 저자인 사도 요한은 메시아에 대한 유대인들의 불신앙은 당대에 파생된 것이 아니라 이미 오래전에 예언된 것임을 밝힘으로써, 인류 역사를 주관하시는 하나님의 섭리와 경륜을 강조하고 있다. 여기서 한 걸음 더 나아가 이사야 선지자는 그들이 믿을 수 없었던 까닭도 예언하였다.

> "주님께서 그들의 눈을 멀게 하셨고, 그들의 마음을 둔하게 하셨다. 그 까닭은, 그들이 눈이 있어도 보지 못하게 하고, 마음이 있어도 깨닫지 못하게 하여, 그들이 나에게 고침을 받을 수 있도록 그들의 마음을 돌이키지 못하게 하려는 것이다"(사 6:10).

요약하면, 그들(유대인들)이 메시아를 믿어 고침을 받을 수 없도록 하나님께서 그들(유대인들)의 눈을 멀게 하고 그들의 마음을 둔하게 하셨다는 것이다.

그렇다면 유대인들의 믿지 않음은 하나님 때문이란 말인가? 만일 하나님 때문에 유대인들이 (메시아를) 믿을 수 없게 되었다면, 그들의 믿지 않음에 대하여 어떻게 그들에게 책임을 물을 수 있단 말인가?

오해하지 마시라! 이사야의 예언은 역설적이고 반어적인 표현이다. 믿지 않음에 대한 하나님의 심판은 어디까지나 인간이 자신의 자유의지로 스스로 선택한 행위에 기초한다. 말하자면, 사람들이 예수님 믿기를 거부했을 때 그들은 예수님을 믿을 수 없게 되는 것이다. 그리고 하나님은 그렇게 믿기를 거부하는 사람들의 완악한 마음을 그대로 심판 아래 내버려두신다. 그런 사실을 이사야 선지자가 역설적으로 표현했을 뿐이다.

오래전에 이사야 선지자가 그렇게 예언한 것은, 영안을 뜬 그가 장차 신약시대에 도래할 주님의 영광을 보았기 때문이다. 따라서 그의 예언 속에서 주님은 '메시아 예수'를 가리켜 말한 것이다. 그런 맥락에서 사도 요한 역시 여기서 하나님을 주님 곧 메시아(그리스도)와 동일시하고 있다.

예수님 당시에 대부분의 유대인들이 예수님을 배척하고 불신한 것은 사실이지만, 좀 더 자세히 들여다보면 모든 유대인들이 그러했던 것은 아니다. 일반 유대인들 가운데서도 예수님을 믿는 자들이 상당수 있었고, 심지어 유대인 지도자들 중에서도 예수님을 믿는 사람이 꽤나 있었다. 그렇지만 그들은 아무도 그 사실을 밖으로 드러내지는 못했다. 바리새파 사람들이 자기들을 회당에서 쫓아낼까 봐 두려웠기 때문이다.

그러니까 그들은 '출교(黜教)'를 두려워한 것이다. 출교! 그 말은 '회당에서 쫓겨나다'란 뜻인데, 전통적으로 징계 정도에 따라 네 종류가 출교가 있다. ① 네지파: 공적인 책망 ② 니두이: 대략 30일 간의 공동체 생활 제외 ③ 헤렘: 무기한 출교 ④ 샤마타: 종신 출교.

한편, 오늘날 기독교에서 말하는 출교는 큰 죄를 짓고도 회개가 없는 교인을 교적에서 제하여 신앙 공동체에서 내쫓는 것을 말한다.

이렇게 볼 때, 예수님을 믿으면서도 출교가 두려워 그 믿음을 밖으로 드러내지 않는 자들은 결국 하나님께 칭송을 듣기보다는 사람에게 칭송받는 것을 더 좋아하는 자들이었다. 그래서 예수님은 자신의 제자가 되려는 자들에게 사람들의 고난과 박해를 두려워하지 않는 신앙 자세, 곧 자기 십자가를 기꺼이 지고 뒤따를 것을 요구하셨다.

마지막 날의 심판 (12:44-50)

"여러분, 믿음을 가지십시오! 나를 믿고 구원을 얻어야 합니다!"

십자가 수난을 고작 닷새 정도 앞둔 예수님, 답답하고 애끓는 심정으로 무리를 향하여 믿음을 소유할 것을 촉구하신다. 이 어둠의 세상에 '빛'으로 오신 메시아 곧 예수님 자신을 믿음으로써 구원을 얻고 영생에 이를 것을 설교하신다. 이 설교는 본서에서 예수님이 군중들에게 행하신 마지막 설교다. 메시아를 눈앞에 두고서도 보지 못하고 믿지 않는 군중들을 향해 예수님이 목소리를 높여 말씀하신다.

"나를 믿는 사람은 나를 믿는 것이 아니라 나를 보내신 하나님을 믿는 것입니다. 또 나를 보는 사람은 곧 나를 보내신 분을 보는 것입니다."

하나님은 영(靈)이시므로, 우리는 하나님을 볼 수 없다. 하지만 하나님의 아들인 예수님에 대해 알게 되면 우리는 하나님에 대해서 알 수 있다. 성경을 보면 우리는 예수님이 어떤 분이신지 알 수 있다. 그런 예수님의 모습을 통해 우리는 또한 하나님의 모습을 볼 수 있다. 설교는 이어진다.

"나는 어두운 세상을 비추는 빛으로 이 땅에 왔습니다. 그러므로 나를 믿는 사람은 더 이상 어둠 속을 헤매지 않게 될 것입니다."

예수님이 '빛'으로 세상에 오셨다는 말은 비유적인 표현이다. 풀이하자면, 죄로 어둡게 된 세상을 환하게 밝히러 오셨다는 뜻이다. 예수님은 어둠의 세상에 살고 있는 죄 많은 사람들에게 생명과 구원의 빛을 비추기 위해 이 땅에 오신 분이라는 뜻이다.

"나는 어두운 세상을 비추는 빛입니다."

"여러분, 내 말을 듣고서 나를 따르지 않는 사람이 있더라도 나는 그를 심판하지 않습니다. 나는 세상을 심판하러 온 것이 아니고 세상을 구원하러 왔기 때문입니다. 그러나 나를 배척하는 사람은 마지막 날에 내가 말한 진리에 따라 정죄를 당할 것입니다."

예수님이 이 세상에 오신 목적은 분명했다. 그것은 세상을 그토록 사랑하신 아버지 하나님의 뜻에 따라 죄악의 어둠 속에 빠진 세상을 구원하기 위함이었다. 따라서 믿지 않는 자들에 대한 심판은 당장의 문제가 아니었다. 하지만 끝내 '빛'이신 메시아 예수님을 믿지 않는 사람들은 세상 종말에 정죄를 당하여 심판을 받게 될 것임도 엄연한 사실이었다. 이제 예수님은 설교를 마무리 지으신다.

"지금 나는 내 마음대로 이런 말을 하는 것이 아닙니다. 나를 이 땅에 보내신 내 아버지께서 여러분에게 말하라고 명령하신 그대로 말할 뿐입니다. 나는 내 아버지의 명령이 여러분을 영원한 생명으로 인도한다는 것을 잘 압니다. 그러므로 내가 말하는 것은 무엇이든지 내 아버지께서 내게 말하라고 일러주신 그대로입니다."

세상을 구원하는 메시아의 사역, 곧 이 땅에 오신 예수님의 구속 사역은 어디까지나 성부 하나님의 명령에 충실히 따른 것임을 보여준다. 하지만 삼위일체 하나님이란 관점에서 생각하면 아버지 하나님의 명령은 예수님 자신의 의지이기도 했다. 그래서 오늘날 기독교 교리는 '인간의 구원'에 대하여 이렇게 설명한다.

"제1위이신 성부 하나님께서 계획하시고 주도하시며, 제2위이신 성자 예수님이 십자가에 못 박혀 죽음으로써 친히 실행하셨으며, 제3위이신 성령 하나님이 예수님께서 이루어놓으신 십자가 보혈 공로를 각 사람에게 적용시키신다."

13

서로 사랑하라

제자들의 발을 씻겨 주시는 예수님,
너희의 주님이며 선생님인 내가
너희의 발을 씻겨 주었으니
너희도 서로 씻겨 주어야 옳지 않느냐

예수께서 제자들의 발을 씻겨주심 (13:1-20)

유월절 직전, 그러니까 유월절 예비일이 이르렀다. 이 날은 유월절이 시작되는 목요일로서(주후 30년, 유대종교력 니산월 14일), 해가 져서 저녁이 되면 4일 전에 미리 준비해놓은 유월절 양을 잡아먹도록 되어 있었다.

'아, 마침내 때가 이르렀구나.'

예수님은 이제 자신이 이 세상을 떠나 하늘 아버지께로 돌아가야 할 때가 이르렀다는 사실을 알고 계셨다. 예수께서는 더욱 애틋한 심정으로 세상에 있는 자기 사람들을 사랑하시되 그들에게 다함없는 사랑을 끝까지 보여주려 하셨다.

예수님은 제자들에게 유월절 저녁식사를 준비하게 하셨고, 모든 준비가 마쳤을 때 열두 제자들과 함께 식탁에 앉으셨다. 아, 그러나 불행하게도 이 무렵에 마귀는 시몬의 아들 가룟 유다를 이미 미혹해놓은 상태였다. 그로 하여금 예수님을 배반케 하여 유대의 지도자들에게 팔아넘길 생각을 그의 마음속에 불어넣었던 것이다.

어쩌면 그는 스승을 팔아넘김으로써 스승으로 하여금 정치적인 결단과 행동을 하도록 유도하고자 했을 가능성이 있다. 아니면 돈에 대한 탐욕으로 스승을 배반했을 수도 있다. 어떤 경우든, 가룟 유다가 미혹을 받을 마음을 가지고 있었기 때문에 마귀가 그 틈을 놓치지 않고 그를 이용한 것이다.

물론, 예수님은 가룟 유다가 마귀에게 미혹당한 사실을 알고 계셨다. 그런 사실을 통해 예수님은 이제 곧 자신이 배반자에게 팔려 십자가를 져야 할 때가 이르렀음을 감지하셨다. 진실로 아버지께서 모든 것을 자신의 손에 맡기신 것과, 자신이 하나님께로부터 왔으며 이제 하나님께로 돌아갈 때가 이르렀음을 알고 계셨다.

"자, 이제부터 내가 너희의 발을 씻겨주겠다. 그러니 사양하지 말고 모두 발을 내게 맡기도록 하여라."

유월절 만찬 자리에서 제자들의 발을 씻겨 주시는 예수님

제자들과 함께 유월절 저녁 식사를 하시던 예수님은 식사 도중에 식탁에서 일어나 겉옷을 벗고 수건을 허리에 두르시며 말씀하셨다. 그런 다음, 대야에 물을 떠다가 제자들의 발을 한 명씩 씻기신 뒤 허리에 둘렀던 수건으로 제자들의 발을 닦아주기 시작하셨다.

유대의 풍습에 의하면, 손님이 다른 사람의 집 안으로 들어갈 때 그들은 신을 벗었고, 주인은 으레 손님이 먼지 묻은 더러운 발을 씻을 수 있도록 물을 가져다주었다. 그러면 보통 그 집의 가장 비천한 하인이 손님의 발을 씻겨주었다. 하지만 여기서 스승이요 메시아이신 예수님이 그런 비천한 종의 모습으로 친히 제자들의 발을 씻겨주심으로써 참된 겸손의 본을 친히 보여주신다.

예수님은 누구의 발부터 먼저 씻겨주었을까? 수제자 베드로가 첫 번째는 아니다. 베드로는 중간쯤이다. 4세기의 교부(敎父) 크리소스톰은 말하길, 이때 가룟 유다를 가장 먼저 씻겨주었다고 한다. 예수님은 무릎을 꿇은 채 가룟 유다의 발을 씻겨주면서 정성을 다해, 부드럽게, 오래도록, 간절한 마음으로 씻겨주셨으리라. 이제라도 그 정성에 감복하여 회개하기를 바라는 심정으로….

그러나 이때 가룟 유다는 스승을 팔 생각을 이미 굳힌 상태였다. 예수님은 자신을 팔아넘길 자가 누구인지를 진즉에 아셨다. 그걸 알면서도 그 제자의 발을 정성껏 씻긴다는 것, 얼마나 힘들었을까. 그래도 예수님은 자기사람을 사랑하시되 끝까지 사랑하셨다. 스승에게서 등을 돌리고 배신할 마음을 굳힌 가룟 유다도 예수님에게는 자기 사람이다. 예수님이 사랑해 주어야 할 사람이다. 끝까지 돌이키지 않으면 구원을 얻지 못하겠지만 적어도 함께 있는 동안에는 끝까지 돌보고 사랑해 주어야 할 사람이다. 발이 다 씻겨지기 전에 가룟 유다는 예수님의 사랑과 심정을 깨달아야 했다.

"아, 아니! 주님, 안 됩니다! 어째서 주께서 제 발을 씻기려고 하십니까?

전 도무지 그럴 수 없습니다!"

처음부터 예수님의 모습을 의아하게 지켜보고 있던 시몬 베드로가 자기 차례가 되자 두 손을 휘휘 내저으며 발 씻기를 강하게 거부한다. 그러자 예수께서 베드로에게 부드럽게 말씀하신다.

"베드로야, 너는 지금 내가 무슨 일을 하는지 알지 못하겠지만 훗날에는 깨닫게 될 것이다. 그러니 네 발을 내게 내밀도록 하여라."

그래도 베드로는 도무지 이해할 수 없다는 듯 더욱 강력하게 말한다.

"안 됩니다, 주님! 제 발을 주님께 맡겨놓고 있을 수 없습니다. 다른 사람은 몰라도 제 발은 절대로 씻기지 못하십니다."

예수님의 말씀대로 베드로는 자신의 발을 씻을 수 있도록 허용해야 했다. 그렇게 함으로써 베드로는, 이 땅에 오신 메시아가 섬김을 받기 위함이 아니라 십자가에 자신을 희생하기까지 섬기러 오신 분임을 시각적으로 생생하게 배울 필요가 있었다. 이때 베드로가 메시아이신 예수님이 제자들의 발을 씻기는 그런 천한 일을 하는 것을 반대한 것은 베드로의 마음속에 있는 메시아관이 잘못되었다는 것을 나타낼 뿐이었다. 그래서 예수님이 나무라듯 베드로에게 말씀하신다.

"베드로야! 내가 너를 씻겨주지 않으면, 너는 나와는 아무 상관없는 사람이 된다."

이 말은 예수님의 분깃을 얻지 못할 것이라는 의미로, 장차 천국 기업을 상속받지 못할 것이라는 말이다. 쉽게 말하면, 하늘나라에 들어가지 못할 것이라는 무시무시한 말씀이다. 그러자 시몬 베드로가 크게 놀란 듯 다급하게 소리친다.

"주님! 그러시다면 제 발뿐만 아니라 손과 머리까지도 전부 씻겨주십시오!"

그런 베드로의 모습을 보시고, 예수님이 '역시 베드로는 못 말려'란 심정으로 가볍게 미소 지으며 말씀하신다.

"아니다. 이미 목욕한 사람은 온몸이 깨끗하기 때문에 단지 발만 씻으면 된다. 그러니 네 발만 이리 내놓도록 하여라."

이때 예수님은 일상의 예를 통해 심오한 진리를 가르치셨다. 만일 잔칫집에 초대받은 손님이 있다면, 그는 온몸을 씻은 후에 잔칫집으로 갈 것이다. 그렇다면 그가 잔칫집에 들어갈 때는 다시 온몸을 씻을 필요 없이 집을 나선 후에 먼지로 더러워진 발만 씻으면 될 일이었다.

마찬가지다. 천국 잔치에 초대받은 제자들은 믿음으로 의롭다 함을 받은 자들로서 이미 온몸을 씻은 칭의(稱義)의 상태였다. 따라서 이제는 단지 발만 씻는 일, 곧 매일의 삶을 살아갈 때 오염되는 죄들을 회개하면서 점차적으로 성화(聖化)의 삶을 살아가면 될 일이었다. 그런데, 이때 예수님은 뭔가 섬뜩한 말씀을 덧붙이신다.

"너희는 깨끗하다. 하지만 너희 모두가 다 깨끗한 것은 아니다."

"네엣? 그게 무슨…? 우리 모두가 깨끗한 게 아니라고요?"

제자들은 저마다 의아하게 생각했다. 그게 무슨 말인지 이때는 아무도 깨닫지 못했다. 하지만 예수님은 누가 자신을 배반할 것인지 이미 알고 계셨으므로 그리 말씀하신 것이다. 그러니까 그 자리에 있던 예수님의 열두 제자 가운데 조만간 예수님을 배반하여 유대 지도자들에게 팔아넘길 가룟 유다는 깨끗하지 못하므로(의롭다 함을 받지 못하므로) 천국에 들어갈 수 없을 것이라는 의미다.

"자, 이제 다 됐다. 다시 식탁에 앉도록 하자꾸나."

제자들의 발을 일일이 다 씻겨주신 후, 예수께서는 벗었던 겉옷을 다시 차려입고 식탁에 앉아 제자들에게 물으신다.

"내가 너희 발을 씻긴 뜻을 알겠느냐?"

"그러니까 그것은요… 그게… 뭐냐면요…."

제자들이 얼버무리며 시간을 끌자 예수님이 직접 답하신다.

"너희는 나를 '선생님' 또는 '주님'이라고 부른다. 그래, 그것은 옳은 말이다. 사실이 그렇기 때문이다. 이처럼 너희의 주님이고 선생님인 내가 너희의 발을 씻겨주었으니, 너희도 서로 발을 씻겨주어야 옳지 않겠느냐? 내가 너희에게 행한 것같이, 너희도 남에게 행하도록 내가 몸소 본을 보인 것이다."

"아하! 그렇군요. 무슨 말씀인지 잘 알겠습니다."

자, 여기서 생각할 게 있다. 오늘날 어떤 교회는 발을 씻겨주는 세족식(洗足式)을 행하기도 한다. 하지만 대다수의 교회는 이때 예수님이 '세례'나 '성만찬'과 동일한 수준으로 세족식을 교회의 규례로 세웠다고 보지 않는다. 유월절 식사 때의 이 사건은 다만 믿는 자들에게 겸손한 종의 모습과 정신을 예로 보이신 것이라고 본다. 그러니까 예수님의 제자 된 신자들은 남의 발을 씻기는 그런 겸손한 종의 자세로 살아가야 한다는 것이다. 예수님이 직접 제정해 주신 성례식과는 다른 것이다.

제자들의 발을 씻긴 일과 관련해서 예수님이 계속 가르침을 베푸신다.

"내가 진실로 밝히 말한다. 종이 주인보다 결코 높지 않으며, 보냄을 받은 사람은 보낸 사람보다 결코 높지 않다. 너희가 이것을 깨달아 알고 그대로 실천하면 복을 받을 것이다."

방금 예수님이 친히 모범을 보였듯, 스승 된 예수께서 스스로 낮아져 제자들의 발을 씻겨주신 일을 마음속에 새겨, 결코 교만하지 말고 모든 사람과 모든 일에 대하여 모쪼록 겸손해야 한다는 가르침이다.

"하지만 나는 이 말을 너희 모두에게 하는 것이 아니다. 나는 내가 택한 사람들을 낱낱이 알고 있다. 그러나 '나와 함께 내 빵을 나누어 먹던 자가 내게 발꿈치를 들었다'라고 기록한 성경 말씀은 이루어져야 한다."

'내게 발꿈치를 들었다'란 말은 '나를 거슬러 배반하였다'란 말의 관용구다. 이때 예수님이 인용하신 성경구절은 시편 41장 9절의 말씀이다. 이 시는 압살롬의 반역을 배경으로 다윗 왕이 지은 것인데, 오랫동안 믿었던 친구 아히도벨의 배신을 한탄하는 내용이다. 이제 예수님은 다윗의 이 시를 인용하여 이제 곧 자신을 팔아넘길 자신의 제자인 가룟 유다의 배신을 슬퍼하고 한탄하신 것이다.

"아니, 스승님! 우리 중 누가 감히 스승님께 발꿈치를 들겠습니까? 그런 일은 없을 것입니다. 너무 염려하지 마십시오."

제자들은 저마다 그런 일이 절대로 일어나지 않을 것이라고 장담한다.

"아니다. 그런 일이 있을 것이다. 내가 지금 이 말을 하는 것은, 그 일이 일어날 때 '내가 바로 그자로 인해 배반당할 그'라는 사실을 너희로 믿게 하기 위한 것이다."

예수님의 제자들 가운데 누군가가 예수님께 대하여 발꿈치를 들면, 다시 말해 가룟 유다가 예수님을 배반하여 팔아넘기는 것을 보면, 구약성경에서 예언된 그 주(메시아)가 바로 예수님 자신임을 깨닫고 믿으라는 말씀이다.

"내가 진실로 밝히 말한다. 내가 보내는 사람을 받아들이는 자는 누구든지 나를 받아들이는 것이며, 또 나를 받아들이는 자는 곧 나를 보내신 분을 받아들이는 것이다."

하나님은 예수님을 이 땅에 보내셨고, 이제 예수님은 제자들을 세상 가운데로 보내실 터이다. 그러므로 누구든지 제자들의 가르침을 믿고 그들을 받아들이면 그들을 보내신 예수님을 받아들이는 것이 되고, 나아가 그것은 예수님을 이 땅에 보내신 하나님을 받아들이는 셈이 된다.

유다의 배신을 예고하심 (13:21-30; 마 26:2-25; 막 14:17-21; 눅 22:21-23)

"아, 내가 진실로 말한다. 너희 가운데 하나가 정녕 나를 배신할 것이다."

유월절 저녁 식사를 먹던 중에 예수님은 몹시 괴로운 표정을 지으시며

가룟 유다의 배신을 예고하신 예수님—"너희 중 하나가 나를 배신할 것이다."

말씀하셨다. 제자들로서는 참으로 납득하기 어려운 말씀이었다. 누가, 왜, 3년 동안이나 밤낮으로 동고동락하며 따랐던 스승님을 배반한단 말인가!

"네엣? 우리 중에서요? 누가요? 왜요? 어째서 주님을 배신해요?"

제자들은 어리둥절해했다. 우왕좌왕하며 당혹스런 기색이 역력했다. 즐거운 유월절 식사 자리가 일순간에 차갑게 얼어붙었다. 하지만 예수께서 누구를 두고 하시는 말씀인지 몰라 이리저리 두리번거리며 서로의 얼굴을 쳐다볼 뿐이었다. 예수님은 끝까지 가룟 유다 스스로만 알도록 암시적으로만 말씀하셨기에 제자들은 누군지 몰라 안타까워했다.

그때 제자들 중 한 사람, 예수께서 특별히 사랑하시는 제자 하나가 예수님 가까이에 앉아 있었다. 그는 야고보의 동생 '요한'이었다. 바로 본서를 기록한 사도 요한이다. 그를 향해 아까부터 시몬 베드로가 계속 눈짓을 보냈다. 그토록 무서운 일을 실행할 자가 누구인지, 예수님께 직접 여쭈어 보라는 눈짓이었다. 마침내 요한이 예수님께 몸을 기울이며 단도직입적으로 묻는다.

"주님, 그가 누구입니까? 주님을 팔아넘길 그자가 대체 누굽니까?"

요한의 질문에 예수께서 곧장 응답하신다. 하지만 이번에도 그의 이름을 직접 말하는 대신에 암시적인 행동으로 일러주신다.

"내가 이 빵 한 조각을 떼어 적셔주는 그 사람이 바로 그다."

그러면서 예수님은 빵을 뗀 후 그 빵조각을 적셔서 시몬의 아들 가룟 유다에게 주셨다. 그런데 당시 유대인들의 식사 관습상 그날의 식사 주관자가 초대된 손님들에게 빵조각을 떼어 나누어주는 행위는 흔히 볼 수 있는 사랑과 우정의 표시였다.

그래서 제자들은 예수께서 빵조각을 떼어 가장 먼저 가룟 유다에게 건네주는 것을 보고서도 별다른 의심 없이 예수님이 가룟 유다를 사랑하며 신임하고 있다고 생각했다. 이처럼 예수님이 배반자의 이름을 직접적으로 언급하지 않고 다른 제자들이 눈치 채지 못하도록 마지막까지 가룟 유다에게 사랑과 우정을 베푸셨다. 그것은, 그로 하여금 스스로 자기 잘못을 깨닫고 회개하도록 인도하기 위해서였다. 그에게 돌이킬 수 있는 회개의 기회를 마지막 순간까지 부여했던 것이다.

그런데 가룟 유다는 끝까지 이 기회를 저버리심으로써 스스로 멸망의 구렁텅이에 빠지고 말았다. 반면, 나중에 또 다른 제자 베드로는 예수님을 세 번씩이나 모른다고 부인하고 저주까지 했지만, 회개의 기회를 꽉 부여잡아 나중에 초대교회의 위대한 사도가 되었다. 이제라도 뉘우치고 회개했더라면 가룟 유다도 그럴 수 있었는데, 그는 스승이 내민 손을 끝까지 거절했다. 예수님이 내민 사랑의 손길을 거절한 대신, 유대 종교 지도자들이 내민 음흉한 손길을 잡았다. 그 손길은 가룟 유다를 파멸로 이끈 사탄의 손길이었다.

"감사합니다, 스승님."

가룟 유다는 불편한 표정으로 예수님이 건네준 그 빵조각을 받아먹었다. 그러자 사탄이 즉시 그에게 들어갔다. 그 결과, 이때부터 가룟 유다의 마음은 사탄의 지배 아래 놓이게 되어 예수님을 팔아넘기려는 생각을 확정하고 실천에 옮기기 시작했다. 예수님은 그 모든 것을 알고 계셨다. 그래서 안타깝고 측은한 목소리로 가룟 유다에게 말씀하신다.

"가라! 가서, 네가 하려는 일을 어서 하라."

배반자 가롯 유다의 폐부를 깊숙이 찌르는 말씀이다. 이에 가슴이 뜨끔해진 가롯 유다는 멋쩍은 듯 자리에서 엉거주춤 일어나 만찬 장소를 슬그머니 빠져나갔다. 그런데도 식탁에 함께 앉아 있던 제자들은 예수님이 무슨 뜻으로 그런 말씀을 하시는지 알지 못했다.

당시 가롯 유다는 예수님 일행의 돈을 맡아 관리하는 일을 해왔기 때문에, 몇몇 제자들은 유월절 명절에 사용할 물건을 사오라고 예수께서 그에게 심부름을 시키셨다고 생각했다. 또 다른 제자들은 예수께서 가롯 유다에게 가난한 사람들에게 뭔가 구제를 베풀라고 지시하신 것으로 생각했다. 예수님의 말씀에 가롯 유다는 곧장 밖으로 나갔고, 밤은 어느새 깊어졌다. 그 밤의 어둠이 음흉한 미소를 지으며 가롯 유다를 빨아들였다.

예수께서 제자들에게 새 계명을 주심 (13:31-35)

배반자 가롯 유다가 유월절 만찬 장소인 다락방을 허겁지겁 빠져나가자, 예수께서 남아 있는 열한 제자에게 말씀하신다.

"자, 인자가 영광을 받을 때가 마침내 이르렀다. 하나님께서도 인자를 통해 영광을 받으실 것이다. 하나님께서 인자를 통해 영광을 받으시면, 하나님께서도 몸소 아들을 영광스럽게 하실 것인데, 즉시 그렇게 하실 것이다."

예수님이 아버지 하나님의 뜻에 순종하여 십자가 사명을 완수하시면 그로 인해 하나님은 인자(예수님)를 통해 영광을 받으실 것이고, 그렇게 아버지 하나님이 영광을 받으시면 무덤에 묻히신 예수님을 사흘 만에 다시 부활시킴으로써 아들을 영광스럽게 하실 것이란 의미다.

"내 자녀들아, 내가 너희와 함께 할 시간이 얼마 남지 않았다. 너희가 나를 찾을 것이지만, 내가 이미 유대인들에게 말했듯이 지금 너희에게도 다시 말하지만 내가 가는 곳에 너희는 올 수 없다."

이때 예수님은 제자들을 "자녀들아"(헬, 테크니아) 하고 부르셨다. 이 호칭은 유대 사회에서 부모가 어리고 미숙한 자녀를 다정하게 부를 때 사용하는 말이다. 그러니까 깊은 애정이 담긴 호칭으로서 실수 잦고 미숙한 자들에 대한 그윽한 염려를 담고 있는 말이다. 아직 성숙한 신앙에 이르지 못한 제자들만 이 땅에 남겨두고, 그들이 따라올 수 없는 십자가 죽음의 길을 걸어야 하는 예수님의 애틋한 심정이 잘 나타나 있다. 그래서 예수님은 제자들에게 신신당부하신다.

"이제 내가 너희에게 새 계명을 준다. 너희는 서로 사랑하여라. 내가 너희를 사랑한 것같이, 너희도 서로 사랑하여라. 너희가 서로 사랑하면, 그것을 보고 세상 사람들이 너희가 내 제자인 것을 알게 될 것이다."

예수님은 이제 곧 제자들을 떠나가실 것을 말씀하시면서 제자들에게 율법서와 예언서의 대강령이라 할 수 있는 '서로 사랑하라'는 계명을 주셨다. 그런데 그 계명을 '새 계명'이라 하셨다. 사실 '서로 사랑하라'는 계명은 오래전 구약시대 때부터 주어졌다. 그런데도 그것이 새삼 왜 새로운 계명일까?

지금 예수님이 제자들에게 주시는 계명은 옛 계명의 정신을 이은 것이지만, 이제 곧 예수님이 친히 '십자가 희생'으로 완수하실 그 큰 사랑을 근간으로 삼고 있다는 관점에서 보면 가히 '새 계명'이라 할 수 있다. 좀 더 살펴보면 이러하다.

첫째, 새로운 관계 때문이다. 서로 사랑해야 할 신자들은 더 이상 이웃이 아니라 가족이다.

둘째, 새로운 기준 때문이다. 신자들은, 예수님이 우리를 사랑하신 것처럼 그런 사랑으로 서로를 사랑해야 한다.

셋째, 새로운 결과 때문이다. 신자들이 예수님의 사랑으로 서로를 사랑할 때 믿지 않는 자들에게 전도의 본이 된다.

이제 성찬 예식이 끝났다. 제자들은 스승님을 따라 다락방에서 일어나서 어두운 밖으로 나가야 했다. 성찬 이후로는 예수님의 마지막 신신당부에 따라 '서로 사랑'의 삶을 살아가야 할 것이다. 예수님은 성만찬을 제정하는 자리에서 '서로 사랑'의 원리를 통해 예수 공동체가 어떻게 움직이고 있는가를 세상에 보여주라고 하셨다. 그러므로 제자들은 새로운 사랑의 방정식을 부여받았다.

"서로 사랑하라. 그래서 세상이 너희가 내 제자인 것을 알도록 하라."

예수님의 제자들은 예수님의 이 가르침을 일상생활에서 실현시키려고 다락방에서 일어나 밖으로 나가야 한다. 이제 예수님이 부여해 주신 새로운 사랑의 방정식을 갖고서 예배당에서 세상으로, 종교 예배에서 생활 예배로 모드를 전환해야 하는 것이다. 성경에서 '사랑'에 해당하는 헬라어 단어는 4개다.

첫째, 에로스. 친절하고 매력적인 사랑이다. 성례식 이후 예수님의 제자들은 다른 사람들에게 충분히 매력 있는 그런 멋지고 친절한 사람들로 다가가야 한다.

둘째, 필레오. 부부 간, 또는 친구 간의 의리와 우정이 있는 사랑이다. 아픔과 고통과 비밀을 함께 공유할 수 있는 믿음과 신뢰의 관계다. 성례식 이후 예수님의 제자들은 이런 사랑을 간직해야 한다.

셋째, 스톨게. 부모와 자식 간의 사랑이다. 어떤 대가를 바라지 않고 순수한 마음으로 주고 또 주는 사랑이다. 아무리 주어도 손해라고 생각하지 않고, 다 주어도 하나도 아깝지 않는 그런 사랑이다. 정말로 순수하게 사랑하면 이렇게 된다. 성례식 이후 예수님의 제자들은 이런 사랑을 다짐해야 한다.

넷째, 아가페. 하나님의 자기희생적인 사랑이다. 인간으로서는 가히 범접하기 어려운 진실된 사랑 그 자체다. 상대가 어떠하든, 무조건적으로 사랑하는 그런 사랑이다. 그런 사랑으로 하나님은 죄인들의 구원을 위해 독생자 예수님을 십자가에 내주셨다. 성례식 이후 예수님의 제자들은 이런 사랑을 추구하고 소망하며 찬양해야 한다.

후일 사도 바울은 요한이 전하는 마지막 성만찬의 교훈에서 사랑의 극치를 보았다. 그래서 고린도교회가 소외된 자들, 없는 자들, 병든 자들을 슬프게 하고 화나게 할 때 고린도전서 13장의 '사랑 장(章)'을 통해 사랑이 무엇인지 일러주었다. 신자들의 삶에 위 네 가지의 사랑이 고루 공평하게 나타나지 않으면, 그것은 '울리는 꽹과리'에 불과하다고 일깨워 주었다.

성만찬은 그냥 먹고 마시는 예식이 아니다. 2천 년 전의 예수님의 십자가 고난을 슬퍼하며 우는 것으로 끝나서도 안 된다. 성례식은 예수님의 새 계명에 순종하여 네 가지의 사랑을 다락방 밖의 세상 속 일상에서 구체적으로 실현하겠다는 다짐인 것이다.

베드로의 부인을 예고(13:36-38; 마 26:31-35; 막 14:27-31; 눅 22:31-34)

"주님, 그게 무슨 말씀입니까? 우리가 주님을 찾아도 주님을 찾을 수 없고, 또 주님이 가시는 곳에 우리는 갈 수 없다니요? 주님, 어디로 가십니까?"

예수님의 말씀을 듣고 있다가, 시몬 베드로가 궁금증을 참지 못하고 불쑥 물었다. 그러자 예수께서 대답하신다.

"베드로야, 내가 가려고 하는 곳에 지금은 네가 따라올 수 없다. 하지만 나중에는 따라오게 될 것이다."

이제 곧 십자가 죽음의 길을 걷는 예수님의 길을 당장에는 따라올 수 없지만, 장차 베드로 역시 그런 길을 걷게 될 것이라는 말씀이다. 초대교회의 전승에 따르면, 훗날 기독교 대핍박의 시기에 베드로는 십자가에 거꾸로 달려 순교했다고 전해진다. 예수님의 말씀의 뜻을 이해하지 못한 베드로가 의아한 듯 다시 묻는다.

"주님! 왜 지금은 제가 따라갈 수 없습니까? 주님을 위해서라면, 저는 제 목숨까지도 기꺼이 내놓을 각오가 되어 있습니다!"

예수님은 그처럼 호언장담하는 베드로를 뭔가 미묘하고 착잡한 표정으로 바라보시며 말씀하신다.

"베드로야, 네가 나를 위해 네 목숨을 기꺼이 내놓겠다고 했느냐? 내가 진실로 네게 말한다. 내일 아침 닭이 울기 전에, 너는 세 번이나 나를 모른다고 부인할 것이다."

"네엣? 아니, 무슨 말씀을…. 그것도 세 번씩이나요? 그럴 리가요!"

베드로는 하늘이 무너져도 그럴 일은 결코 없다는 듯 고개를 절레절레 흔든다. 그러나 예수님의 이 말씀은 이후 열 시간도 채 안 되어 사실로 드러나게 된다. 예수님이 체포되어 심문을 받던 그 밤에, 베드로는 대제사장 가야바의 집 뜰에서 닭이 울기 전에 예수님을 모른다고 세 번이나 부인했다. 그것도, 예수님에 대해 저주까지 하면서 강력하게 부인했다.

분위기는 무겁게 가라앉았다. 다들 뭔가 착잡한 심정이었다. 무슨 일이 일어나려는 것일까. 밤의 어둠은 짙어만 갔다. 어디선가 짐승의 처량한 울음소리가 들려왔다. 유월절 희생제사용으로 끌려나온 유월절 양들일 것이다.

14

평안과 위로

너희는 마음에 근심하지 말라
하나님을 믿고, 또 나를 믿어라
내 아버지의 집에는
있을 곳이 참으로 많다

길이요 진리요 생명이신 예수님 (14:1-14)

요한복음 14장부터 16장까지는 이른바 '다락방 강화'다. 제자들과 더불어 유월절 최후 만찬을 가지셨던 다락방에서, 예수님이 (배반자 가룟 유다를 제외한) 열한 제자들에게 행하신 마지막 고별설교다.

바로 앞서 예수님은 제자들에게 여러 말씀을 하셨다. 하나같이 불안하고 걱정스러운 말씀이었다. 제자들 중 누군가가 예수님을 배신한다는 말씀, 예수님이 이제 곧 제자들을 떠나갈 것인데 그곳에는 제자들이 따라올 수 없다는 말씀, 심지어 수석제자인 베드로가 예수님을 모른다고 세 번이나 부인할 것이라는 말씀 등. 이런 말씀을 듣고서 제자들은 하나같이 풀이 죽어 의기소침해졌다. 이제 예수님은 그런 제자들에게 위로와 용기를 주는 말씀을 하신다.

"너희는 마음에 근심하지 말라."

'너희는'은 열한 명의 제자들을 대상으로 한다. 그들은 복수이지만,

예수님의 마지막 고별 설교—다락방 강화

신약성경 헬라어 원문에는 열한 명의 제자들을 단수인 '너는'으로 설명한다. 사람은 열한 명이지만 모두의 중심에는 '근심'이 있다는 것이다. 베드로에게도, 야고보에게도, 요한에게도, 그리고 나머지 여덟 명의 제자들에게도 근심이 있었다. 그만큼 근심은 모든 사람들에게 광범위하게 퍼져있는 일상적인 것이다.

일반적인 의미에서 근심은 '마음을 놓지 못함', '걱정하고 염려함'이다. '근심'이라는 단어 자체는 일어나는 상황보다는 마음의 상태 쪽에 더 큰 비중을 둔다. 실제 일어나지도 않는 상황인데 지레 염려하고 걱정하는 것, 즉 지나친 해석이나 잘못된 판단에서 비롯되는 마음이다. 작은 근심도 자꾸 쌓이면 심장병이 된다.

오늘날 가장 위험한 성인병 가운데 하나가 '심장병'이다. 심리학에서는 근심을 '느린 형태의 자살'로 본다. 그러니까 근심한다는 것은 서서히 자신을 죽여 가는 일이다. 이런 이들에게 예수님은 근심을 이기는 방법을 일러주신다. 하나님을 믿고 또 자신을 믿으라는 것이다.

"너희는 하나님을 믿고 또 나를 믿어라."

하나님과 예수님은 별개가 아닌 하나다. 예수님을 믿는다는 것은 그를 보내신 하나님을 믿는다는 것이다. 또 하나님을 믿는다는 것은 하나님의 일을 행하시고 하나님을 밝히 드러내시는 예수님을 믿는다는 것이다. 일전에 예수님은 아무도 하나님을 본 자가 없고 또 하나님을 볼 수도 없지만, 예수님을 본 자는 하나님을 본 것과 같다고 말씀하셨다.

성경적 맥락에서 보면, 근심은 '두 마음으로 나뉘는 것'이다. 지금 제자들은 하나님을 의지하는 마음과 세상을 두려워하는 마음으로 나누어졌다. 제자들끼리도 나누어졌다. 서로 간에 믿을 수가 없다. 누가 배신자일까? 주님과 이별하면 어떻게 되나? 마치 젖을 뗀 아기가 불안한 것처럼 제자들도 근심하고 있었다.

이를 극복하는 대안은 하나님과 하나가 되는 것이다. 하나님과 하나가 되면 근심이 없다. 나눠지면 근심이 파리 떼처럼 달려든다. 그러면 마음도 상하고 얼굴도 상하고 믿음도 약해진다. 예수님은 두려움에 떨고 있는 제자들을 다독거리는 말씀을 하신다.

"내 아버지의 집에는 있을 곳이 참으로 많다. 지금 나는 너희가 있을 곳을 준비하러 간다. 그래서 너희 있을 곳이 다 준비되면, 그때 다시 와서 너희를 데려다가 내가 있는 곳에 너희도 항상 같이 있도록 하겠다. 너희는 내가 어디로 가는지 그 길을 알고 있다."

예수님은 자신의 사역 초기부터 이미 제자들에게 자신을 따르는 길이 어떤 길인지를 알려주셨다. 따라서 예수님은 공생애 기간 내내 자신이 제자들에게 가르치신 교훈과 친히 보여주신 삶을 통하여 예수님 자신이 가려는 '십자가의 길'이 어떤 길인지를 잘 알고 있는 것으로 말씀하셨다.

하지만 제자들은 아직까지 그 길이 무엇인지 전혀 알지 못하고 있었다(나중에 예수님이 십자가에 죽으시고 부활, 승천하신 뒤에 성령이 제자들에게 충만하게 임했을 때, 그제야 제자들은 그 길을 비로소 깨닫게 된다). 그래서 제자들 가운데 하나인 도마가 묻는다. 그는 선천적으로 의심이 많은 제자다. 예수님의 부활 이후에도 다른 제자들의 증언을 믿지 않고 자기 눈으로 직접 보고 자기 손으로 직접 만져봐야 믿겠다고 했다가 예수님께로부터 "더디 믿는 자"라는 꾸중을 듣기도 했다.

"주님, 우리는 주께서 어디로 가시는지 알지 못합니다. 그러니, 우리가 어떻게 그 길을 알겠습니까?"

의심 많은 도마의 질문에 예수께서 대답하신다. 아직도 깨닫지 못하고 의심하는 제자를 꾸짖지 아니하시고, 다른 어느 때보다 애정 듬뿍 깃든 목소리로 자상하게 일러주신다.

"내가 곧 길이요 진리요 생명이다. 나를 통하지 않고는 아무도 아버지께로 나아가지 못한다. 너희가 진실로 나를 알았더라면, 내 아버지가 어떤 분인지도 알았을 것이다. 이제는 너희가 나를 통해 내 아버지를 알았고 또 보았다."

예수님은 사람이 하나님께로 나아갈 수 있고 또 하나님을 알고 볼 수 있는 길, 곧 참된 길이요 진리요 생명의 길은 오직 자신뿐이라고 일러주셨다. 따라서 예수님을 통하지 않고는 누구도 하나님께 나아가지 못해 참된 진리와 영생의 길을 알지 못한다.

상당히 독선적인 주장처럼 들리지만, 구원 문제에 관한 진리만큼은 상대적이지 않고 절대적이다. 죄인 된 인간을 구원과 영생으로 인도하는 길이 이쪽 길도 있고, 저쪽 길도 있다는 식으로, 여러 길이 있을 수는 없는 노릇이 아닌가! 진리의 속성은 그렇게 배타적이고 절대성을 띤다.

그렇다. 아무리 선행을 많이 쌓았더라도, 아무리 인도주의적인 도움을 베풀고 박애 정신을 발휘했더라도, 그것으로써는 구원과 영생을 얻을 수 없다. 다른 어떤 종교 및 신앙 체계도 우리를 참된 하나님께로 인도할 수 없다. 그 모든 것들에는 '예수님'이 없기 때문이다. 그래서 어떤 이들은 이 같은 배타적인 기독교 교리를 납득하지 못하고 화를 내기도 하지만, 예수님은 다른 그 어떤 옵션도 남겨두지 않고 아주 명확하게 말씀하셨다. 예수님의 말씀을 듣고 제자들 가운데 빌립이 말한다.

"주님, 저희에게 아버지를 밝히 보여주십시오. 그러면 저희가 무엇을 더 바라겠습니까."

예수님은 분명히 자신을 보고 믿는 자들은 하나님을 보고 믿는 것과 같다고 가르치셨는데도, 제자들은 아직도 예수님의 말씀을 제대로 이해하지 못하고 계속해서 증거를 요구하였다.

빌립은 매사에 계산하고 따지는 사람이다. 벳새다 들판에서도 주님께서 먹을거리를 좀 만들어 보라고 했을 때 대번에 "이 많은 무리들을 어떻게 먹인단 말입니까? 이백 데나리온 갖고도 모자랍니다." 하고, 받아쳤던 사람이다. 물론, 빌립의 태도는 의심과는 다르다. 빌립은 의심이 아니라 계산하고 증명하고 과학적인 데이터를 요구한 것이다.

하지만 매사에 너무 계산적인 사람은 종종 분위기에 찬물을 끼얹는다. 역동적인 춤판을 깨뜨려 버린다. 그래서일까? 빌립의 질문에 대해 예수님은 조금 답답하고 안타까운 심정으로 말씀하신다.

"빌립아, 내가 이렇게 오랫동안 너희와 같이 있었는데도 아직도 내가 누구인지 모르겠느냐? 누구든지 나를 본 사람은 이미 내 아버지를 본 것이다. 그런데도 너는 어찌하여 아버지를 보여 달라고 하느냐?"

아들 예수님과 아버지 하나님은 본질상 하나로서, 아들 예수님은 아버지 하나님을 밝히 드러내시는 분이다. 그래서 누구든지 영(靈)이신 아버지 하나님을 볼 수 없지만, 그의 아들이신 예수님을 통해 하나님을 알고 또 볼 수 있는 것이다. 예수님은 이 점을 또 다시 강조하신다.

"내가 아버지 안에 있고, 아버지께서 내 안에 계신 것을 너희가 믿지 못하느냐? 내가 하는 말은 나 자신의 말이 아니라 내 안에 계신 내 아버지께서 하시는 말씀이다. 내가 아버지 안에 있고, 아버지께서 내 안에 계신다고 한 내 말을 믿어라."

예수님과 하나님은 아들과 아버지로서 분명히 구분된다. 하지만 둘은 서로 다른 별개의 둘이 아니라, 유기적으로 연결된 하나이다. 이런 의미에서 예수님 안에 아버지 하나님이 계시고, 아버지 하나님 안에 예수님이 계시며, 예수님의 말은 곧 예수님 안에 계시는 아버지 하나님의 말씀과 같은 것이다.

딱 들어맞는 정확한 비유는 아닐지라도, 맑은 호수 속에 들어와 하나가 되어 있는 나무들을 상상해 보면 조금은 설명이 될 수도 있다. 호수와 산 위의 나무들은 물속에서 하나이면서 둘이고, 둘이면서 하나가 되어 있다.

이처럼 예수님과 아버지 하나님은 하나이면서 동시에 두 개의 다른 인격으로 존재하신다. 이것은 우리 인간의 상식과 논리로는 이해하기 힘들다. 하지만 창조주 하나님은 그 존재 자체부터가 피조물 된 우리 인간과는 본질상 다른 분임을 인정해야 한다. 사실, 당시에 제자들도 인간의 머리로서 예수님의 말씀을 이해할 수 없었다. 예수님도 그런 점을 감안하셨는지 이렇게 말씀하신다.

"너희가 그렇게도 믿지 못하겠거든, 내가 행하는 기적을 보고서라도 나를 믿도록 하여라. 내가 진실로 밝히 말한다. 누구든지 나를 믿는 사람은 내가 행하는 일을 그도 행할 것이다. 아니, 그보다 더욱 큰일도 행할 수 있다."

이 말씀은, 제자들이 예수님보다 더 큰 이적을 행할 것이라는 뜻이 아니다. 장차 성령을 충만하게 받은 이후에 제자들이 온 세상을 향해 힘 있게 십자가 복음을 전파함으로써 온 땅에 주님의 교회를 세우고 성장시키는, 실로 위대한 일을 감당할 것이라는 말씀이다. 과연 예수님의 부활 승천 이후에 제자들은 세상 도처에서 각자 위대한 일을 감당하였다. 예수님의 말씀은 이어진다.

"이제 곧 나는 내 아버지께로 간다. 그러면 너희가 내 이름으로 아버지께 구하는 것은 무엇이든지 내가 다 이루어 줄 것이다. 그리하여야 아들이 아버지께 영광을 돌릴 수 있게 될 것이기 때문이다. 그러므로 너희는 구하라! 내 이름으로 무엇이든지 구하라. 그리하면, 내가 다 이루어 주겠노라."

기도는 예수 그리스도를 통하여 하나님 아버지께 전달되는 것으로, 기도 응답에 대한 예수님의 약속은 곧 하나님 아버지께로부터 주어지는 약속이다. 누군가 하나님의 일을 행하기 위하여 예수 그리스도의 이름으로 하나님께 기도하고, 그 기도를 하나님께서 응답해 주실 때 아들(예수님)을 통해 하나님 아버지가 영광을 얻게 된다.

예수께서 성령을 약속하심 (14:15-26)

"너희가 나를 사랑한다면, 내 계명을 지켜라. 그러면 내가 아버지께 구할 것이고, 아버지께서는 다른 '돕는 분'을 너희에게 보내셔서 너희와 영원히 함께하게 하실 것이다."

"다른 돕는 분요? 그분은 또 누굽니까?"

제자들은 궁금해서 물었다. 이때 예수님은 '보혜사(保惠師)'이신 성령님에 관해 언급하신 것이다. 보혜사란 말은 '곁에서 돕기 위해 부름을 받은 자'란 뜻이다. '위로자', '상담자', '돕는 자', '대언자'라는 뜻을 지닌다.

성경을 전체적으로 살펴보면, 보혜사 성령께서 하시는 일은 이러하다.

첫째, 세상을 책망하여 그들로 하여금 자신들의 죄를 깨닫게 하신다.

둘째, 성령 충만함을 통해 우리를 내적으로 감화시켜 하나님의 뜻에 따라 살아갈 수 있도록 하신다.

셋째, 신자가 하나님의 소유됨을 인(印) 치시는 보증인의 역할을 하신다.

넷째, 각 신자의 마음속에 내주(內住)하셔서 예수님의 말씀으로 가르치고 인도해 주신다.

다섯째, 성령의 은사를 통해 신자로 하여금 교회와 다른 사람들을 섬길 수 있도록 이끄신다.

이를 요약하면, 보혜사 성령은 신자들 속에 영원히 내주하셔서 그리스도의 가르침을 기억나게 하시고, 그래서 우리로 하여금 그리스도의 모습을 닮아가도록 지도하신다. 그 결과, 우리가 구원과 영생에 이르도록 끝까지 책임지고 인도하시며 보증하신다. 예수님은 이 같은 보혜사 성령님에 대하여 일러주신다.

"그분은 진리의 영이시다. 세상은 그분을 받아들일 수 없다. 세상은 그분을 보지도 못하고 알지도 못하기 때문이다. 그러나 너희는 그분을 알고 있다. 그분이 너희와 함께 살고 또 너희 안에 계실 것이기 때문이다."

예수님을 성령을 '진리의 영'이라 부르셨다. 이는 성령이 진리일 뿐만 아니라, 또한 진리이신 예수님을 일깨워 주고, 그 진리 가운데로 인도하는 영이시기 때문이다. 그런 진리를 어둠 곧 거짓의 아비인 사탄 아래 있는 세상이 알 리가 없다.

"명심하여라. 나는 너희를 결코 고아처럼 내버려두지 않을 것이다. 내가 꼭 너희에게 다시 오겠다. 얼마 안 있어 세상 사람들은 나를 더는 보지 못할 것이지만, 너희는 나를 보게 될 것이다. 그것은, 내가 살아있고 또한 너희도 역시 살아있을 것이기 때문이다."

머잖아 예수님은 십자가 죽음으로 제자들 곁을 잠시 떠나겠지만, 이내(삼일 만에) 부활하셔서 제자들에게로 다시 찾아가실 것임을 뜻하는 말씀이다. 하지만 부활하신 예수님은 지상에 40일 동안 머무신 뒤 하늘로 올라가셨다. 이후로는 보혜사 성령을 통하여 믿는 자들과 계속해서 함께하실 것이었다. 예수님은 이를 말씀하신다.

"그날에 너희는, 내가 아버지 안에 있고, 너희가 내 안에 있으며,

또 내가 너희 안에 있다는 것을 알게 될 것이다."

이렇듯 예수님이 승천하신 후 그 해의 오순절에 이 땅에 보내주실 보혜사 성령은 신자들과 아들 예수님과 아버지 하나님을 서로 유기적으로 밀접하게 연결해주는 역할을 감당하신다.

"내 계명을 지키는 사람은 누구든지 나를 사랑하는 사람이다. 그처럼 나를 사랑하는 사람은 내 아버지께서도 그를 사랑하신다. 나 역시 그를 사랑하여 나 자신을 그에게 나타내 보일 것이다."

예수님이 일러주신 새 계명의 실천은 예수님에 대한 사랑의 증거인 동시에 하나님의 사랑을 보증 받는 길이다. 따라서 하나님과 신자 간의 사랑의 관계는 예수님이 일러주신 새 계명의 실천으로 성립된다고 볼 수 있다. 그렇다면 사랑하는 것이 먼저일까, 아니면 계명을 지키는 것이 먼저일까?

둘은 먼저와 나중으로 분리되지 않는다. 둘은 서로 동행하며 한 묶음이다. 예수님을 사랑하는 자는 당연히 그분의 계명을 지키는 자이고, 예수님의 계명을 지키는 자는 마땅히 그분을 사랑하는 자이기 때문이다. 예수님의 가르침을 듣고, 예수님의 제자들 중 가룟 유다가 아닌, 다른 유다가 예수님께 묻는다. 이 사람은 일명 '다대오'라 불리는 제자다.

"주님, 주께서 저희 제자들에게만 나타내 보이시고 세상에는 나타내 보이시지 않는 까닭이 무엇입니까?"

"잘 들어라. 누구든지 나를 사랑하는 사람은 내 말을 듣고 내 가르침을 따를 것이다. 그리하면 내 아버지께서도 그를 사랑하실 것이고, 그리하여 내 아버지와 나는 그에게 가서 그와 함께 살 것이다."

그러니까 제자들뿐만 아니라 누구든지 예수님을 사랑하여 그분의 가르침대로 살아가는 자는 하나님 아버지의 사랑을 받게 되고, 그 결과로 그는 예수님 및 하나님과 함께 살 수 있을 것이라는 말이다. 여기서 '함께 산다'는 말은 단순한 동거가 아니라, 가깝고 긴밀한 내적 교제를 나누며 산다는 의미다. 그런 교제를 가능케 하는 것이 '사랑'이고, 그 사랑을 입증하는 길이 예수님의 가르침대로 살아가는 것이다. 그래서 예수님은 그 반대의 경우도 말씀하신다.

"그러나 나를 사랑하지 않는 사람은 내 가르침을 따르지 않을 것이다."

당연한 말씀이다. 사랑하지 않는 사람의 가르침을 따를 까닭이 없다. 따라서 '사랑하는 것'과 '가르침을 따르는 것'은 서로 떼려야 뗄 수 없는 관계에 놓여 있다.

"그렇군요! 주님을 사랑하는 길은 주님의 가르침대로 살아가는 것이군요."

제자들은 이제야 뭔가를 깨달았다는 듯 저마다 고개를 끄덕인다. 그런 제자들을 향해 예수님이 다시금 강조하신다.

"다시 말하지만, 너희가 지금 내게서 듣고 있는 이 말은 내가 내 마음대로 하는 말이 아니다. 그 모든 말은 오직 나를 보내신 내 아버지께서 하시는 말씀이다. 내가 아직 너희와 함께 있는 동안에 나는 이 모든 것을 다 말했다."

아들 예수님의 말은 곧 아버지 하나님의 말이고, 아버지 하나님의 말은 곧 아들 예수님의 말임을 알 수 있다. 이로써 아들 예수님과 아버지 하나님의 '하나 됨' 곧 일체성을 다시금 확인할 수 있다. 이제 예수님은 누구든지 자신을 사랑하고 자신의 가르침대로 살아가기 위해서는 보혜사 성령의 도움이 꼭 필요하다는 사실을 일러주신다.

"이제 내 아버지께서 내 이름으로 보내실 '돕는 분'이신 성령이 이 모든 것을 너희에게 가르쳐 줄 것이고, 또한 내가 너희에게 말한 모든 것을 너희가 생각해낼 수 있도록 성령이 너희에게 또다시 일깨워 줄 것이다."

신자들을 '돕는 분' 곧 '보혜사'이신 성령의 사역에 관한 말씀이다. 성령의 주된 사역은 어떤 상황에서 예수님의 가르침을 생각나게 하고 그 말씀의 의미를 깨닫게 하여 삶 속에서 구체적으로 실천할 수 있도록 이끄시는 것이다. 따라서 성령의 이 같은 도움 없이는 그 누구도 예수님의 가르침대로 살아갈 수 없다. 반드시 성령의 도움을 받아야만 예수님의 가르침대로 실천하며 살아갈 수 있다. 따라서 모든 신자는 모든 상황에서 언제나 성령의 도움과 인도를 간구해야 한다.

예수님이 주시는 참된 평안 (14:27-31)

이제 제자들 곁을 떠나가신다는(반드시 떠나갈 수밖에 없다는) 예수님의 말씀에, 제자들은 불안한 기색이 역력했다. 예수님 없는 제자 공동체는 생각조차 할 수 없기 때문이다. 예수님은 자신을 대신할 보혜사 성령을 제자들에게 보내주시겠다고 약속하셨지만, 제자들은 그 실체를 알 수 없어 여전히 불안하기만 하다. 그런 제자들을 향해 예수님이 다독이듯 부드럽게 말씀하신다.

"너희는 마음에 근심하지도 말고, 두려워하지도 말라. 나는 너희 마음에 평안을 남기고 간다. 내가 주는 평안은 세상이 주는 평안과는 전혀 다르다."

'평안'은 유대인들의 인사말인 '샬롬'이다. 그렇지만 여기서 그 말은 단순한 인사말이 아니라 분명한 '약속'이었다. 예수님은 성령 안에 거하면서 자신의 가르침대로 살아가는 자들에게 '세상의 평안'과는 질적으로 다른 절대적인 '하늘의 평안'을 약속하셨던 것이다. 말씀은 이어진다.

"너희는 내가 너희에게 한 말, 곧 '나는 떠나갈 것이지만, 너희에게 다시 돌아오겠다.'라고 한 말을 분명히 들었다. 그러므로 너희가 나를 믿고 사랑한다면, 내가 내 아버지께로 가게 된 것을 무척 기뻐할 것이다."

"주님, 주님이 저희에게서 떠나 하나님께로 가시는 것이 정말로 저희에게 큰 기쁨이 될까요?"

여전히 불안을 떨쳐 버리지 못한 제자들은 '기쁨'이란 말을 조금도 실감하지 못했다. 하지만 곰곰 생각해 본다면, 그 말을 충분히 이해할 수 있다. 이제 예수님이 제자들을 떠나 걷게 될 '십자가의 길'은 구원과 영생에 이르는 길로서, 예수님에게는 아버지 하나님께로부터 큰 영광을 얻는 길이요, 제자들에게는 영원한 천국에 이르는 길이다. 그러니, 마땅히 기뻐할 수밖에 없는 일이 아닌가!

"내가 너희에게 이렇게 미리 일러두는 것은, 조만간 내게 그런 일이 실제로 일어날 때 너희가 내 말을 믿을 수 있도록 하기 위함이다."

예수님에게 조만간 일어날 그런 일은 예수 그리스도의 십자가 죽음, 무덤으로부터의 부활, 하늘로 올라감(승천) 같은 일련의 구속(救贖) 사역을 일컫는다.

"이제 너희와 더는 길게 이야기할 시간이 없구나! 이 세상 임금이 가까이 오고 있다. 사실, 이 세상 임금은 나를 어떻게 할 아무런 능력이 없다. 다만 나는 내 아버지께서 내게 분부하신 일을 다 이룸으로써 내가 아버지를 사랑하고 있다는 것을 세상에 알리려는 것이다. 자, 일어나 이제 가자. 여기를 떠날 때가 되었구나."

'이 세상 임금'은 최후 심판의 날이 이르기까지 한시적으로 공중의 권세를 잡고 있는 자인 '사탄'을 가리킨다. 사탄의 정체는 하나님을 거슬러 타락한 천사장으로서 '마귀' 또는 '귀신들의 왕'으로도 불린다.

예수님이 이제 곧 겟세마네 동산에서 붙잡혀 십자가에 매달려 죽으심은 사탄의 힘에 눌려 그렇게 되시는 것이 결코 아니다. 예수님이 이 땅에 내려오실 때 아버지 하나님께로부터 부여받은 위대한 사명, 곧 사탄의 올무에 얽매인 자들을 해방시키는 인류 구원의 사명을 이루기 위해서이다. 아버지께 부여받은 그런 사명을 온전히 감당함으로써 아들이 아버지를 진실로 사랑하고 있다는 사실을 세상에 알리기 위함이다.

그래서 예수님은 외부적인 무력으로나 강제적으로가 아니라 순전히 자발적으로 십자가의 길을 기꺼이 걸으시려 하는 것이다. 제자들은 이 같은 사실을 깨닫고 조금도 불안해하지 말아야 했다. 도리어 자신들을 떠나 십자가의 길을 걸으시는 예수님을 힘껏 응원하고, 십자가 이후에 누리게 될 영광에 대하여 기뻐해야 마땅했다. 그러나 머리로는 이해가 되어도 가슴의 두려움은 쉽게 진정되지 않는 것이 인간의 한계이기도 하다.

제자들은 예수님의 강화를 경청했다. 들은 말씀을 굳게 붙잡았다. 근심과 염려 중에서도 주님을 떠나지 않으려 했다. 의심하면서도 도마는 주님을 떠나려 하지 않았다. 믿음과는 쉽게 동거할 수 있는 이성과 과학의 증거를 요구하면서도 빌립 역시 주님을 떠나려 하지 않았다. 그들은 예수님과 하나님을 믿으려 애를 쓴다. 근심이나 의심을 물리치는 길은 그 방법밖에 없다는 것을 알았기 때문이다.

제자들은 스승님의 부활을 목도한 후에야 근심에서 해방된다. 도마는 "나의 주 나의 하나님이여…" 하고 고백했다. 의심쟁이에서 확신주의자가 되어 이후 믿음의 전사가 된다. 전승에 의하면, 빌립은 복음을 전파하다가 소아시아에서 순교하게 된다.

다른 제자들은 어떻게 되었을까? 염려와 근심에 사로잡혔던 제자들은 주후 1세기에 어떤 삶을 살았을까? 1세기의 초대교회 문헌들을 살펴보면, 제자들의 이름 앞에 '티테디오스'라는 별칭이 붙어 있다. 티테디오스 바울, 티테디오스 요한, 티테디오스 안드레, 티테디오스 바돌로매 등. '티테디오스'는 '결코 염려하지 않는'이란 뜻이다. 결코 염려하지 않는 사람 바울, 결코 염려하지 않는 사람 도마, 결코 염려하지 않는 사람 빌립 등. '결코 염려하지 않는 사람!' 멋진 별칭이 아닐 수 없다.

15

참포도나무, 예수

나는 포도나무요 너희는 가지다
누구든지 그가 내 안에 살고
내가 그 안에 살면
많은 열매를 맺으리라

참 포도나무이신 예수님 (15:1-17)

예수님의 '다락방 강화'는 계속된다. 다락방 강화는 십자가를 목전에 둔 예수님의 절절한 가르침으로서, 예수님의 애틋한 사랑과 간절한 신신당부가 잘 녹아들어 있다. 이제 예수님은 '포도나무와 농부'의 비유로 제자들에게 가르침을 베푸신다.

"나는 참 포도나무요, 내 아버지는 농부이시다. 농부이신 내 아버지께서는 내게 붙어 있으면서도 열매를 맺지 못하는 가지는 모두 잘라내시고, 열매를 맺는 가지는 잘 손질하셔서 더 많은 열매를 맺게 하신다."

포도나무는 이스라엘의 주요 식물로서, 구약성경에서는 '이스라엘'을 상징하는 나무로 자주 언급되었다. 하지만 대체적으로는, 하나님께 불순종함으로써 열매를 맺지 못하거나 나쁜 열매를 맺는 사례들이 주로 등장한다.

예수님은 자신을 '참 포도나무'에 비유하시면서 하나님의 뜻에 순종하는 분이심을 밝히신다. 여기서 문제는 포도나무가 아니다. 참 포도나무에 붙어 있으면서도 열매를 맺지 못하는 가지가 문제다. 이에 농부 되시는 아버지 하나님은 그처럼 열매 맺지 못하고 영양분만 소비하는 나쁜 가지들을 모두 잘라내어 없애버리시고, 대신에 열매 맺는 가지들을 잘 손질하여 더욱 풍성한 열매를 맺게 하신다. 귀에 쏙쏙 들어오는 비유다. 그렇다면 참 포도나무에 붙어 있는 가지는 어떤 열매를 맺어야 할까?

후일에 사도 바울은 갈라디아 교회의 성도들에게 보낸 편지에서 '성령의 아홉 가지 열매'를 언급한다(갈 5:22-23). 그 열매들은 이러하다. 사랑, 희락(기쁨), 화평(평강), 오래 참음(인내), 자비(친절), 양선(선함), 충성(신실함), 온유, 그리고 절제다. 또한 에베소서 교회의 성도들에게 보낸 편지에서는 '빛의 열매'를 맺어야 한다고 권고했는데, 그것들은 곧 착함, 의로움, 진실함이다(엡 5:9).

"주님께 붙어 있으면서도 열매를 맺지 못하면 전부 잘라내실 것이라고요? 아, 그렇다면 저희는 어찌 되나요?"

예수님의 참 포도나무 비유를 듣고서 제자들이 불안한 기색으로 되묻는다. 이에 예수님은 제자들을 안심시켜 주신다.

"제자들아, 염려하지 말아라. 너희는 내가 너희에게 해준 말로 인하여 이미 깨끗하게 다듬어졌다."

예수님이 제자들에게 해준 말에서 그 '말(헬, 로고스)'은 예수 그리스도의 복음 전체를 일컫는다. 그러니까 예수님에게서 복음을 듣고, 그 복음을 믿은 자들은 이미 깨끗하게 되어 더는 가지치기 당하지 않고 열매 맺을 자격을 갖추고 있음을 의미한다. 그런데 가지가 열매를 맺으려면 가장 핵심적인 포인트가 있다. 예수님은 그것을 일러주신다.

"너희는 반드시 내 안에 머물러 있어라. 그리하면, 나도 너희 안에 머물러 있겠다. 어떤 가지도 포도나무에 붙어 있지 않으면 열매를 맺을

"가지가 포도나무에 붙어 있어야 많은 열매를 맺는다."

수 없듯이, 너희도 나를 떠나서는 아무런 열매도 맺을 수 없다."

포도나무에 붙어 있지 않는 가지가 열매를 맺는 법이란 없다. 가지는 반드시 포도나무에 단단히 붙어, 포도나무로부터 공급되는 영양분을 먹어야 생명력을 유지하고 또 열매도 맺는 법이다.

"나는 포도나무요, 너희는 가지다. 그러므로 누구든지 그가 내 안에 살고 또 내가 그 안에 살면, 그는 많은 열매를 맺게 될 것이다."

포도나무와 가지의 관계에서, 가지는 포도나무에 절대적으로 의존한다. 좋은 포도는 좋은 포도나무에서 출발한다. 포도나무에 붙어서 나무가 주는 모든 것들을 빨아들여 공급을 제대로 받을 때 좋은 포도 열매를 맺는 것이다.

"나는 포도나무요, 너희는 가지다."

예수님은 자신을 '포도나무'라고 하신다. 그 말씀은, 풍성한 삶의 근원이 바로 자신이라는 것이다. 예수님께 꼭 붙어 있어야 풍성한 과실을 맺을 수 있고 풍성한 삶을 살 수 있다는 것이다.

포도나무와 가지의 관계! 정녕 이 관계는 서로 떼려야 뗄 수 없는 예수님과 제자들(신자들) 간의 연합적 관계를 보여준다. 그 관계는 또한 유기적 관계요 생명적 관계다. 가지가 포도나무에 단단히 붙어 있으면, 아니 여기서 한 걸음 더 나아가 가지가 포도나무 안에 있고 또한 포도나무 역시 가지 안에 있으면, 이처럼 둘이 연합을 넘어 하나(일체)가 되면, 생명력이 아주 왕성하여 많은 열매를 맺게 된다.

다시 말해, 가지들인 신자들이 많은 열매를 맺는 비결은 참 포도나무이신 예수님께 단단히 붙어 있고, 더 나아가 예수님 안에 거하는 것이다. 이 말을 실제적으로 적용해 보면, 예수님이 보내주신 보혜사 성령이 우리 안에 충만히 거하는 것이다. 곧 '성령 충만'이 많은 열매를 맺는 비결이다. 그렇다면 이와 반대되는 상황은 무엇인가? 예수님의 말씀을 들어보자.

"그러나 너희가 나를 떠나서는 아무것도 할 수 없다. 누구든지 나를 떠나면, 그는 마치 잘려나간 가지처럼 이내 시들어 버린다. 그런 가지들은 사람들의 손에 모아져서 불에 태워지게 될 뿐이다."

포도나무에서 잘려나간 가지! 그 가지의 운명은 불 보듯 뻔하다. 열매를 맺기는커녕 스스로 생명력도 유지하지 못한 채 이내 시들게 되고, 끝내는 불을 지피는 땔감용으로 쓰일 뿐이다. 그래서 가지는 필연적으로 포도나무에 단단히 붙어 포도나무와 하나가 되어야 한다. 예수님은 이 점을 강조하신다.

"그러므로 너희가 내 안에 거하고 또 내 말이 너희 안에 거하게 되면, 너희가 무엇을 구하든지 그대로 다 이루어질 것이다."

예수님의 말씀이 성도의 인격 속에 거하게 되면, 그런 성도가 드리는 기도는 반드시 응답받는 기도가 될 것이라는 말씀이다. 이처럼 열매 맺는 기도란 예수님의 말씀에 부합되고 그 말씀으로 통제를 받는 기도다. 따라서 예수님의 말씀(가르침)에서 벗어난 기도는 하나님께 응답받지 못하는 헛된 기도가 된다. 예수님은 제자들이 모쪼록 자신의 가르침대로 기도함으로써 하나님께 응답받아 풍성한 열매를 맺기를 원하셨다.

"진실로 너희가 풍성한 열매를 맺어 내 제자인 것을 나타내면, 그것은 내 아버지를 영광스럽게 하는 일이 된다. 내 아버지께서 나를 사랑하셨듯이, 나도 너희를 사랑하였다. 그러므로 너희는 내 사랑 안에서 살아가도록 하여라."

"저희가 어찌해야 주님의 사랑 안에서 살아가는 것이 됩니까?"

제자들의 질문에 예수님이 인자한 미소를 지으시며 답하신다.

"좋은 질문이다. 너희가 내 계명을 지키면, 그것이 바로 너희가 내 사랑 안에서 살아가는 것이다. 그것은 마치 내가 내 아버지의 말씀을 지킴으로써 그분의 사랑 안에 살고 있는 것과 같다."

'예수님의 계명을 지키는 것'과 '예수님을 사랑하는 것'은 불가분의 관계에 놓여 있음을 다시금 보여준다. 진실로 그러하다. 예수님을 사랑하는 자는 당연히 예수님이 일러주신 계명을 지킬 것이고, 누구든지 예수님의 계명을 지키는 자는 응당 예수님을 사랑하는 자다. 예수님의 가르침은 계속 이어진다.

"내가 너희에게 이런 말을 하는 것은, 내 기쁨이 너희 안에 있게 하여 너희 기쁨을 충만하게 하려는 것이다."

예수님의 기쁨과 제자들의 기쁨은 서로 다르지 않다. 도리어 예수님의 기쁨은 제자들의 기쁨을 더욱 충만하게 만들어준다. 여기서 '예수님의 기쁨'이란, 인류의 구원을 위하여 기꺼이 십자가의 길을 걸으시고, 그로 인해 아버지 하나님께로부터 얻게 될 큰 영광을 가리킨다.

"제자들아, 내 계명은 이것이다. 곧 내가 너희를 사랑한 것같이 너희도 서로 사랑하여라. 사람이 친구를 위하여 자기 목숨을 내어놓는 것보다 더 큰 사랑은 없다."

예수님은 죄인 된 우리를 위해 자기 목숨을 십자가에 내어놓음으로써 큰 사랑의 본을 몸소 보여주셨다. 따라서 우리가 어떤 사람에 대하여 사랑의 마음이 생겨나지 않는다면, 아무런 사랑할 가치도 없는 우리를 위해 기꺼이 자신의 목숨을 내어놓으신 예수님을 기억해야 한다. 심지어 예수님은 태생적으로 '죄인' 된 우리를 '친구'로 부르시면서 큰 사랑의 본을 보여주셨다.

“내가 너희에게 명한 내 계명을 너희가 지키면, 너희는 내 친구다. 이제부터 나는 너희를 ‘종’이라고 부르지 않겠다. 주인이 종들에게는 비밀을 털어놓지 않기 때문이다. 그러나 이제 내가 너희를 ‘친구’라고 부르는 것은, 내가 내 아버지께 들은 모든 것을 너희에게 다 알려주었기 때문이다.”

‘종’과 ‘친구’는 확연히 다르다. 종은 복종만을 강요받는 상명하복의 관계에 놓여 있는 신분이다. 그러나 친구는 마음을 터놓고 허심탄회하게 교제하는 대등한 신분이다. 그런 까닭에 예수님은 제자들과 친밀한 교제를 나누기 위해 그들을 ‘친구’로 삼으셨다. 그러나 이에 앞서 제자들에게는 예수님을 사랑하여 그분의 계명을 지키는 일이 먼저 요구되었다. 그렇게 할 때 둘 사이는 참된 친구 관계가 형성되기 때문이다.

“명심하여라. 너희가 나를 택한 것이 아니라 내가 너희를 택하여 세웠다. 그 이유는, 너희로 하여금 세상에 나가 열매를 맺게 하고, 그 열매가 항상 남아 있게 하려는 것이다. 그렇게 되면, 너희가 내 이름으로 내 아버지께 무엇을 구하든지 내 아버지께서는 너희에게 다 주실 것이다.”

예수님이 제자들을 택하여 그들을 사도로 세운 이유가 밝혀졌다. 그것은 그들을 통해 이 세상에 복음의 열매를 주렁주렁 맺게 하기 위해서였다. 또한 그 열매가 대대로 계속 남아 있고, 후세에 이어지도록 하기 위해서였다.

그런데 제자들이 세상에서 그런 복음의 열매를 풍성히 맺기 위해서는 예수님의 가르침대로 아버지 하나님께 무엇이든 기도하여 응답받는 삶을 살아야 가능하다는 사실을 일러주셨다. 나중에 무덤에서 부활하신 예수님은 지상을 떠나 하늘로 올라가시면서 제자들에게 이와 관련하여 위대한 사명을 부여하셨다.

"그러므로 너희는 가서, 세상 모든 민족의 모든 사람들을 제자로 삼아, 아버지와 아들과 성령의 이름으로 세례를 베풀고, 내가 너희에게 명한 모든 것을 그들에게 가르쳐 지키게 하라"(마 28:19-20).

이제 예수님은 한 주제의 강론을 마무리 지으면서 다시금 핵심 내용을 제자들에게 일러주신다. 지금껏 예수님은 자신의 계명을 지키는 것이 자신을 사랑하는 것이라고 제자들에게 일러주셨는데, 자신의 계명을 지킨다는 것의 요지는 바로 이것이었다. 바로 이것이 다락방에서 강조하신 새 계명의 핵심이다.

"너희는 서로 사랑하여라."

세상은 하나님의 자녀를 미워함 (15:18-27)

"자, 모두 귀 기울여 잘 듣도록 하여라."

예수님은 이제 주제를 바꾸어 말씀하신다. 앞으로 제자들에게 가해질 세상의 미움과 핍박에 관한 심각하고 무거운 주제였다. 물론 여기서 '세상'은 사탄의 지배를 받고 있는 어둠의 세상을 가리킨다.

세상은 필연적으로 예수님 및 예수님의 제자들과 적대 관계에 놓일 수밖에 없음을 미리 일러주신 것이다. 그 까닭은 분명하다. 빛과 어둠이 엄연히 구별되고 함께 할 수 없듯, 예수님과 세상(사탄)은 결코 함께 할 수 없고 본질적으로 적대 관계일 수밖에 없기 때문이다.

예수님은 제자들이 마음의 각오를 단단히 다질 수 있도록 앞으로 닥쳐올 세상의 미움과 핍박에 대해 미리 알려주셨다. 그러면서 동시에 그런 미움과 핍박을 극복할 수 있는 확실하고도 유일한 비결도 가르쳐 주셨다. 그것은 '진리의 영'이신 보혜사 성령을 의지해야 한다는 것이다. 이제 예수님의 가르침을 들어보자.

"세상이 너희를 미워하거든, 너희보다 먼저 나를 미워한다는 것을 명심하여라. 만일 너희가 세상에 속해 있다면, 세상이 너희를 자기편으로 여겨 너희를 사랑했을 것이다. 그러나 너희는 세상에 속한 자들이 아니다. 도리어 내가 너희를 세상에서 가려 택하였으므로 세상이 너희를 그토록 미워하는 것이다."

세상(사탄의 지배 아래 있는 타락한 세상)이 신자들을 미워하는 이유를 밝혀주고 있다. 그것은 신자들이 어둠의 세상에 속하지 않고 빛이신 예수님께 속했기 때문이다. 빛과 어둠은 공존할 수 없으므로, 어둠은 본질상 빛을 싫어하고 미워하는 법이다. 여기서 '어둠'은 사탄의 영향력 하에 있는 죄악, 부정부패, 불공정, 무법, 무질서 등 온갖 악한 것들을 상징하고, '빛'은 예수님에게서 비롯되는 진리, 평강, 질서, 화목, 정의, 사랑 등 온갖 선한 것들을 상징한다. 예수님의 말씀은 이어진다.

"내가 너희에게 이전에 했던 말, 곧 '종이 그의 주인보다 높지 못하다'란 말을 기억하여라. 그러므로 나를 핍박한 사람이라면 너희도 역시 핍박할 것이고, 내 가르침을 따른 사람이라면 너희 가르침도 역시 따를 것이다."

'주인'을 예수님으로 보고 '종'을 제자들로 본다면, 예수님에 대한 사람들의 태도 여하에 따라 마땅히 예수님의 종 된 제자들도 똑같은 취급을 받게 될 것이다. 그러므로 주인이 핍박을 받았다면 종들도 핍박받을 각오를 해야 한다. 이와 반대로 사람들이 주인(예수님)의 가르침을 잘 따랐다면 마땅히 종들(제자들)의 가르침도 잘 따를 것이다.

"세상 사람들은 너희가 내 이름을 믿는다는 이유로 너희를 핍박할 것이다. 그 까닭은, 그들이 나를 이 땅에 보내신 분을 전혀 알지 못하기 때문이다. 만일 내가 이 땅에 와서 그들에게 진리를 일러주지 않았더라면 그들은 죄가 없었을 것이다. 하지만 이제 내가 와서 참된 진리를 일러주었으므로, 그들은 자기들의 죄에 대해서 변명할 수 없게 되었다."

어둠(죄악)만 있는 곳에서는 어둠이 어둠인 줄 알지 못한다. 그러나 그 어둠에 빛(진리)이 임하면 비로소 어둠은 그 실체를 드러낸다. 아버지께로부터 보내심을 받은 참 빛이신 예수님이 어둠의 세상에 임하여 진리를 알려주심으로써 죄가 무엇인지 확연히 드러났다. 따라서 이후로 그 진리를 따르지 않는 자들은 자신들의 죄에 대하여 어떤 변명도 할 수 없다. 처음부터 아예 진리를 몰랐다면 변명이 통했을 수도 있었지만, 진리를 분명히 알고서도 일부러 따르지 않았기 때문이다. 예수님은 이 같은 사실을 다시금 강조하신다.

"누구든지 나를 미워하면 내 아버지도 미워하는 것이다. 만일 내가 누구도 행하지 못했던 일들을 세상 사람들 앞에서 행하지 않았더라면 그들은 죄가 없었을 것이다. 그러나 내가 행한 많은 기적을 보고서도 세상 사람들은 여전히 나와 내 아버지를 미워하였다. 그렇게 된 것은 '그들이 까닭 없이 나를 미워하였다'라고 예언된 성경 말씀을 이루기 위함이다."

예수님이 가르쳐주신 진리를 알면서도, 또한 예수님이 행하신 숱한 기적들을 보고서도 여전히 믿지 아니하고, 도리어 예수님과 예수님을 세상에 보내신 아버지 하나님을 미워하는 자들은 더욱 그 죄가 크고 많다란 의미다. 그런데 이 같은 사실은 오래전에 이미 예언된 터였다.

구약시대에 다윗이 쓴 시들을 보면(시 35:19; 69:4), 그는 아무리 살펴도 자신에겐 어떤 잘못도 발견할 수 없음에도 불구하고 원수들이 까닭 없이 자신을 미워한다는, 그런 억울하고 답답한 심경을 읊었다. 이제 예수님은 그 시를 인용하여 자신에게 적용시켰다.

그렇다. 세상 사람들이 예수님을 미워하는 것은 예수님에게 어떤 잘못이 조금이라도 있기 때문이 아니었다. 그들 스스로의 죄악과 탐욕에 얽매여 예수님을 까닭 없이 배척하고 미워했던 것이다. 그러므로 그들은 자신들에 대하여 스스로 정죄와 심판을 초래한 것이다.

세상 사람들이 주님을 미워하고 주님의 가르침을 배척한다면, 주님이 참된 진리요 빛이심을 누가 그들에게 증언할 수 있을까? 유대 종교 지도자들과 예수님을 믿지 않는 사람들이 숱하게 제기한 의문에 대해, 예수님은 다시 한 번 말씀하신다.

"나를 증언할 분이 있다. 그분은 '돕는 분'이신 보혜사 곧 내 아버지께로부터 나오는 진리의 영이다. 내가 그분 보혜사 성령을 너희에게 보내면, 그분이 너희에게로 와서 나를 증언해 줄 것이다. 뿐만 아니라, 너희도 처음부터 나와 함께 있었으므로 나의 증인들이 되어야 할 것이다."

세상 사람들은 예수님의 참 빛 되심과 진리 되심을 인정하지 않고 부정할 것이지만, 두 증인이 있어 예수님을 위해 증언해줄 것이므로 그 사실은 명백해질 것이다.

유대인 사회에서 어떤 사실을 확증하는 데에는 믿을 만한 두 증인이 요구되었다. 예수님을 위해 증언해 줄 첫 번째 증인은 '보혜사 성령'이다. 그분 자체가 진리이시고 또한 오직 진리만을 말씀하시는, 이른바 '진리의 영'이신 성령은 영원 전부터 예수님과 함께 있었던 분이다. 뿐만 아니라 예수님과 '하나(일체)' 되시는 아버지 하나님께로부터 나와 보내심을 받았으므로 성령이야말로 예수님에 대한 가장 확실한 증인이 될 수 있다.

두 번째 증인은 '예수님의 제자들'이다. 그들은 예수님의 공생애 3년 동안 처음부터 끝까지 내내 예수님과 함께 있었으므로, 예수님이 어떤 분이신지, 어떤 일을 행하셨는지, 그리고 무슨 말씀을 하셨는지에 대해 충분히 증언할 자격이 있다. 그래서 열두 제자 가운데 배반자 가룟 유다가 증언자의 자격을 상실하고 그를 대신하여 다른 한 제자를 뽑을 때, 그 자격을 '주 예수께서 우리 가운데 출입하실 때에 항상 우리와 함께 다니던 사람들 가운데 하나'로 제한하였다(행 1:21-22).

16

보혜사 성령

'돕는 분'이신 진리의 성령이 오시면
그분이 진리 가운데로 인도하시리라
그분은 내 것을 넘겨받아
너희에게 다 알려주시리라

예수께서 닥쳐올 핍박에 대해 일러주심 (16:1-4)

"나의 사랑하는 제자들아, 부디 내 말을 새겨들어라."

때는 예수께서 십자가를 지시기 하루 전(주후 30년, 니산월 14일 목요일), 예루살렘의 어느 다락방에서 예수님이 제자들과 함께 유월절 최후 만찬을 가진 뒤 고별 설교를 하는 장면이다. 이른바 '다락방 강화'로 일컬어지는 요한복음 14장부터 16장까지의 내용 중 이제부터는 후반부에 해당되는 부분이다.

이제껏 예수님은 자신이 떠난 뒤 이 땅에 남을 제자들을 위해 애틋한 심정으로 여러 가지 교훈을 베푸셨다. '서로 사랑하라'는 새 계명을 주셨고, 제자들을 돕도록 보내주실 '보혜사 성령'에 대해서도 일러주셨다. '포도나무와 가지의 비유'를 통해 포도나무 된 예수님을 전적으로 의지해야 한다는 것, 그리고 세상이 예수님을 미워했듯이 그의 제자들도 미워할 것이라는 말씀도 해주셨다.

이제부터 예수님은 자신을 대신하여 제자들을 힘껏 돕고 인도할 보혜사 성령의 역할에 대하여 보다 자세하게 일러주신다. 아울러 그분 성령을 의지하여 무슨 일이든 아버지 하나님께 간구할 것을 당부하신다. 마치 거칠고 험악한 세상에 철없는 아이들만 남겨두고 멀리 떠나는 부모의 초조한 심정으로 사랑이 넘치는 당부가 이어진다.

"내가 세상의 미움과 핍박에 대하여 너희에게 미리 일러두는 것은 그런 일이 일어났을 때 너희 믿음이 흔들리지 않게 하려는 것이다."

"주님, 구체적으로 어떤 일이 저희들에게 닥칠까요?"

제자들이 근심 가득한 얼굴로 굳은 표정을 지으며 조심스럽게 묻는다.

"세상 사람들은 너희를 회당에서 내쫓을 것이다. 그들은 너희를 핍박하고 죽이는 것이 곧 하나님을 섬기는 일이라고 생각할 것이다."

회당을 중심으로 살아가는 유대인 공동체 사회에서 회당에서 내쫓기는 것, 곧 출교는 사회적 죽음이나 다름없었다. 유대인들이 제자들에게 그런 일을 서슴지 않고 행하는 것은 자신들의 그런 행위가 하나님께 충성하는 일이라고 생각하기 때문이다.

"주님, 세상 사람들이 왜 그토록 우리를 핍박하는 것일까요?"

"그들이 그런 짓을 저지르는 까닭은, 내 아버지도 알지 못하고 나도 알지 못하기 때문이다."

그들은 자신들의 행위가 하나님을 섬기는 일인 줄 알고 예수님과 그의 제자들을 핍박하지만, 결국 그것은 하나님도 알지 못하고 메시아 예수도 알지 못하는 영적 무지에서 비롯된 어리석은 짓이다. 그래서 나중에 십자가에 매달린 예수님은 십자가 위에서 이렇게 기도하셨다.

> "아버지여, 저들을 용서해 주옵소서. 저들은 자기들이 행하는 것을 알지 못합니다"(눅 23:34).

"제자들아, 내가 이런 말을 너희에게 하는 것은 그런 핍박이 닥쳐올 때 너희로 하여금 내가 너희에게 경고한 말들을 기억에 떠올리도록 하기 위함이다. 내가 처음부터 이런 말을 너희에게 하지 않았던 것은 지금까지는 내가 너희와 함께 계속 있었기 때문이다."

예수님은 처음부터 제자들에게 세상의 미움과 핍박에 대하여 말할 필요가 없었다. 지금도 그렇지만, 그때는 제자들이 아주 미숙하여 그런 심각한 교훈을 받아들일 마음의 준비가 전혀 되어 있지 않았다.

뿐만 아니라 지금까지는 예수님이 제자들과 함께 계셨으므로, 세상 사람들은 '종' 된 제자들을 주요 대상으로 삼지 않고 그들의 '주인' 된 예수님을 주요 대상으로 삼아 미워하고 핍박했기 때문이다. 그러나 이제 예수님이 세상을 떠나가시면, 그 주요 대상은 예수님의 제자들이 될 것이므로 예수님이 미리 당부해놓을 필요가 있었다.

성령께서 하시는 일 (16:5-15)

"제자들아, 나는 지금 나를 보내신 분에게로 돌아간다. 그런데도 너희 가운데 누구도 내가 어디로 가는지 나한테 묻는 사람이 없구나. 도리어 내가 세상의 미움과 핍박에 관한 말을 한다고 해서 너희는 슬픔으로 가득 차 있구나."

제자들은 아직도 자기들의 스승이신 예수님이 아버지 하나님께로 돌아간다는 말의 의미를 올바로 깨닫지 못했다. 앞서 베드로와 도마가 예수님이 가시려는 길에 대해 얼핏 물은 바가 있는데, 그것은 단순히 자신들의 처지에 대한 염려에서 비롯된 것이었다. 이처럼 제자들은 예수님의 공생애 마지막 순간까지도 스승님의 '십자가 사역'에 대해 제대로 알지 못했고, 자신들을 떠나가야만 한다는 말씀에 뭔가 가슴을 짓누르는 듯 크게 불안하고 초조했을 뿐이다. 예수님은 이 같은 제자들의 심정을 잘 알고 계셨다. 그래서 위로하신다.

“그러나 너희는 조금도 염려하지 마라. 내가 진실로 말한다. 내가 떠나가는 것이 너희에게 정말로 유익하다. 내가 너희를 떠나가지 않는다면 ‘돕는 분’이신 보혜사 성령께서 너희에게 오실 수가 없다. 내가 떠나가야만, 내가 그분을 너희에게로 보낼 것이기 때문이다.”

예수님은 아무런 대책도 세워놓지 않고 그냥 훌쩍 제자들을 떠나가시려는 게 아니었다. 다 계획이 있었다. 떠나가는 자신을 대신하여 보혜사 성령을 보내주셔서 제자들을 돕게 하려는 계획을 다 마련해놓고 있었다. 그렇다면 왜 예수님이 떠나가셔야만 보혜사 성령이 오실 수 있는 것인가?

그것은 보혜사 성령의 역할 때문이다. 예수께서 십자가 구속 사역을 다 이루어놓고 떠나가셔야만, 비로소 성령이 바통(bâton)을 이어받아 각각의 신자들에게 역사할 수 있게 된다. 성령은 친절하고 완벽한 가이드가 되어 신자들로 하여금 구원과 영생에 이르도록 시시때때로 돕고 일깨우고 위로하고 인도하는 역할을 충실히 감당하게 될 것이다.

“보혜사 성령…?”

제자들은 앞서도 이런 말을 들었지만, 아직도 그 실체가 무엇인지 아리송했다. 그럴 수밖에 없었다. 제자들이 의식했든 의식하지 못했든 나름대로 각자 성령을 체험했을는지는 몰라도 아직은 성령 충만한 상태가 아니었다. 예수님이 승천하신 후 처음 맞는 오순절에 제자들은 성령 충만을 받아 비로소 보혜사 성령의 실체를 올바로 깨닫게 된다. 예수님은 아리송해하는 제자들에게 친절하게 일러주신다.

“보혜사 성령이 오시면, 그분은 죄에 대해서, 의(義)에 대해서, 그리고 심판에 대해서 세상이 저지른 잘못을 일깨워 주면서 책망하실 것이다. 여기서 ‘죄’라 함은 세상 사람들이 나를 믿지 않은 것을 가리키고, ‘의’라 함은 내가 아버지께로 가기 때문에 세상에서는 너희가 나를 더 이상 보지 못하게 되는 것을 가리키며, 그리고 ‘심판’이라 함은 이 세상 임금이 이미 정죄를 받았다는 것을 가리킨다.”

예수님의 설명을 들어도 쉽게 알아들을 수 없다. 그래서 예수님의 설명에 대한 해석이 필요하다. 이 땅에 오신 보혜사 성령은 세상(세상 사람들)의 세 가지(죄, 의, 심판) 잘못에 대하여 책망을 하실 것이다.

그중 첫 번째는 '죄'에 대해서다. 이 죄는 단순히 도덕적인 죄가 아니라 하나님의 아들이신 메시아 예수의 복음과 십자가 사역을 받아들이지 않고 배척하는 죄를 가리킨다. 이러한 죄에 대한 자각은 사람의 양심이나 사회의 법으로는 불가능하고 오직 성령에 의해서만 가능하다. 성령은 예수님을 받아들이지 않고 배척하는 것이 사람이 자행하는 가장 큰 죄요 본질적인 죄라고 일깨워 준다.

성령의 두 번째 책망은 '의'에 대해서다. 이 의(義)는 예수 그리스도의 십자가 사역과 부활, 승천으로 말미암아 실현된 의를 말한다. 예수님은 이 같은 의를 이루어놓고 세상을 떠나 아버지께로 돌아가셨는데, 누구든지 이 의를 힘입지 못하면(즉, 의롭다 함을 받지 못하면) 구원과 영생에 이를 수 없다. 그런데 세상은 이 의를 알지 못하고 인정하지 않으므로 성령의 책망을 피할 길 없었다.

성령의 세 번째 책망은 '심판'에 대해서다. 이 심판 역시 예수 그리스도의 십자가 사역으로 실현된 것인데, 구체적으로 세상의 임금 곧 사탄에 대한 심판이다. 물론 사탄의 추종자들도 모두 포함된다. 예수님은 사탄의 온갖 방해를 물리치고 십자가 사역을 끝내 완수하심으로써 사탄을 정죄하시고 심판하셨다. 예수님의 십자가 죽음과 부활, 승천으로 그 정죄와 심판은 이미 (전반적으로) 이루어진 것인데, 장차 최후 심판의 날에 온전히 마무리될 것이다.

"주님, 저희가 좀 더 알아듣기 쉽게 말씀해 주시면 좋겠습니다."

예수님의 말씀을 듣고 있는 제자들은 어떤 부분은 알아들었지만 어떤 부분은 알아들을 수 없어 답답해했다. 이에 예수님이 말씀하신다.

"아직도 나는 너희에게 할 말이 많다. 하지만 지금은 너희가 그것을 전부 감당할 수 없다."

그렇다면 도대체 어찌해야 한단 말인가? 의아해하는 제자들에게 예수께서 다독이며 말씀하신다.

"그렇다고 걱정하지 마라. 내가 떠나간 뒤 '돕는 분'이신 보혜사 성령 곧 진리의 성령이 오시면, 그분이 너희를 모든 진리 가운데로 인도하실 것이고 내가 말한 모든 것들을 깨닫게 하실 것이다. 그분은 자신의 생각대로 말씀하시지 않고, 자신이 들은 것만을 너희에게 전해주실 것이며, 또 앞으로 일어날 일도 너희에게 알려주실 것이다."

예수님의 모든 말씀이 아버지 하나님의 뜻이었듯이, 성령의 모든 말씀도 예수님의 가르침에 충실히 기초하고 있다는 사실을 알 수 있다. 따라서 성부 하나님과 성자 예수님, 그리고 성령님의 모든 말씀은 서로 간에 한 치의 다름이나 어긋남 없이 온전히 똑같은 것이다.

여기서 주목할 것은, 보혜사 성령은 앞으로 일어날 일에 대해서도 알려주실 것이라는 말씀이다. 구체적으로 살펴보면 '장래 일'은 전체 구속사 가운데 아직 실현되지 않은 남은 부분에 관한 것으로, 그것의 절정은 '요한계시록'이다. 후일에 성령은 밧모 섬에 유배되어 있는 사도 요한에게 세상 종말에 일어날 장래 일에 대하여 묵시적인 방법으로 알려주셨다.

"보혜사 성령은 내 것을 넘겨받아 너희에게 알려주심으로써 나를 영광스럽게 할 것이다. 내 아버지께 속한 모든 것들이 다 내 것이다. 이런 까닭에 '돕는 분'이신 보혜사 성령이 내게서 받은 것을 너희에게 알려주실 것이라고 내가 말하는 것이다."

성부 하나님께서는 자신의 계획과 뜻대로 충실히 이행한 성자 예수님의 십자가 사역으로 인해 영광을 받으셨고, 성자 예수님은 자신의 가르침을 그대로 넘겨받아 제자들에게 알려주고 일깨워 준 성령의 사역으로 인해 영광을 받으실 것이다. 이렇듯 성부, 성자, 성령 곧 삼위일체 하나님은 서로를 위해 사역하시며 또 서로의 사역을 통해 영광을 받으신다.

슬픔이 기쁨으로 변할 것임 (16:16-24)

“제자들아, 이제 조금 후면 너희는 나를 더는 보지 못할 것이다. 하지만 다시 조금 더 있으면, 너희는 나를 보게 될 것이다.”

처음의 ‘조금 후’란 말은 예수께서 십자가에 못 박혀 죽으실 때를 가리킨다. 그래서 제자들은 예수님을 더는 볼 수 없다. 그리고 나중의 ‘다시 조금 더 있으면’은 죽은 지 사흘 만에 무덤에서 부활하실 때를 가리킨다.

그때가 되면, 예수님은 다시 제자들에게 나타나실 것이고 제자들은 부활하신 예수님을 보게 될 것이다(부활하신 예수님은 지상에 40일 동안 머무르시면서 부지런히 제자들을 만나셨다). 그런데 제자들은 예수님의 이 말을 알아듣지 못했다. 그들은 서로 수군거린다.

“이제 조금 후면 나를 더는 보지 못할 것이고, 다시 조금 더 있으면

다락방 강화—“조금 후면 너희는 나를 보지 못할 것이다.”

나를 보게 될 것이라니, 그게 대체 무슨 뜻인 거야?"

"글쎄? 아까는 주님이 말씀하시기를, 내가 내 아버지께로 가실 것이라고 하셨는데, 그건 또 무슨 뜻이야? 자넨 알아들었는가?"

"도통 알아듣지 못했네. 도대체 '조금 있으면'이란 말은 무슨 뜻일까?"

예수님은 제자들의 그런 모습을 안타까운 심정으로 지켜보셨다. 그러고는 제자들의 심중을 알아차리시고 답변해 주신다.

"너희는 지금 내가 한 말 곧 '이제 조금 후면 나를 더 이상 보지 못할 것이고, 다시 조금 더 있으면 나를 보게 될 것이다'라는 말 때문에, 서로 그 뜻이 무엇인지 묻고 있는 것이냐?"

"네, 주님! 그 말씀이 무슨 뜻인지요?"

"내가 진실로 밝히 말한다. 이제 얼마 안 있어 너희는 울며 통곡할 것이지만, 세상은 기뻐할 것이다. 그러나 너희의 그런 슬픔은 조만간 기쁨으로 바뀔 것이다."

얼마 안 있어 일어날 예수님의 십자가 죽음, 그 죽음에 대한 제자들과 세상의 상반된 반응이다. 예수님의 십자가 죽음을 두고, 제자들은 크게 슬퍼서 울며 통곡할 것이지만, 자신들의 뜻대로 예수님을 처형한 세상 사람들은 좋아서 기뻐하며 웃을 것이다. 이 같은 상반된 반응은 예수님과 사탄 가운데 누구의 지배하에 있는지에 따라 달라진다.

그런데 그런 슬픔과 기쁨은 오래 가지 않고 조만간 거꾸로 뒤집힐 것이다. 십자가에 매달려 죽은 지 사흘 만에 무덤에서 다시 살아나신 예수님의 부활로 인해 극적인 상황의 대반전이 일어나기 때문이다. 그렇게 되면, 예수님을 십자가에 처형한 세상 사람들은 울며 통곡하게 될 것이고, 예수님을 믿고 따른 제자들은 기뻐 웃게 될 것이다. 예수님은 비유를 들어 부연해서 설명하신다.

"그것은 마치 여자가 아기를 낳을 때와도 같다. 출산할 날이 가까워지면, 여자는 겪어야 할 진통 때문에 무척 근심한다. 그러나 마침내 아기가 태어나면, 여자는 아기가 세상에 태어난 기쁨 때문에 다른 모든 고통을 순식간에 잊어버린다. 이와 마찬가지다. 너희가 지금은 슬퍼하겠지만 조만간 나를 다시 볼 것이고, 그렇게 되면 너희는 한층 더 기뻐할 것이다. 그 기쁨을 어느 누구도 너희에게서 빼앗지 못할 것이다."

예수님의 십자가 죽음과 그 이후의 부활이 여자의 출산 고통과 아기 탄생의 기쁨에 비유되었다. 정말로 그렇다! 출산의 고통이 아무리 크다고 해도 아기 탄생의 기쁨에 비할 바 아니다. 그 기쁨은 출산의 고통을 넉넉히 덮고도 남는다. 그처럼 예수님의 부활로 말미암는 기쁨은 십자가 죽음의 슬픔과 고통을 넉넉히 뛰어넘는다. 하늘로부터 임하는 그 기쁨은 세상 사람들이 결코 빼앗지 못한다. 예수님의 말씀은 이어진다.

"그날이 오면, 너희는 더 이상 아무것도 내게 물을 필요가 없다. 내가 진실로 밝히 말한다. 너희가 내 이름으로 구하는 것은 무엇이든 내 아버지께서 다 이루어 주실 것이다. 그러므로 구하라. 지금까지는 너희가 내 이름으로 아무것도 구하지 않았다. 그러나 이제 내 이름으로 힘껏 구하라. 그러면 너희는 받게 될 것이고, 너희 잔은 기쁨으로 넘칠 것이다."

"주님! 주님의 이름으로 구한다는 것은 무얼 의미합니까? 저희가 주님의 이름으로 하나님께 무얼 구하면 반드시 응답받을 수 있을까요?"

제자들은 물었다. 과연 예수님의 이름으로 기도한다는 것은 무엇을 뜻하는가? 성경 문화에서 '이름'은 아주 중요했다. 그것은 단순한 명찰이 아니라, 그 사람의 인격과 본질 및 특성을 나타내주는 것이었다. 그래서 예수님의 이름으로 기도한다는 것의 의미는 이러하다.

첫째, 우리가 드리는 기도의 동기와 내용이 예수님이 원하시는 바와 동일한 것이어야 한다. 다시 말해, 예수님의 뜻에 부합되어야 한다.

둘째, 예수님께 대한 전적인 믿음을 가지고 예수님의 십자가 보혈 공로에 의지하여 기도해야 한다. 이렇게 진정 '예수님의 이름으로'

기도한다면, 우리가 무엇을 간구하든 하나님께로부터 기도의 응답을 받을 수 있다.

이때 예수님은 "그날이 오면, 너희는 더 이상 아무것도 내게 물을 필요가 없다"라고 말씀하셨는데, 여기서 '그날'은 보혜사 성령이 강림하시는 날을 가리킨다. 보혜사 성령이 제자들에게 강림하시면, 성령께서 예수님의 모든 가르침을 기억나게 하고 깨닫게 하실 것이므로, 제자들은 더 이상 예수님께 물을 필요가 없게 된다.

세상을 이기신 주님 (16:25-33)

"나는 지금까지 나에 관한 여러 일들을 너희에게 비유로 말해 왔다. 그러나 이후로 나는 더 이상 비유로 말하지 않겠고, 내 아버지에 관해서도 너희에게 명백하게 말해줄 것이다."

예수님은 지금껏 자신에 관한 여러 일들을 비유로 말해 왔다. 그래서 제자들이 예수님의 말씀을 종종 이해하지 못하곤 했다. 하지만 예수님이 일부러 그렇게 말씀하신 것은 아니었다. 제자들이 진리를 제대로 파악할 준비가 되어 있지 않았을 뿐이다. 하지만 예수님의 죽음과 부활 이후로는 제자들이 비로소 예수님이 말씀하신 모든 것들의 의미를 올바로 깨닫게 될 터였다.

"제자들아, 그날이 오면 너희는 내 이름으로 아버지께 직접 구할 것이다. 그래서 나는 더는 너희의 요구를 들어달라고 내 아버지께 너희 대신 간구할 필요가 없게 된다."

성령이 강림하신 이후로는 제자들이 성령의 도우심으로 자신들이 하나님께 어떻게 기도해야 하는지를 깨달아 알게 될 것이므로, 예수님이 일일이 대신해서 기도할 필요가 없게 된다는 의미다. 하지만 성령이 강림하신 이후로도 예수님은 하늘 보좌의 아버지 하나님 앞에서 중보자의 자격으로 성도를 위해 끊임없이 활동하신다. 이제 예수님은 제자들이 자신의 이름으로 아버지 하나님께 직접 간구할 수 있는 근거를 알려주신다.

"이제는 내 아버지께서 몸소 너희에게 사랑을 베푸실 것이다. 그 까닭은, 너희가 나를 사랑했고 또 내가 아버지의 보내심을 받고 이 세상에 왔다는 것을 너희가 믿었기 때문이다."

제자들이 아버지 하나님께 직접 간구할 수 있는 근거는 예수님에 대한 믿음 때문이다. 다시 말해 예수님의 십자가 보혈 공로를 믿고, 그 공로에 의지하여 간구하기 때문에 아버지 하나님께 직접 간구할 수 있게 되는 것이다.

이를 생생하게 보여주는 상징적인 사건이 있다. 예수님이 십자가에서 운명하시는 그 순간에 지성소의 휘장이 위로부터 아래로 찢어진 사건이다(마 27:51). 오랜 세월 동안 하나님께 직접 나아가는 것을 가로막고 있던 지성소 휘장이 둘로 찢겨짐으로써 이후로는 누구든지 예수님의 십자가 보혈의 공로에 의지하여 아버지 하나님께 직접 나아갈 수 있게 된 것이다.

"그렇다! 나는 아버지의 보내심을 받아 이 세상에 왔고, 이제 모든 일을 마무리 짓고 이 세상을 떠나 내 아버지께로 다시 돌아가는 것이다."

그제야 제자들이 환한 얼굴로 예수님께 말한다.

"주님, 이제야 주께서 비유로 말씀하시지 않고 뜻이 분명하게 말씀해 주시니, 저희가 비로소 주께서는 모든 것을 다 알고 계신다는 사실과, 저희가 새삼 주님께 여쭈어볼 필요도 없이 저희 마음을 다 알고 계신다는 사실을 알았습니다. 이로써 저희는 주님께서 하나님께로부터 오신 분이시라는 것을 믿습니다."

"이제야 너희가 믿는구나!"

예수님은 모처럼 환한 미소를 지으시며 흡족한 표정을 지으셨다. 그러나 오래 가지 못했다. 이내 애처롭고 심각한 표정을 지으시며 한탄하듯 말씀하신다.

"그러나 때가 오면, 너희는 다 흩어져서 나를 혼자 버려두고 각자 자기 집으로 달아날 것이다. 보라, 벌써 그때가 왔다! 그러나 나는 혼자가 아니다. 내 아버지께서 언제나 나와 함께 계시기 때문이다."

이 말씀이 있고서 몇 시간 후, 예수님이 겟세마네 동산에서 성전 경비병들에게 체포되실 때 이 같은 일이 실제로 일어났다. 그때에 제자들은 두려움에 빠져 제 한 목숨을 부지하려고 예수님을 버린 채 사방으로 뿔뿔이 흩어져 달아났다. 하지만 제자들은 이때만 해도 호언장담한다.

"네엣? 저희가 예수님을 혼자 버려두고 다 흩어져 달아날 것이라고요? 주님, 무슨 그런 섭섭한 말씀을 다 하십니까."

"주님! 저희 모두는 목숨을 각오하고 주님을 끝까지 뒤따를 터이니 아무 염려하지 마십시오."

"주님을 혼자 버려두는 일은 절대로, 절대로 없을 것입니다!"

한목소리로 호언장담하는 제자들의 모습을 보시고, 예수님은 애잔하면서도 씁쓸한 표정을 지으시며 말씀하신다.

"내가 이 모든 것을 너희에게 미리 일러두는 것은 너희로 하여금 내 안에서 평안을 누리게 하기 위해서다. 너희는 장차 이 세상에서 많은 고난을 겪을 것이다. 그러나 담대하여라! 내가 세상을 이겼노라!"

여기서 '세상'이라 함은 천지창조로 말미암아 생겨난 자연계와 인간계를 가리키지 않는다. 사탄의 지배하에 놓인 타락한 어둠의 세상(혹은 세상 사람들)을 말한다. 다시 말해 하나님의 왕국에 대적하는 사탄의 세계를 가리킨다. 그런 사탄의 세계를 예수님은 무너뜨렸다.

공생애를 시작하기 바로 직전의 유대 광야에서 사탄(마귀)의 유혹을 물리침으로써 무너뜨렸고, 이제 조만간 전개될 십자가 죽음과 부활을 통해 재차 무너뜨렸으며, 장차 재림 때에 더는 회복 불가능하게 완전하고도 영원히 무너뜨릴 것이다. 이렇게 예수님은 세상을 이기셨다!

17

예수님의 중보 기도

아버지의 것은 모두 내 것입니다
아버지께서 내 안에 계시고
내가 아버지 안에 있는 것처럼
그들도 모두 하나 되게 하옵소서

성부 하나님을 향한 예수님의 기도 (17:1-5)

십자가 사역을 하루 앞둔 유월절 만찬 때, 예수님이 제자들에게 베푸신 마지막 고별 설교, 이른바 '다락방 강화'(요 14-16장)는 이제 마무리되었다. 처음에는 열두 명으로 시작되었지만 지금은 한 명이 떠나가고 열한 명의 제자들만 있다. 다락방에서 모든 말씀을 마치신 후, 예수님은 하늘을 우러러보시며 기도하신다.

"아버지, 마침내 때가 이르렀습니다. 이제 아들을 영화롭게 하시어 아들이 아버지께 그 영광을 돌리게 해주옵소서."

예수님은 우선 자신을 영화롭게 해달라고 하나님께 기도하셨다. 그것은 예수님 자신의 유익과 영광을 위해서가 아니었다. 오히려 예수님은 다가오는 자신의 십자가 사역을 통해 아버지 하나님이 영화롭게 되기를 원하셨다. 따라서 예수님의 기도 요점은 이러하다.

이제 곧 수행할 십자가 구속 사역이 하나님의 뜻과 계획대로 잘 완수되어서, 자신의 죽음과 부활과 승천을 통해 아버지 하나님의 사랑과 능력이 온 세상에 널리 알려지게 되고, 그 결과 아버지 하나님이 영원토록 영광을 받으실 수 있도록 해달라는 것이었다. 예수님의 기도는 이어진다.

"아버지, 아버지께서는 아들에게 땅 위에 있는 모든 사람을 다스릴 권한을 주셨습니다. 그래서 아들은 아버지께서 맡겨주신 모든 사람에게 영생을 줄 수 있게 되었습니다."

그렇지만 그 영생은 아무에게나 그저 주어지는 것이 아니었다. 예수님은 그 영생에 이르는 길이 있음을 아뢴다.

"아버지, 영생에 이르는 길은 이것입니다. 그것은 곧 사람들이 오직 한 분이신 참 하나님 아버지를 알고, 또 아버지께서 땅 위에 보내신 예수 그리스도를 아는 것입니다."

영생에 대한 정의이며 조건이다. 그것은 성부 하나님을 알고 또 그 아들 예수님을 아는 것이다. 여기서 '안다'(헬, 기노스코)란 말은 긴밀한 체험과 교제를 통해서 인격적으로 신뢰한다는 의미다. 이를 가능하게 해주는 것이 '보혜사 성령'이시다. 우리는 보혜사 성령을 통해 하나님을 알고 또 예수님을 알게 되어 믿음에 이르게 된다. 기도는 이어진다.

"나는 아버지께서 내게 맡겨주신 모든 일을 다 이룸으로써 땅 위에서 아버지께 영광을 돌렸습니다. 그러므로 아버지, 이제는 세상이 창조되기 이전에 내가 아버지와 함께 누리던 그 영광을 아버지 앞에서 다시 누릴 수 있도록 나를 영화롭게 해주옵소서."

예수님은 자신의 지상 사역이 마무리될 때쯤에 이르러 자신을 영화롭게 해달라고 아버지 하나님께 요청하신다. 예수님 자신이 성육신하기 이전에 가졌던 그 영화롭던 지위로 다시 회복시켜 달라는 것이다. 사람의 몸을 입고 이 땅에 내려오신 일, 곧 성육신으로 말미암아 예수님은 본래의 영광을 잠시 잃은 상태였는데, 이제 십자가 죽음과 그 이후의 부활, 승천을 통해 본래의 그 영광을 다시금 누릴 수 있게 되기를 기도하신 것이다.

예수께서 제자들을 위해 기도하심 (17:6-26)

아버지 하나님을 향한 기도를 마치신 뒤, 예수님은 이제 제자들을 위해 기도한다. 여기서 제자들은 단지 (가룟 유다를 제외한) 열한 사도를 가리키는 말이 아니라, 예수님이 하나님께로부터 맡은바 모든 양 떼 곧 신자들을 가리킨다. 그들은 예수님이 세상을 떠난 후에도 세상에 남아 세상(사탄)의 세력과 싸우면서 예수님께 대한 믿음을 지키고 천국 복음을 널리 전할 사명을 지닌 자들이다. 그러하기에 그들을 위한 예수님의 기도는 겟세마네 동산의 기도만큼이나 애틋하고 진지하며 간절하다.

"아버지, 나는 아버지께서 이 세상에서 선택하셔서 내게 주신 사람들에게 아버지에 관한 모든 것을 알려주었습니다. 사실, 그들은 본래 아버지의 사람들이었지만 아버지께서는 그들을 나에게 주셨고, 그들은 아버지의 말씀을 잘 지켰습니다. 그래서 이제 그들은 아버지께서 내게 주신 모든 것이 아버지께로부터 온 것임을 잘 알고 있습니다."

제자들은 본래 아버지 하나님께 선택받은 하나님의 백성으로서 하나님의 건네주심으로 인해 예수님의 소유가 된 자들이다. 따라서 제자들은 성부 하나님께 속한 동시에 성자 예수님께 속한 자들이다. 그러하기에 제자들은 예수님의 모든 가르침이 아버지 하나님께로부터 기원한 것임을 잘 알고 있는 자들이다. 다시 말해 예수님은 멋대로 말하고 가르친 것이 아니고, 어디까지나 아버지 하나님의 뜻에 합당하게 말하고 가르친 것이다. 아버지 하나님께서 주신 말씀을 온전히 전했던 것이다. 예수님은 이런 사실을 기도한다.

"그렇습니다. 나는 아버지께서 내게 주신 모든 말씀을 나의 제자들에게 전했고, 그들은 그 말씀을 받아들였습니다. 그리하여 그들은 내가 아버지께로부터 왔다는 것을 참으로 알았고, 또 아버지께서 나를 이 땅에 보내셨다는 것을 확실히 믿었습니다."

지금 당장에는 제자들의 앎과 믿음이 온전하지 못했다. 그들은 여전히 미숙했고 많이 부족했다. 그럴지라도 예수님은 제자들을 신뢰하면서 그들이 '알았고' 또 '믿었다'고 기도한다. 아닌 게 아니라 이때로부터 대략 50일 이후, 그러니까 그 해의 오순절에 제자들은 성령 충만을 받아 예수님에 관하여 확실히 알고 또 믿게 된다.

예수님이 하늘의 아버지 하나님께로부터 보내심을 받아 이 땅에 '메시아'로 왔다는 사실을 올바로 알고, 또한 하늘의 아버지 하나님께서 독생자 예수를 이 땅에 '구세주'로 보내셨다는 사실을 확실히 믿게 된다. 기도는 이어진다.

"아버지, 지금 나는 제자들을 위하여 기도합니다. 내가 기도하는 것은 세상 사람들을 위해서가 아니라, 오직 아버지께서 내게 주신 사람들을 위해서입니다. 왜냐하면 오직 그들만이 아버지의 사람들이기 때문입니다."

예수님의 기도 대상은 '세상 사람들'이 아니라 오직 '제자들'이었다. 그들은 아버지 하나님께서 아들 예수님에게 건네주신 사람들로서, 마치 목자가 자기 양떼를 맡아 돌보듯 예수님이 목자의 자격으로 그들을 맡았기 때문이다. 그래서 앞서 예수님은 자신을 가리켜 말씀하시기를 "나는 선한 목자다"라고 하셨다(요 10:11). 그러면서 선한 목자는 자신이 맡은 양떼를 위해 목숨까지도 기꺼이 희생한다고 하셨는데, 과연 그 말씀대로 이제 예수님은 양떼(신자들)의 구원과 영생을 위해 십자가에 못 박혀 죽으실 터였다.

"아버지, 내가 가진 모든 것은 아버지의 것이고, 아버지께서 가지신 모든 것 또한 나의 것입니다. 그리고 나는 아버지께서 내게 주신 자들로 인하여 영광을 받았습니다. 이제 나는 그들을 세상에 남겨두고 이 세상을

"아버지, 저들을 보살펴 주옵소서."

떠나 아버지께로 갑니다. 거룩하신 아버지여, 아버지께서 내게 주신 아버지 이름의 권능으로 그들을 보살펴 주옵소서. 그리하여 우리가 하나인 것같이 그들도 하나가 되게 해주옵소서."

지금 예수님이 제자들을 위해 특별히 아버지 하나님께 기도하시는 목적이 밝혀졌다. 그것은 조만간 제자들만 세상에 남겨두고 예수님은 세상을 떠나 하늘 아버지께로 돌아갈 것이기 때문이다. 마치 파도치는 물가에 어린 자녀들만 남겨두고 멀리 떠나는 부모의 심정과 똑같았다.

제자들은 순진무구한 양처럼 아직도 어리고 미숙한데 세상(사탄의 세력 아래 있는 죄악의 세상)은 들짐승마냥 사납고 거칠기만 하다. 그러니 아버지 하나님의 크신 권능으로 모쪼록 그들을 잘 보살펴주시고, 또한 그들로 '하나'가 되게 하셔서 서로 사랑하고 함께 연합해서 세상과 맞서게 해달라고 간절히 기도한 것이다. 이 같은 기도는 쉽게 그칠 줄 모르고 계속 이어진다.

"아버지, 내가 나의 제자들과 함께 있는 동안 나는 아버지께서 내게 주신 아버지의 이름으로 그들을 안전하게 지키고 보호했습니다. 그리하여 그들 가운데 한 사람도 잃지 않았습니다. 다만, 멸망의 자식만 잃었을 뿐인데, 그것은 오로지 성경 말씀을 이루기 위함이었습니다."

예수님은 아버지 하나님께 건네받은 모든 제자를 하나도 잃지 않고 전부 안전하게 지키고 보호하셨다. 다만 열두 제자 가운데 하나인 배반자 '가룟 유다'는 그렇지 못했는데, 그 까닭은 그는 처음부터 '멸망의 자식'이었기 때문이다. 엄밀히 말하면 가룟 유다는 처음부터 예수님의 제자가 아니었음을 알 수 있다. 여기서 한 가지 의문점이 든다. 가룟 유다의 비극적인 운명은 스스로도 어찌하지 못할 정도로 본질상 확정된 것인가?

그렇게 볼 수는 없다. 비록 전지하신 하나님이 가룟 유다의 배반을 미리 알고 계셨다고 할지라도, 하나님께 그 배반의 책임을 돌릴 수는 없다. 하나님이 선한 가룟 유다를 일부러 악하게 만들어 그렇게 배반하도록 이끄신 것이 아니고, 가룟 유다 스스로가 자신의 이기적 욕망에 이끌려 자신의 자유의지로 스승을 배반하는 선택을 했기 때문이다. 이는 인류의 조상 된 아담과 하와가 에덴동산의 선악과를 따 먹은 죄를 거기에 선악과를 두신 하나님의 탓으로 돌릴 수 없는 것과 같다. 아담과 하와는 뱀(사탄)의 유혹에 빠져 자기 욕망을 충족하려고 스스로의 자유의지로 선악과를 따먹었던 것이다.

이 같은 원리로, 오늘날 복음을 거부하는 모든 사람들처럼 가룟 유다도 자기 선택의 결과로 말미암아 '멸망의 자식'이 되었다. 그리고 하나님은 가룟 유다의 그런 배반까지 포함시켜 자신의 거룩한 구속사의 섭리와 경륜을 이루는 재료로 활용하셨을 뿐이다. 이런 의미에서 예수님은 멸망의 자식인 가룟 유다를 잃은 것은 오로지 성경 말씀을 이루기 위함이었다고 기도하셨다. 그 성경 말씀은 시편 41장 9절이다.

> "평소 내가 믿었던 가까운 친구와 나와 한솥밥을 먹던 친구마저 나를 대적하여 내게 등을 돌렸습니다"(시 41:9).

본래는 다윗 왕이 곤경에 처한 자신을 배반하고 떠나간 가까운 친구들

(신하들)에 대해 읊은 시였지만, 후일에 예수님을 배반한 가룟 유다에게 딱 들어맞는 성경 말씀이다. 가룟 유다는 예수님의 공생애 3년 동안 내내 한솥밥을 먹으면서 아주 가깝게 지냈던 자였다. 제자들을 위한 예수님의 기도는 이어진다.

"아버지, 이제 나는 세상을 떠나 아버지께로 돌아갑니다. 하지만 내가 아직도 세상에서 이런저런 것들을 아버지께 아뢰는 것은 나의 기쁨으로 나의 제자들을 충만하게 채워주기 위함입니다. 나는 그들에게 아버지의 말씀을 주었는데, 세상은 그들을 미워하였습니다. 그 이유는, 내가 세상에 속해 있지 않은 것처럼 나의 제자들 역시 세상에 속해 있지 않기 때문입니다."

예수님은 제자들이 세상에서 미움 받고 핍박받은 이유를 밝혀주었다. 그것은 제자들이 세상에 속해 있지 않고 예수님께 속해 있기 때문이다. 예수님 역시 세상에 속해 있지 않다는 이유로 미움을 받고 핍박을 받았다. 스승이 그러하니 제자들도 그러한 것이다. 사탄의 세력 아래 있는 어둠(죄악)의 세상은 본질적으로 빛이신 예수님을 미워하고, 그런 예수님께 속한 제자들도 미워한다. 빛과 어둠이 어울릴 수 없듯이, 세상(사탄)과 예수님은 결코 함께 할 수 없다.

"내가 지금 아버지께 기도하는 것은 이것입니다. 곧 나의 제자들을 세상 밖으로 데려가 달라는 것이 아니라, 그들을 악한 세력으로부터 지켜달라는 것입니다. 아버지여, 부디 진리로 그들을 거룩하게 해주옵소서. 아버지의 말씀이 곧 진리입니다."

제자들은 세상에 속해 있지는 않지만 세상 가운데서 살아가야 한다. 그러므로 제자들에게는 세상으로부터의 도피가 아니라 세상과 담대하게 맞서 싸워 이길 것이 요구된다. 제자들은 거짓 된 세상에 맞서 참된 진리로 무장하고 맞서 싸워야 하는데, 그 참된 진리는 바로 '하나님의 말씀'이다. 이런 의미에서 훗날 사도 바울은 하나님의 말씀을 '성령의 검'에 비유하여(엡 6:17), 사탄(마귀)과 맞서 싸울 때 신자들이 능히 공격하여 치명상을 입힐 수 있는 강력한 무기라고 가르쳤다.

"오, 아버지! 아버지께서 나를 세상에 보내신 것처럼 나도 나의 제자들을 세상에 보냈습니다. 내가 그들을 위하여 나 자신을 거룩하게 하는 것은 그들 역시 진리 안에서 거룩하게 되도록 하기 위함입니다."

예수께서 십자가 희생을 통하여 스스로를 거룩하게 하신 것은 예수님 자신만을 위한 게 아니었다. 제자들로 하여금 자신의 그런 거룩한 희생을 본받아 진리인 하나님의 말씀 안에서 거룩하게 하기 위함이었다. 여기서 '거룩'은 어둠의 세상으로부터 온전히 분리된 상태를 가리키는데, 그런 세상과 맞서 싸우기 위해서는 무엇보다도 세상에 물들지 않고 세상으로부터 온전히 분리되어야 하기 때문이다.

"아버지, 나의 기도는 오직 나의 제자들만을 위한 기도가 아닙니다. 그들이 전하는 말을 통하여 장차 나를 믿게 될 모든 사람을 위한 기도이기도 합니다. 아버지, 아버지께서 내 안에 계시고 내가 아버지 안에 있는 것처럼, 그들도 모두 하나 되게 하옵소서. 그리하여 그들 또한 우리 안에 있어, 세상으로 하여금 아버지께서 나를 보내셨음을 알게 하고 또 믿게 하옵소서."

이제 예수님의 기도 대상은 더욱 확대되었다. 지금까지는 자신과 3년 동안 동고동락했던 제자들을 위해 기도하였지만, 이제부터는 제자들에게서 복음을 듣고 하나님을 알고 예수님을 믿게 될 모든 신자들을 위해 기도한다. 기도의 내용은 제자들을 위한 기도의 내용과 별반 다르지 않다. 우선은, 믿는 자들이 서로 간에 사랑으로 '하나'가 되게 해달라는 것과, 나아가 그들 역시 세상에 복음을 전하여 예수님이 하나님께로부터 이 땅에 보내심을 받은 구세주라는 사실을 세상 사람들로 하여금 알게 하고 또 믿도록 해달라는 것이다.

"아버지, 나는 아버지께서 내게 주신 영광을 나를 믿는 자들에게 주었습니다. 그것은, 우리가 하나인 것과 같이 그들도 역시 하나가 되게 하기 위함입니다. 내가 그들 안에 있고 아버지께서 내 안에 계신 것은, 그들로 온전히 하나가 되게 하려는 것입니다. 부디 그들로 온전히 하나가 되게 하셔서, 아버지께서 나를 보내셨다는 것과 또 아버지께서 나를 사랑하셨듯이 그들 또한 사랑하셨다는 것을 세상으로 하여금 알게 하옵소서."

예수님의 기도는 매우 간절하다. 그래서 비슷한 내용을 반복해서 기도하신다. 히브리어의 어법상 '반복'은 곧 '강조'를 의미한다. 강조한다는 것은 그만큼 중요하기 때문이다. 무엇이 중요할까?

예수님을 믿는 신자들이 서로 간에 사랑하고 연합하여 온전히 '하나가 되는 것'이다. 다시 말해 '영적 일치'를 이루는 것이 중요하다. 그렇게 신자들이 영적 일치를 이루어 사랑과 화목의 교제를 나눌 때에야 비로소 세상을 향해 하나님의 사랑을 전하고 또한 담대하게 그리스도의 복음을 선포할 수 있기 때문이다.

"아버지, 아버지께서 내게 주신 사람들을 내가 있는 곳에 함께 있게 해주옵소서. 그리하여 세상을 창조하시기 전부터 아버지께서 나를 사랑하셔서 내게 주셨던 내 영광을 그들도 함께 볼 수 있게 해주옵소서."

예수님이 하나님 아버지께로부터 받은 영광은 예수 그리스도의 십자가 죽음과 부활과 승천 후에 얻게 되실 본래의 하늘 영광을 말하는 것으로, 예수님은 자신의 이 같은 영광을 제자들 및 모든 신자들과 함께 누리기를 간구하고 있다. 과연 예수님의 기도대로, 장차 예수님의 재림 때에 모든 믿는 자들이 예수님의 그러한 하늘 영광에 참예하게 될 것이다. 이제 예수님은 기도를 마무리하신다.

"의로우신 아버지! 세상은 아버지를 알지 못하지만 나는 아버지를 잘 압니다. 그리고 나를 믿는 자들 역시 아버지께서 나를 이 땅에 보내셨다는 것을 압니다. 그러므로 나에 대한 아버지의 크신 사랑이 그들 안에 있도록, 그리고 나 또한 그들 안에 있도록, 나는 이미 그들에게 아버지를 알려주었고, 앞으로도 계속해서 아버지를 알게 할 것입니다."

예수님은 지상에 계실 때 부지런히 아버지 하나님을 알려주셨다. 그래서 아버지 하나님께서 자기 독생자 예수님을 이 땅에 메시아(그리스도)로 보내셨다는 것을 믿는 자들은 예수님께 속한 자가 되어 장차 예수님의 영광에 참예하게 될 것이었다.

이처럼 예수님의 하늘 영광에 참예할 수 있는 자들이 계속 늘어나도록 예수님은 이 세상을 떠나서도 계속해서 아버지 하나님을 사람들에게 알게 할 터인데, 땅 위에 계실 때처럼 직접 하시지 않으시고 '보혜사 성령'을 통해 그렇게 하실 것이었다.

과연 예수님의 승천 후 열흘째 되던 날, 곧 그 해의 오순절에 예수님이 약속하신 대로 성령이 이 땅에 강림하셔서 하나님 아버지에 관해 생생하게 일깨워 주셨다. 다시 말해, 성령님은 하나님 아버지께서 세상(이때의 세상은 일반적인 세상 사람들)을 그토록 사랑하셔서 자기 독생자 예수님을 대속의 희생양으로 보내주셨다는 사실, 곧 '십자가 복음'을 올바로 깨닫도록 부지런히 사역하셨다.

18

심문당하시는 예수님

총독 빌라도가 예수에게 묻네
네가 정말 유대인의 왕이냐
나는 오직 진리를 위해 태어난 왕
내 나라는 세상 아닌 곳에 있다

예수께서 붙잡히심 (18:1-11; 마 26:47-56; 막 14:43-50; 눅 22:47-53)

"자, 이제 이곳을 떠나 올리브산(감람산) 쪽으로 가자꾸나!"

제자들과 함께 유월절 만찬을 가졌던 예루살렘 시내의 어느 다락방에서 모든 가르침과 기도를 마치신 예수님은 제자들을 데리고 그곳을 떠나 예루살렘 성읍 밖으로 나간 뒤에 기드론 골짜기를 건너 맞은편에 있는 올리브산으로 올라가셨다.

평소에도 제자들과 함께 즐겨 찾던 '겟세마네 동산'이었다. 예수님은 잠시 휴식을 취하고 싶을 때나 아버지 하나님께 힘과 용기를 공급받기 원할 때, 그리고 어떤 문제가 생길 때마다 이곳 동산에 오르셔서 조용히 묵상하시고 아버지 하나님께 기도하시곤 했다.

"난 여기서 아버지 하나님께 기도해야겠다. 너희도 깨어서 나를 위해 기도하도록 하여라. 지금 내가 심히 외롭고 괴롭구나."

십자가 수난의 길을 목전에 앞둔 예수님, 인류의 모든 죄악을 한

몸에 짊어져야 하는 참으로 무겁고도 엄숙한 중압감 때문에 심히 힘들어하셨다. 신성을 지닌 하나님의 아들로서가 아니라, 오롯이 인성을 지닌 사람의 아들로서 십자가 길을 걸어야 했기에 크게 번민하였다. 그래서 십자가 사역을 잘 감당하게 해달라고 아버지 하나님께 밤새워 기도하려 하셨고, 제자들에게도 기도를 부탁하셨다.

예수님은 모든 힘을 다 기울여 기도하셨다. 마치 가파른 낭떠러지 위에 홀로 선 어린 자녀가 자신을 도와줄 아버지를 간절하게 찾듯이 연신 "아바, 아버지!"를 외치며 혼신을 기울여 밤새도록 기도하셨다. '아바'는 '아버지'란 뜻의 아람어 '압바'를 음역한 말이다. 하지만 무심하게도 제자들은 깨어서 예수님과 함께 기도하지 않고 뭐가 그리 고단한지 저마다 쿨쿨 코를 골며 깊은 잠에 빠져 있었다.

요한복음에는 겟세마네 동산에서 피땀 흘리시며 기도하시는 예수님의 모습이 거의 생략되었다. 동산에 들어갔다는 말만 나오지 그 구체적인 내용은 없다. 그 까닭은, 요한복음은 사복음서 중에서 가장 나중에 기록된 것으로 먼저 기록된 공관복음(마태복음, 마가복음, 누가복음)을 보충하는 성격을 지니기 때문이다. 그래서 공관복음서에서 자세히 다루고 있는 내용들은 간단히 짚거나 그냥 넘어가버리고, 공관복음에 없는 내용들을 중심으로 자신이 본 사실이나 목격자들의 증언을 토대로 기록하고 있는 것이다.

시간이 흘러 어느새 이른 새벽이 되었다. 아직 날이 채 밝지 않은 그 이른 시간에, 동산의 정적을 깨뜨리는 한 무리의 거친 발자국 소리와 함께 웅성거리는 소리가 들려왔다.

"이봐, 대체 어디야?"

"이제 다 왔습니다. 이곳이 틀림없습니다!"

배반자 가룟 유다가 대제사장들과 바리새파 사람들이 딸려 보낸 한 무리의 군인들과 성전 경비병들을 이끌고서 그곳에 도착한 것이다.

그들 무리의 손에는 횃불과 등불과 무기가 들려 있었다. 사람들이 없는 데서 예수님을 체포하기 위해 이처럼 가룟 유다의 안내를 받아 아주 이른 새벽에 우르르 몰려든 것이다. 예수님은 이전에도 제자들과 함께 가끔씩 이곳 겟세마네 동산에 들르시곤 했기 때문에 배반자 가룟 유다도 그 장소를 잘 알고 있었다.

'아, 마침내 때가 오고야 말았구나. 아버지여, 아버지께서 내게 맡기신 사명을 잘 감당할 수 있도록 나에게 힘을 주옵소서.'

예수께서는 자신에게 닥쳐온 일을 다 아시고는, 앞으로 걸어 나가서 먼저 물으신다.

"당신들은 지금 누구를 찾고 있는 것이오?"

"나사렛 사람 예수란 자다!"

"내가 바로 그 사람이오!"

예수님이 서 계신 그 자리, 곧 겟세마네 동산에는 한 무리의 군사들이 횃불과 등불과 무기를 든 채 서 있었는데, 스승 예수를 팔아넘긴 배반자 가룟 유다도 그들 무리와 함께 서 있었다. 미명 속에서 군사들은 누가 예수인 줄 파악하지 못하고 우왕좌왕하고 있었다.

이러한 때에 예수께서 아주 당당한 자세로 "내가 바로 그 사람이오!" 하고 말씀하시자, 군사들은 그 말씀에 흠칫 놀라 모두가 뒤로 물러나며 땅바닥에 넘어졌다. 두려움 없는 당당한 태도, 아무런 동요가 없는 떳떳함에 군사들은 무언가 범접하기 어려운 기운을 느끼고는 순간적으로 놀라 넘어졌던 것이다. 땅에 넘어져 있는 군사들을 향해 예수께서 다시 물으신다. 잡으러 온 자들과 잡히는 자가 도리어 거꾸로 된 상황이다.

"당신들은 지금 누구를 찾고 있는 것이오?"

군사들이 하나둘씩 주섬주섬 일어서며 당황한 채로 다시 대답한다.

"나사렛 사람 예수란 자다!"

"내가 바로 그 사람이라고 말하지 않았소. 당신들이 찾고 있는 사람이

가룟 유다의 배반으로 체포당하신 예수님

바로 나라면, 나와 함께 있는 이 사람들은 가게 하시오."

예수께서 이렇게 말씀하신 것은 "아버지께서 내게 주신 사람들은 단 한 사람도 잃지 않았습니다."라고 기도하신 그 말씀을 이루기 위함이었다. 과연 그러하셨다. 예수님은 죽음의 위기 앞에서도 제자들의 신변을 염려하셔서 그들의 살 길을 마련해 주셨다. 이때 예수께서 "누구를 찾고 있는 것이냐?" 하고 거듭 물으신 것은, 군사들이 찾고 있는 자가 오직 자신뿐임을 알고 있었기에, 그들의 목적대로 자신만 체포하고 나머지 제자들에게는 손을 대지 말 것을 요청하신 것이다.

"에잇, 이놈들! 감히 우리 스승님을 붙잡으려 하다니! 어림도 없다!"

이때 호신용 단검을 소지하고 있던 시몬 베드로가 예수님을 보호한답시고 잽싸게 칼을 빼어 눈에 보이는 사람에게 힘껏 휘둘렀다.

"아, 앗, 아앗!"

베드로의 칼을 맞은 그 사람은 오른쪽 귀를 감싸 쥐며 고통스런 비명을 내질렀다. 그의 오른쪽 귀가 잘린 것이다. 그 사람은 대제사장 집안의 종인데, 이름은 '말고'였다.

"멈춰라! 그래선 안 된다! 베드로야, 네 칼을 어서 칼집에 꽂아라!"

예수님은 검을 휘두르는 베드로를 꾸짖으신 뒤 말씀하신다.

"아버지께서 내게 주신 이 잔을 내가 어찌 마시지 않을 수 있겠느냐!"

성경에서 '잔'은 종종 고난과 진노의 상징으로 사용된다. 여기서 '잔'은 타락한 인류를 구원하기 위해 성부 하나님께서 독생자 예수 그리스도에게 짊어지게 하신 '십자가 사역'을 가리킨다.

안나스 앞에 끌려가시다(18:12-14; 마 26:57-58; 막 14:53-54; 눅 22:54)

예수님의 만류와 책망에 베드로가 움찔하며 검을 거두어 뒤로 물러서자, 군사들과 지휘관과 성전 경비병들은 일제히 우르르 달려들어 예수를 체포했다. 그들은 예수를 밧줄로 단단히 묶은 후, 전직 대제사장이었던 안나스(주후 6-15년 재직)에게로 끌고 갔다.

다른 복음서에는 예수님이 체포된 후에 대제사장인 가야바에게로 끌려간 것으로 기록되었다. 하지만 요한복음은 전직 대제사장인 안나스에게로 먼저 끌려가서 간단한 심문을 마친 후에 가야바에게로 끌려갔다고 기록한다. 예수님을 로마 정부에 고발한 주체는 성전 권력이고, 그 해의 대제사장인 가야바는 원고가 된다. 그럼에도 경비병들이 안나스에게로 예수님을 먼저 끌고 간 것은, 그가 현직 대제사장인 가야바의 장인이면서도 배후에서 막강한 영향력을 행사하는 실세였기 때문이다. 당시 대제사장은 종신직이었다. 종신직이되, 1년마다 재임명하는 제도였다.

안나스에게는 다섯 명의 아들 제사장들이 있었는데 안나스가 뒤에서 조종했다. 예수님이 십자가에 못 박혀 죽으셨던 그 해에는 사위 가야바까지 대제사장으로 세워 배후에서 전권을 행사했다. 그러므로 예수를 체포하자마자 성전 경비병들이 가장 먼저 안나스에게로 예수를 끌고 간 것은 당연한 일이었다. 안나스의 간단한 심문이 끝난 후에야 가야바에게로 끌고 갔는데, 그는 일전에 "한 사람이 죽어, 온 백성을 살리는 것이 더 낫다"라고 유대인들에게 충고했던 바로 그 대제사장이다.

베드로의 부인 (18:15-18; 마 26:69-70; 막 14:66-68; 눅 22:55-57)

겟세마네 동산에서 붙잡혀 가장 먼저 안나스의 저택으로 끌려가신 예수님, 그때 예수님을 몰래 뒤따라간 두 명의 제자가 있었다. 시몬 베드로와 다른 제자 하나였다(여기서 '다른 제자'는 본서를 집필한 사도 요한이다. 요한은 당시에 예수님의 고난에 함께 동참하지 못했던 자신의 나약한 모습을 연상하면서, 베드로와 함께 한 그 제자가 자신임을 밝히기를 부끄러워했다).

"나요, 납니다."

그 다른 제자(사도 요한)는 대제사장 저택의 문을 지키는 종과 잘 아는 사이여서, 예수님을 따라 대제사장 집안의 안뜰까지 쉽게 들어갈 수 있었다. 하지만 그 종을 알지 못했던 베드로는 집안으로 들어가지 못하고 문 밖에서 기다려야 했다.

"이보게, 이 사람은 나와 가까운 사람이니 집안으로 들여보내 주게."

대제사장 저택의 문을 지키는 종과 잘 아는 사이인 그 다른 제자가 베드로가 뒤따라 들어오지 못한 것을 깨닫고는, 급히 돌아와서 문지기 여종에게 말하여 베드로를 안나스 저택의 안뜰로 데리고 들어갔다.

"어? 저기, 잠깐만요!"

다른 제자가 베드로를 데리고 안뜰로 향하고 있을 때, 문지기 여종이 총총걸음으로 곧장 뒤따라와서는 의심쩍은 얼굴로 베드로에게 묻는다.

"어딘가 안면이 있다 싶은데… 당신도 예수의 제자 가운데 한 사람이 아닌가요? 그렇죠? 내 말이 맞죠?"

그러자 베드로는 뭔가 숨기려다 들킨 사람마냥 화들짝 놀라며 크게 손사래를 친다.

“지금 대체 무슨 소릴 하는 것이냐! 아니다, 나는 아니야!”

유월절 만찬석상에서 예수님이 예언한 대로였다. 예수님이 붙잡혀 죽을 위기에 처하자, 베드로는 겁에 잔뜩 질려 제 한 목숨을 부지하려고 3년 내내 가까이서 동고동락한 스승님을 모른다고 딱 잡아뗐다.

이른 봄의 새벽녘이어서 날이 추웠다. 그래서 경비병들과 종들은 안뜰 바깥 주변의 곳곳에 불을 피워놓고는, 빙 둘러서서 불을 쬐고 있었다. 문지기 여종에게서 겨우 빠져나온 베드로는 슬며시 다른 사람들과 섞여 그들과 함께 서서 불을 쬐고 있었다. 타닥타닥 소리를 내며 타오르는 장작불이 새벽녘의 쌀쌀한 추위를 녹여주고 있었다.

대제사장의 심문 (18:19-24; 마 26:59-66; 막 14:55-64; 눅 22:66-71)

“그대는 답하라. 그대를 따르는 제자들에게 그대가 가르친 것들이 무엇인지 숨기지 말고 다 진술하라.”

대제사장 집의 너른 안뜰에서는 예수님을 세워두고 한창 심문이 진행되고 있었다. 대제사장 안나스는 예수의 종교사상에 대해 심문하였다. 자신을 따르는 제자들에게 예수가 무엇을 가르쳤는지에 대해 꼬치꼬치 캐물었다. 그러자 예수께서 대답하신다.

“숨길 게 하나도 없소. 그동안 나는 세상 사람들에게 다 드러내놓고 말해 왔소. 언제나 회당이나 성전에서 가르쳤는데, 그곳은 모든 유대인들이 모이는 공공장소요. 나는 숨어서 몰래 가르친 적이 한 번도 없소. 그러한데도 왜 내게 새삼 묻는 것이오? 내가 무얼 가르쳤는지에 대해선 내 말을 들은 사람들에게 직접 물어보시오. 그들은 내가 한 말들을 분명히 다 알고 있을 것이오.”

진실로 그랬다. 예수님은 천국 복음을 공공장소인 회당과 성전에서 공개적으로 가르치셨다. 하늘나라의 진리를 몰래 가르치거나 숨길 이유가 전혀 없었기 때문이다. 그러했기에 예수님은 회당과 성전에서 유대의 종교 지도자들과 여러 차례 공개 토론을 갖기도 했다. 그래서 안나스의 질문은 아무 쓸데없는 허튼 질문이었다.

"아니, 이자가! 대제사장님께 감히 그 따위로 대답하다니!"

가까이에 서 있던 경비병 하나가 손바닥으로 예수님의 뺨을 치면서 소리를 질렀다. 그러자 예수께서 그 경비병을 향해 말씀하신다.

"내 말이 거짓이라면 무엇이 잘못되었는지 증거를 대보시오! 사실대로 말하는 사람을 이렇게 함부로 칠 수 있소? 그건 대체 무슨 경우요?"

"그만! 모두 그만하라! 보아하니, 저자는 내게 제대로 대답할 것 같지 않다. 그러니 저자를 가야바에게로 보내도록 하라."

심문이 생각한 대로 풀리지 않자, 안나스는 예수를 결박한 채로 가야바에게로 보냈다. 가야바(주후 18-37년 재직)는 전직 대제사장인 안나스의 사위로서 현직 대제사장이었다. 그러니까 예수는 유대의 최고 의결기구인 공회(산헤드린)에서 정식 재판을 받기 위해 이송된 것이다.

베드로가 재차 부인함(18:25-27; 마 26:71-75; 막 14:69-72; 눅 22:58-62)

예수께서 전직 대제사장인 안나스에게 심문을 당하고 있던 그때, 시몬 베드로는 대제사장 저택의 안뜰 바깥쪽에 피워놓은 어느 장작불 주변에 서서 불을 쬐고 있었다. 다른 사람들과 섞여 말없이, 그러나 어딘지 모르게 몹시 초조하고 불안한 기색으로 몸을 잔뜩 웅크린 채 불을 쬐고 있었다. 그런데 아까부터 그런 베드로의 모습을 긴가민가하며 쭉 지켜본 어떤 사람이 마침내 입을 열어 베드로에게 묻는다.

"보시오, 낯이 매우 익은데… 당신도 저 예수란 사람의 제자들 가운데 한 사람이 분명한 것 같은데… 그렇지 않소?"

그러자 베드로는 불에 덴 듯 화들짝 놀라며 부인한다. 아까 문지기 여종의 질문에 모른다고 부인한 데 이어 두 번째 부인이다. 마태의 기록에 따르면(마 26:72), 베드로가 두 번째 부인할 때는 맹세까지 하며 부인했다고 한다.

"아니, 무슨 말을 그리 하는 거요? 맹세컨대, 난 아니오! 난 저 사람의 제자가 아니란 말입니다!"

그러자 또 다른 사람이 불쑥 나서며 베드로를 향해 묻는다. 그는 조금 전 겟세마네 동산에서 베드로에게 귀를 잘린 사람의 친척 되는 사람으로, 대제사장의 종들 가운데 하나였다. 그가 자신의 말이 틀림없다는 듯 베드로를 몰아세우며 말한다.

"당신이 올리브산에서 저기 있는 예수란 자와 함께 있는 것을 내 눈으로 똑똑히 보았소. 아무리 봐도 당신은 예수의 제자가 틀림없소."

하기야 예수님의 공생애 3년 내내 베드로는 예수님과 가장 가까운 거리에서 밤낮으로 줄곧 함께 있었으니, 사람들이 그를 몰라볼 리가 만무했다. 그런데도 베드로는 더욱 큰 소리로 끝까지 모른다고, 결코 아니라고 부인했다. 마태의 기록에 따르면(마 26:74), 베드로가 세 번째로 예수님을 모른다고 말할 때는 저주까지 하면서 부인했다고 한다.

예수님을 모른다고 부인하는 베드로

"난, 난 아니란 말이오! 내가 미치지 않고서야 저런 몹쓸 시골 뜨내기, 한낱 엉터리 작자를 내가 왜 따라다니겠소?"

베드로가 저주까지 하면서 세 번째로 예수님을 부인하던 바로 그 순간, 마치 기다리고 있었다는 듯 닭이 큰 소리로 길게 울었다. 과연, 예수님이 예언하신 그대로였다! 바로 전날 유월절 만찬석상에서 예수님은 목숨까지도 기꺼이 내놓고 주님을 끝까지 따르겠다고 호언장담하는 베드로를 향해 이렇게 말했었다.

"베드로야, 내일 아침 닭이 울기 전에 너는 세 번이나 나를 모른다고 부인할 것이다."

빌라도의 심문(18:28-40; 마 27:1-2, 11-21; 막 15:1-11; 눅 23:1-19)

"자, 이제 예수를 로마 총독에게로 데리고 가자!"

현직 대제사장인 가야바의 주도 하에 유대인의 최고 의결기구인 공회(산헤드린)에서 예수를 심문한 뒤, 유대인들은 예수를 대제사장 가야바의 집에서 데리고 나와 로마 총독의 관저로 데리고 갔다.

겟세마네 동산에서 체포당하신 예수님은 가장 먼저 전직 대제사장인 안나스에게로 끌려가 거기서 간단한 심문을 거친 뒤 현직 대제사장인 가야바에게로 보내져 거기서 정식 심문을 거쳤다. 그 자리에서 유대 공회는 예수에게 사형판결을 내렸다. 하지만 당시 로마의 식민지배 아래 놓여 있었던 유대는 사형집행권이 없었기 때문에 그 집행권을 가진 로마 총독에게로 예수를 보낸 것이다. 그러는 사이에 새벽 미명의 어둠이 걷히고 어느새 날이 밝아오는 이른 아침 시간이 되었다.

그 날은 유대인들의 최고 명절인 유월절이 시작되는 금요일 아침이었다. 해가 뉘엿뉘엿 질 무렵(오후 6시경)부터 유월절이 시작되었고(아빕월, 14일 저녁), 이후 '무교절'이라고도 부르는 유월절이 일주일 동안 지속되었다(아빕월 15-21일). 유대인들은 유월절 기간에 몸을 더럽혀서는 안 되었다. 다시 말해, 종교 의식상 부정(不淨)을 피하고 정결한 상태를 유지해야 했다.

모세 율법에 따르면, 유대인이 이방인의 집에 들어간 경우에는 몸을 더럽힌 것으로 간주하고, 이때는 몸을 씻고 하루가 지나야 부정을 벗고 정결하게 될 수 있었다. 그러나 유월절(무교절)이 시작되는 금요일에 유대인이 이방인인 로마 총독의 관저에 들어가면 그 부정을 씻을 시간이 없었으므로, 유대인들은 예수만 들여보내고 자신들은 로마 총독의 관저 안으로 들어가지 않았다. 부정을 피하려고 무진 애쓰는 무리들이 하나님의 아들인 예수를 죽이려고 무진 애쓰고 있다는 것은 참으로 아이러니한 일이 아닐 수 없다.

'거참, 이게 뭐람. 되게 귀찮네.'

유대인들이 관저 안으로 들어오지 않고 죄다 밖에 있었으므로, 할 수 없이 로마 총독 빌라도가 유대인들이 있는 곳으로 나와서 그들에게 물어야 했다.

"당신들은 이 사람을 무슨 일로 고발하였소?"

"총독 각하! 그 사람이 흉악한 일을 저지른 범죄자가 아니라면, 우리가 왜 그자를 각하께 넘겼겠습니까?"

"흉악한 죄를 지었다? 그렇다면 당신들이 그자를 데리고 가서, 당신네 법대로 재판하면 되지 않소."

"하지만 각하! 우리에겐 사람을 사형시킬 권한이 없습니다. 그 권한은 각하께 있습니다. 그러니 각하께 그자를 데려온 것입니다."

유대의 분봉왕 헤롯 아켈라오(주전 4년-주후 6년)가 추방당하고, 유대가 로마의 직접적인 통치를 받게 된 이후부터 유대 공회는 사형집행권을 박탈당했다. 따라서 유대의 최고 의결 및 집행 기구인 공회(산헤드린)는 종교적인 출교나 태형 정도만을 집행할 수 있었다. 사형집행권은 로마 총독에게 있었다. 물론 이스라엘 자체로는 독립적인 헤롯왕이 있었지만 로마제국의 꼭두각시에 불과했다.

"그러니까 당신네들의 주장인즉슨 예수란 자에게 사형을 언도해 달라 그 말이요?"

"그렇습니다, 각하! 그자에게 사형을 언도해 주십시오!"

이로써, 일전에 예수께서 자신의 죽음에 대해 이야기하신 그 말씀이 이루어지게 되었다. 예수님은 자신의 공생애가 막바지에 이르자 제자들에게 자신의 죽음을 예고하시면서 이렇게 말씀하신 적이 있었다.

> "보라, 유대인들이 나를 죽이기로 결의하고 이방인들에게 넘겨주어 나를 십자가에 못 박게 할 것이다"(마 20:18-19).

유대인들의 말을 듣고, 로마 총독 빌라도는 자신의 관저 안으로 돌아가 예수를 자기 앞에 불러다 세워놓고 묻는다.

"네가 정말 유대인의 왕이냐?"

사실, 로마 총독 빌라도는 유대인들의 종교 문제에는 하등 관심이 없었다. 하지만 로마 정부의 권력에 도전하는 사회, 정치적인 반역 요소에는 매우 민감했다. 따라서 자신을 정치적 지도자나 왕이라고 주장하는 자는 로마 정부에 위협이 되는 인물로 간주되어 누구든지 처형과 제거의 대상이 되었다. 이런 문제에 미온적인 행동을 보여 소란이라도 일어나면 지방 총독은 로마로 소환되어 문책을 당하는 경우가 있었다. 자칫하면 총독직이 박탈되는 것이다.

이런 점을 노리고, 유대의 종교 지도자들은 예수를 로마 황제(가이사)에게 세금 내는 것을 반대하고, 로마 정부에 반역하는 인물로 고소했던 것이다. 하지만 도살장으로 끌려가는 어린양처럼 자기 앞에 순순히 서 있는 예수를 보고, 빌라도는 도무지 예수가 정치적 반란을 꾀하는 자처럼 보이지 않았다. 그래서 유대인들의 고소를 미심쩍어 하며 이처럼 질문한 것이다. 빌라도의 질문에 예수께서 빌라도에게 되물으신다.

"지금 그 질문은 당신의 생각에서 나온 것이오? 아니면, 다른 사람들이 나를 두고 당신에게 한 말이오?"

그러자 빌라도가 흠칫 놀란 표정을 지으며 말한다.

"너는 내가 유대인인 줄 아느냐? 너의 동족과 대제사장들이 너를 내게 넘긴 것이다. 너는 대체 무슨 일을 저질렀느냐?"

"내 나라는 이 세상에 속하지 않소. 만약 그랬다면, 내 종들이 싸워서 내가 유대인들에게 체포되지 않도록 능히 막았을 것이오. 내 나라는 이 세상에 속한 것이 아니고 다른 곳에 있소."

"다른 곳?"

빌라도가 고개를 갸웃하며 또 묻는다.

"그러면, 네가 어쨌든 왕이란 말이냐?"

"그렇소. 당신의 말대로 나는 왕이오. 사실, 나는 진리를 증언하기 위해 태어났고, 그 일을 하려고 이 세상에 왔소. 그러므로 누구든지 진리 편에 서 있는 사람들은 모두 내 말을 듣소."

"진리라…? 그래 좋다, 그러면 진리가 무엇이냐?"

이때 빌라도는 진리에 대한 진지한 관심에서 진리를 물은 것이 아니다. 그 질문 자체가 예수에 대한 조롱이고, 종교국가 이스라엘에 대한 비웃음이다. 그러니까 빌라도는 이렇게 묻고 있는 것이다.

'진리가 도대체 무엇이냐? 너 예수란 자는 3년 동안 진리를 가르쳐왔을 텐데 너와 함께 죽을 사람이 그렇게도 없더냐? 모두들 도망가고 너 혼자 내 앞에 와서 진리를 말하다니 참으로 우습구나. 그런 것도 진리라고 할 수 있는 게냐.'

그리고 유대인들에게는 이렇게 조롱하고 있는 것이다.

'너희에게 진리는 또 무엇이더냐? 너희가 유일신 여호와 신앙으로 진리를 소유했다고 하면서, 나사렛에서 올라온 이 시골뜨기 청년이 무서워서 지나가던 소도 들으면 웃을 죄목으로 나더러 처형해 달라고 부탁하는 것이더냐? 너희의 진리라는 것이 고작 시기심과 질투심 정도이더냐?'

빌라도 앞에서 심문받으시는 예수님

예수님은 진리에 대해 묻는 빌라도의 의도를 알았다. 빌라도가 진리에 대해 물은 것은 진리 자체에 대한 관심에서가 결코 아니었다. 빌라도가 진지한 자세로 진리를 탐구하려 했다면 그는 진리 앞에 마주 서 있는 자신을 발견하게 되었을 것이다. 진리는 예수님 자신이고, 또한 예수님이 가르치신 모든 복음이다. 예수님이 진리인 것은, 본래 하나님이신 그분은 본질적인 속성상 모든 옳은 것의 완전한 척도로서 진리의 근원이시고 또 진리 자체이시기 때문이다. 그러므로 그런 진리되시는 예수께로부터 비롯되는 모든 가르침(말씀) 역시 진리인 것이다.

참 진리이신 예수님은 우리를 모든 왜곡되고 뒤틀린 상태 곧 죄와 사망으로부터, 자기기만으로부터, 사탄의 속임수로부터 우리를 능히 해방시켜 주실 수 있다. 하지만 당시 이방인이며 불신자인 빌라도는 이 같은 예수님의 말을 알아들을 귀가 없었다.

"그것 참! 알아듣지 못할 요상한 말만 지껄이는군. 이런 자가 무슨 정치적 반란을 꾀했다고 저 난리들인지 원~!"

예수님을 몇 차례 심문한 뒤 빌라도는 나름대로 확신을 갖고 다시금 관저 밖에 서 있는 유대인들에게로 나가서 그들에게 말한다.

"다들 내 말을 들으시오! 내가 심문해 본 결과, 나는 그 사람에게서 아무런 죄도 찾지 못했소."

그 말을 들은 유대인들은 거의 광분 상태가 되어 큰 소리로 부르짖는다. 그들은 이미 유대의 종교 지도자들로부터 단단히 선동되어 정상적인 판단을 상실한 상태였다.

"아닙니다, 각하! 그럴 리 없습니다. 그자는 죽어 마땅한 자입니다. 그자에게 사형을 언도해 주십시오! 그자에게 당장 사형을 내려주십시오!"

군중심리에 휩싸인 유대인들이 이성을 잃고 거의 미쳐 날뛰자, 로마 총독 빌라도는 곤혹스러운 표정이 역력했다. 죄 없는 자에게 사형을 언도하기도 영 마뜩찮았고, 그렇다고 유대인들의 요구를 거절했다가는 자칫 폭동이라도 일어날 기세라 영 불안했다.

마태복음은 빌라도가 재판을 하려는 순간에 그의 부인이 사람을 보내어 자신이 꾼 꿈 이야기를 하면서 예수에 대한 재판을 조심하라고 전했다는 기록이 나온다(마 27:19). 어떤 꿈 이야기일까?

전승에 의하면, 부인은 많은 신자들이 모여서 "예수 그리스도는 본디오 빌라도에게 고난을 받으시고…."라고 암송하는 꿈을 꾸었다고 한다. 그런 꿈을 꾼 빌라도의 부인은 빌라도에게, 예수란 자는 보통 사람이 아니므로 섣불리 해로운 판결을 하지 말라는 전갈을 보낸 것이다. 부인의 꿈 이야기가 생각나서인지, 빌라도는 더욱 머리를 감싸고 고민하였다. 잠깐 동안 심각한 표정으로 고민하던 빌라도는 불현듯 묘수라도 발견한 듯 한결 밝은 표정으로 유대인들에게 말한다.

"모두 진정하시오! 진정하고, 내 말을 좀 들어보시오. 이렇게 하면 어떻겠소? 해마다 유월절에는 죄수 한 명을 놓아주는 관례가 있지 않소? 그러니 이번에는 저 '유대인의 왕'을 놓아주는 것이 어떻겠소?"

빌라도는 예수에게 죄 없는 줄 확신했지만, 유대인들의 요구에 부응하여 예수를 중죄인으로 간주하고, 유월절 관례를 통해 그를 석방해 주자는 타협안을 제시한 것이다. 자신과 유대인들 양쪽이 흡족하지는 않더라도 그럭저럭 수용할 만한 타협안이라고 생각했다. 그러나 빌라도의 타협안은 일언지하에 거절당했다. 빌라도의 타협안을 듣고, 유대인들은 더욱 길길이 날뛰며 큰 소리로 외쳤다.

"안 됩니다! 그 사람은 절대로 풀려나선 안 됩니다! 차라리 예수를 놓아줄 바엔 바라바를 놓아주십시오!"

"바라바를? 정말 바라바를 원하는 것이오?"

"그렇소! 예수를 사형에 처하고, 바라바를 놓아주십시오!"

"예수에게 사형을! 바라바에게 석방을!"

바라바는 당시 유대인들에게 널리 알려진 유명한 강도였다. 그래서 마태는 바라바를 '유명한 죄수'로 표기했고, 마가는 그를 '민란을 꾸미고, 그 민란 중에 살인하고 체포된 자'로 표기했다.

오늘날의 시각으로 보면, 바라바는 민족해방주의자로서 정치적 목적을 위해 사회 불안을 조장하고 군중을 선동하며 요인 암살을 꾀하는 극단주의적인 테러리스트로 간주된다. 하지만 유대 백성들 사이에서는 그의 범죄가 압제자인 로마 정부에 대한 것이었기 때문에, 그를 영웅으로 보는 시각도 있었다. 그래서 당시 선동을 받아 군중심리에 휩싸인 유대인들은 예수 대신에 바라바의 석방을 요구한 것이다.

19

십자가 위에서 돌아가시다

빌라도가 예수님을 넘겨주자
로마 군인들이 예수님을 끌고 나가네
십자가를 지고 골고다 언덕으로 가신 예수님,
군인들이 예수님을 십자가에 못 박네

사형을 언도받다(19:1-16; 마 27:22-31; 막 15:12-20; 눅 23:20-25)

"여러분은 정녕 바라바를 풀어주고, 예수를 사형에 처하기를 원하는 것이오?"

"그렇습니다! 바라바를 석방하고, 예수를 십자가에 못 박기를 원합니다!"

유대인 군중들은 더는 어떤 타협도 있을 수 없다는 듯 단호한 의지를 표명하였다. 예수에게 사형언도를 내리지 않는다면 군중들의 소요가 결코 진정되지 않을 것처럼 보였다. 빌라도는 참으로 난처했다. 그래도 국가의 녹을 먹는 총독으로서 죄 없는 예수에게 사형언도를 내리는 게 영 마뜩잖았다. 그래서 한 가지 타협안을 더 제시한다.

"여러분, 모두 진정들하시고 내 말 좀 들어보시오! 예수란 자에게 가혹한 매질을 가하여 정신을 차리도록 해놓겠소! 다시는 허튼 소리 하지 못하도록 만들어 놓겠소!"

그러면서 로마 총독 빌라도는 유대인 군중들의 반응에 상관없이 자기 곁에 서 있던 부하들에게 즉각 명령을 내린다.

"너희는 저 예수란 자를 끌고 가서 채찍질을 가하도록 하라!"

빌라도는 예수에게 죄가 없음을 알고도 채찍질을 가했다. 그것은 명백히 본래의 법 규정과 어긋나는 행위였다. 그렇지만 당시 로마의 관리들은 뇌물이나 상황에 따라 멋대로 재판을 진행하곤 했다. 빌라도 역시 예수가 무죄한 사실을 알고서도 부당하게 채찍질을 가한 것은, 그렇게 하면 유대인들이 예수를 십자가에 못 박으라는 요구를 포기할 줄로 생각했던 것이다.

"네, 총독 각하!"

빌라도의 명을 받은 로마 군인들은 예수를 끌고 총독 관저 내의 처형장으로 끌고 갔다. 그런 뒤 '유대인의 왕'이라고 주장한 예수를 조롱하기 위해 가시나무로 왕관을 만들어 예수의 머리에 씌우고는 자색 옷을 입혔다. 그런 다음 로마 군인들은 본격적으로 예수를 조롱하기 시작했다.

"유대인의 왕 만세!"

"왕이시여! 우리 경배를 받으소서! 낄낄!"

실컷 조롱한 후에는 손바닥으로 예수의 얼굴을 때리고 채찍질을 가하기 시작했다. 주후 1세기경, 로마인들의 채찍질은 무자비하고 가혹한 형벌이었다. 채찍은 여러 가닥의 가죽 줄 끝에 날카로운 금속이나 뼛조각을 박아 만들었는데, 한두 번의 채찍질에도 등의 껍질이 벗겨지면서 피가 났고 살점까지 뜯겨졌으며, 때로는 뼈나 신체 기관이 드러나기도 했다. 그래서 채찍질로 인해 목숨을 잃은 경우도 종종 있었다. 그런 채찍질로 인해 예수님의 몸은 갈기갈기 찢겨져 피투성이가 되었다.

"그만! 됐다. 이제 그만하여라!"

예수님의 처참한 몰골을 보고 빌라도는 자신도 모르게 인상을 찡그렸다. 그렇게 철저히 망가진 예수의 모습을 본다면, 유대인 군중들의 성난 마음도 진정될 수 있을 것이라고 생각했다. 그래서 빌라도는 다시 관저 밖으로 나가서 유대인들에게 말한다.

"여러분, 이제 내가 예수를 다시 당신들 앞으로 끌고 나오게 하겠소. 다시금 분명히 밝혀두자면, 나는 그에게서 아무런 죄도 찾지 못했소. 그러니 이쯤해서 그만두도록 합시다!"

빌라도는 예수를 끌고 오라고 부하들에게 명했다. 잠시 뒤 가시관을 쓰고 자색 옷을 입은 채 온몸이 피투성이가 된 예수가 관저 밖으로 끌려 나오자, 빌라도가 예수를 가리키며 말한다.

"보시오, 이 사람이오!"

빌라도의 이 말에는 다음과 같은 의미가 함축되어 있었다. 채찍질과 가시관으로 피범벅 된 이 예수란 자가 과연 그의 주장대로 '유대인의 왕'이라고 할 수 있는가! 보다시피, 그건 어림도 없는 일이 아닌가! 너희의 동족인 이 사람이 이 지경이 되도록 고난받고 망가졌으면 족하지 않은가! 그렇다면 이제는 이 사람을 석방하는 것이 사람의 인정상 허락되

유대인들을 향한 빌라도의 외침—"보시오, 이 사람이오!"

어야 하지 않겠는가!

하지만 이 같은 빌라도의 예측은 완전히 빗나갔다. 피범벅 된 예수의 처참한 몰골을 보고서도 유대인 군중들은 여전히 피에 목마른 사람처럼 더욱 광분했다. 대제사장들과 성전 경비병들이 앞장서서 크게 외친다.

"그자를 십자가에 못 박으시오!"

"그자를 십자가에 못 박으시오!"

상식과 도리가 통하지 않는 유대인 군중들을 보고서 빌라도가 짜증 섞인 목소리로 대꾸한다.

"정 그렇다면, 당신들이 그자를 직접 십자가에 못 박으면 될 게 아니오! 아무리 심문해도, 나는 그자에게서 사형에 해당할 만한 아무런 죄목도 찾지 못했소."

그래도 유대인들은 그야말로 막무가내였다. 마치 피에 굶주린 들짐승 떼와 같았다.

"우리에겐 율법이 있소! 그 율법에 따르면, 그자는 죽어야 마땅합니다. 자신이 '하나님의 아들'이라고 주장했기 때문이오!"

"뭐요? 자신이 하나님의 아들이라 주장했다고요?"

"그렇소! 그러니 그자는 신성모독의 죄로 죽어야 마땅한 자입니다!"

유대인들의 말을 듣고, 빌라도는 더욱 두려운 생각이 들었다. 한두 차례 예수를 심문해 본 결과, 분명 예수에게서는 다른 일반 죄수들과는 확연히 다른 범상치 않은 기운을 감지했기 때문이다. 만일 예수의 주장대로 그가 진짜 하나님의 아들일 경우에 자신이 받게 될 신의 심판이 두려워졌다.

'그자가 자신을 하나님의 아들이라 했다고? 하나님의 아들이라….'

빌라도는 속으로 그 말을 되뇌면서 예수를 다시 총독 관저 안으로 데리고 들어갔다. 그런 다음, 예수에게 묻는다.

"네가 어디서 왔느냐?"

그러나 예수님은 묵묵히 침묵을 지킬 뿐 아무런 대답도 하지 않으셨다. 빌라도가 답답하다는 듯 재촉한다.

"왜 침묵하는 것이냐? 내게 말하지 않을 작정이냐? 나에겐 너를 놓아줄 권한도 있고, 십자가에 못 박을 권한도 있다는 것을 모르는 게냐?"

그제야 예수께서 입을 열어 빌라도에게 무겁게 말씀하신다. 여전히 당당하고 위엄 있는 목소리다.

"위로부터 당신에게 권한이 주어지지 않았다면, 당신에겐 나에 대한 어떠한 권한도 없었을 것이오. 그러니, 나를 당신에게 넘겨준 자들의 죄가 더욱 크오."

이때 로마 총독 빌라도는 자신에게 주어진 권한을 옳게 사용하지 못한 책임이 있었다. 그런데 그보다 더 책임이 있는 자들은 예수에게 죄를 덧씌워 빌라도에게 넘겨준 유대의 종교 지도자들이었다(물론, 그들에게 선동당한 일반 유대인들도 죄가 있었다). 그들은 예수의 메시아 사역을 보고서도 예수를 시기하여 자신들의 종교적, 정치적 기득권을 위해 무지한 군중을 선동하고 유약한 빌라도를 협박하여 결국 예수를 십자가에 못 박았기 때문이다.

'흠, 아무리 살펴봐도 이자에게서는 죄를 찾을 수 없구나. 아, 내가 공연히 유대인들의 율법에 연루되어 이게 뭔 고생이람!'

예수의 답변을 듣고, 빌라도는 다시금 예수의 무죄를 확신했다. 그래서 어떻게든 예수를 놓아주려고 애썼다. 하지만 그런 빌라도의 모습을 보고, 유대인 군중들은 계속해서 더욱 목소리를 높여 외친다.

"만일 총독께서 이자를 놓아주신다면, 각하는 로마 황제의 충신이라고 할 수 없습니다."

"옳소! 누구든지 자기를 '왕'이라고 주장하는 자는 로마 황제를 반역하는 자입니다. 그런 자는 마땅히 사형에 처해야 합니다."

유대인 군중들의 발악적인 외침에 관저가 떠나갈 지경이었다. 그래서 빌라도는 다시 예수를 관저 밖으로 데리고 나와 돌을 깔아놓은 광장의 재판석에 앉혔다. 때는 유월절이 시작되는 날로 오전 6시쯤이었다(유월절은 그날의 해가 뉘엿뉘엿 질 무렵, 곧 오후 6시쯤에 시작된다). 예수를 관저 밖으로 끌고 나온 빌라도가 유대인들에게 큰 소리로 말한다.

"자, 여기에 당신들의 왕이 있소!"

전혀 왕 같지도 않은 왕이 여기에 있다는 말이다. 과연 그러했다. 가혹한 채찍질로 인해 온몸이 피투성이가 된 채 포승에 묶여 가시관을 쓰고 자색 옷을 입고는 힘없이 군중들 앞에 서 있는 예수의 모습! 누가 보더라도 정치적인 왕과는 거리가 멀었다. 그러니 이런 예수에 더 이상 미련을 두지 말고 깨끗이 그를 포기하라는 말이었다. 하지만 유대인 군중들은 피에 굶주린 아귀 떼 같았다. 이미 군중심리에 휩싸여 이성을 상실한 상태였다. 더욱 큰 소리로 외친다.

"그자를 죽이시오! 그자를 처형하시오!"

"그자에게 사형을 내리시오! 그자를 십자가에 못 박으시오!"

유대인들은 오랫동안 구원자 메시아를 기다려 왔다. 그들이 생각한 메시아 상은 옛적 다윗 왕 같은 강력한 왕의 모습이었다. 그들은 언젠가 메시아가 출현하여 로마 군대를 물리치고 그들의 압제로부터 이스라엘을 해방시켜 줄 것이라고 기대하고 있었다.

한때 유대인들은 예수가 그런 메시아인 줄 알고 그에게 잔뜩 기대를 걸었다. 그런데 그런 기대가 여지없이 깨지자, 이제는 그것이 지독한 미움과 증오로 바뀌어 예수를 기어코 죽이려 했다.

"당신들의 왕을 왜 나더러 십자가에 못 박으란 말이오?"

빌라도가 어떡하든 그 곤란한 상황에서 발을 빼려고 유대인들에게 대꾸했다. 그러나 유대인 군중들에게 전혀 먹혀들지 않았다. 그들을 대표해서 대제사장들이 총독에게 대답한다. 사두개파 대제사장들은 친(親)로마파였기에 쉽게 그렇게 말할 수 있었다.

"우리에겐 로마 황제 말고는 다른 왕이 없습니다! 다른 왕들은 모두 처형해야 마땅합니다! 그러니 자칭 '유대인의 왕'이라 하는 저 예수란 자를 죽이십시오!"

빌라도는 더는 설득할 수도 타협할 수도 없다는 사실을 깨달았다. 유대인들의 소요를 무릅쓰고라도 예수를 석방하든지, 유대인들의 요구대로 예수를 십자가에 못 박든지, 어느 쪽이든 결단을 해야 했다. 인류 역사에 있어서 가장 중차대한 결정이 하필 빌라도에게 주어졌다.

"좋다! 예수에게 사형을 언도한다. 그자를 십자가에 못 박도록 하라!"

양심의 소리를 외면하고, 결국 빌라도는 정의 대신에 불의를 선택했다. 역사의 의인으로 길이길이 남을 수도 있는 순간을 저버리고 스스로 역사의 영원한 죄인이 되고 말았다. 이후로 그는 모든 세대를 통하여 불의한 공직자의 표상이 되고 말았다. 오고 오는 모든 기독교인들이 때마다 암송하는 사도신경 속에서 영원히 씻을 수 없는 오명으로 남고 말았다.

> "그 외아들 우리 주 예수 그리스도를 믿사오니, 이는 … 본디오 빌라도에게 고난을 받으사 십자가에 못 박혀 죽으시고"(사도신경 중에서).

마침내 로마 총독 본디오 빌라도는 예수에게 사형을 언도한 뒤 그를 십자가에 못 박으라고 군사들에게 넘겨주었다. 그러자 로마 군인들이 예수를 처형하려고 골고다 언덕으로 끌고 갔다.

이렇게 예수님은 우유부단하고 불의한 공직자와 무지하고 사악한 유대인들에 의해 십자가에 못 박혀 죽게 되었다. 사실, 십자가 수난은 오랜 옛적부터 예수님에게 주어진 피할 수 없는 운명이었다. 그럴지라도 그 운명에 불법적으로 사악하게 연루된 자들은 심판을 면할 길 없다. 가룟 유다, 빌라도, 유대의 종교 지도자들, 선동당한 유대인들 등등은

피 흘리게 한 자신들의 죗값을 받아야 했다.

예수님은 십자가를 지고 골고다로 향했다. 그리고 그렇게 십자가에 못 박혀 죽으셔야 했다. 반드시 그래야만 인류에게 구원과 영생의 길이 활짝 열리기 때문이다. 본질상 죄는 우리를 하나님과 분리시키고 필히 '죽음'이라는 대가를 요구하는데, 아무런 죄 없으신 예수님이 우리를 대신해서 우리 죄를 짊어지고 십자가에 못 박혀 죽으실 때에만 우리의 죗값이 하나님 앞에서 온전히 정산되기 때문이다.

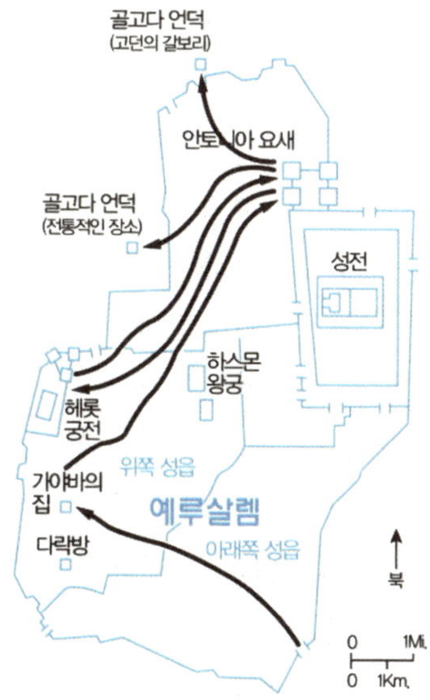

예수님의 재판 과정과 골고다 언덕

십자가에 못 박히심(19:17-27; 마 27:32-44; 막 15:21-32; 눅 23:26-43)

"이런! 왜 이리 힘을 못 쓰는 거야!"

"이봐, 어서 일어나라구! 일어나, 걸으란 말이닷!"

겟세마네 동산에서 밤새워 기도한 데다, 이른 새벽부터 이리저리 끌려다니며 수차례 심문을 받았고, 게다가 가혹하게 채찍질을 당했기 때문에 예수님의 몸 상태는 허약할 대로 허약해져 있었다. 무거운 십자가를 지신 예수님은 몇 발자국 걷다가 푹 쓰러지고 겨우 일어나 몇 발자국 걷다가 다시 푹 쓰러지기를 반복하셨다.

그렇다면 예수님이 지신 십자가의 무게는 얼마가량 되었을까? 일반적으로 성화나 영화 등에서 묘사되어 온 예수님이 지신 십자가는 가로축과 세로축이 연결된 온전한 십자가 형태인데, 실은 그게 아니다. 십자가의 긴 세로축은 골고다 언덕에 이미 세워져 있었고, 예수님은 양팔로 십자가의 가로축만을 지고 걸으셨다. 그렇게 골고다 언덕에 도달하고 나면, 가로축의 나무에 예수님의 양손을 못 박은 후 그대로 세로축과 연결하여 십자가 형태로 높이 매달도록 되어 있었다.

성서고고학자들의 연구에 따르면, 당시 십자가의 가로축 나무는 두께가 약 13cm, 길이 약 180cm, 무게 약 40kg 정도 되었다고 한다. 그리고 손에 박혔던 못도 그냥 보통의 작은 못이 아니라, 아주 두껍고 큰 대못으로 길이는 13cm 정도였다고 한다. 이렇게 볼 때 많이 허약해진 예수님이 40kg 나가는 십자가를 지고, 총독의 관저에서 골고다 언덕까지 대략 800~900m의 거리를 계속 오르신다는 것은 애초에 무리였다.

"에잇, 아무래도 안 되겠다! 주변 사람들 중에서 건장한 놈을 하나 골라 예수 대신 십자가를 지고 가게 해야겠다!"

그래서 로마 군인들은 주변 사람들 중에 건장하게 보이는 한 남자를 골랐다. 그는 유월절을 맞아 저 멀리 구레네(아프리카 북부 연안에 위치한 도시) 지역에서 예루살렘까지 올라온 '시몬'이란 자였다. 로마 군인들은 그를 차출하여 그로 하여금 예수 대신 십자가를 지게 했고, 그 덕분에 예수님은 '골고다'라 불리는 처형 장소에 이르게 되었다. 히브리어 '골고다'는 '해골'이란 뜻이었다. 그 까닭은 아마도 그곳 언덕의 전체적인 모양새가 사람의 해골을 닮았기 때문으로 보인다.

로마 군인들은 죄수들의 처형 장소인 골고다 언덕에서 예수를 십자가에 못 박았다. 예수님의 손을 나무 위에 올려놓고 굵은 대못을 댄 뒤 무거운 망치로 사정없이 내리쳤다. 예수님의 양손에서는 선혈이 낭자하게 흘러내렸다. 그렇게 예수님이 지고 온 가로축의 나무에 예수를 못 박은 뒤, 예수를 높이 들어 올려 이미 세워 놓은 세로축과 연결했다.

그런데 그날 골고다 언덕에서 예수님과 함께 처형되는 사형수가 더 있었다. 십자가형을 언도받은 두 명의 강도였다. 로마 군인들은 예수를 가운데에 매달고, 좌우 양편에 각기 죄수 한 명씩을 매달았다. 그리하여 골고다 언덕에 세 개의 십자가가 세워졌다. 때에 로마 총독 빌라도는 죄수의 명패를 준비하여 붙이게 했는데, 예수님이 매달린 십자가 위에는 '나사렛 예수, 유대인의 왕'이라고 쓰인 명패가 붙어 있었다.

빌라도가 예수에 대하여 그런 명패를 쓰게 한 까닭은, 자신에게 예수를 굳이 처형하도록 강요한 유대인들에 대한 모욕인 동시에, 오랜 세월 동안 유대인들이 품어 왔던 그들의 왕 메시아에 대한 희망을 좌절시키려 했기 때문이다.

"쯧쯧! 유대인의 왕이 저런 꼴이라니…!"

많은 유대인들이 예수님의 십자가 위에 붙어 있는 그 명패를 읽었다. 예수께서 십자가에 못 박히신 그곳은 예루살렘 도성에서 가까운 데다, 명패가 히브리어와 라틴어와 헬라어로 쓰였기 때문이다.

이 세 가지 언어는 유대인들과 로마인들, 그리고 세계 각국의 사람들을 위한 것이었다. 당시 헬라어는 세계 도처에서 널리 통용되던 언어였다. 그 결과, 빌라도의 의도와는 무관하게 예수께서 '유대인의 왕' 되심이 세상 사람들에게 널리 알려졌다. 명패에도 복음의 세계적 성격이 나타나 있었던 것이다.

"아니, 유대인의 왕이라니! 그건 안 될 말이지!"

예수님의 십자가 위에 붙여진 그 명패를 읽고, 대제사장들이 빌라도에게 강력하게 항의한다.

"각하, 그럴 수 없습니다! 예수의 명패에다 '유대인의 왕'이라고 쓰면 안 됩니다! 굳이 그 말을 써야 한다면 '자칭 유대인의 왕'으로 고쳐야 합니다!"

그러나 이번에는 빌라도가 호락호락하지 않았다. 마지못해 예수에게 사형언도를 내린 것도 꺼림칙한 터였다. 그래서 불만이 잔뜩 어린 퉁명스

골고다 언덕에서 두 강도와 함께 십자가에 못 박히신 예수님

런 목소리로 대제사장들의 요구를 일언지하에 거절한다.

"그만! 이제 그만들 하시오! 내가 그렇게 썼소! 다른 말로 바꿔 쓸 수 없소!"

빌라도가 단호하게 거절하자, 유대인 대제사장들은 얼굴을 붉히며 머쓱한 듯 더는 요구하지 않고 그 자리를 엉거주춤 물러났다.

예수님이 십자가에 못 박힌 시간은 유월절이 시작되는 날의 금요일 오전 9시였다. 그 시각에 골고다 언덕에서 못 박히신 예수님은 십자가 위에 높이 매달려 있었다. 극한 고통과 수치의 시간을 온몸으로 견디고 있었다.

그런데 그 십자가 아래에서는 참으로 가소로운 일이 벌어지고 있었다. 당시의 관례에 의하면, 사형수의 옷가지는 처형을 담당한 군인들의 차지였다. 물품이 귀하던 시대에 옷가지는 짭짤한 수입이었다. 그래서 예수를 십자가에 못 박은 로마 군인들은 예수님의 겉옷을 네 몫으로 나누어 한 사람이 하나씩 차지했다. 그러고도 속옷이 남았다. 속옷은 이음새 없이 위에서 아래까지 통으로 짠 것이었다. 그래서 군인들은 서로에게 말한다.

"이보게들, 속옷은 찢지 말고 제비를 뽑아 한 사람에게 몽땅 주도록 하세!"

"좋아, 그리 하세! 자, 그럼 속옷을 차지할 사람을 정하세."

로마 군인들은 제비뽑기를 시작했다. 그런데 바로 이 광경! 예수님의 속옷을 서로 차지하기 위해 로마 군인들이 제비를 뽑는 이 광경은 오래전에 이미 예언된 것이었다. 이른바 '메시아의 예언' 속에 묘사된 광경으로, 성경 말씀의 성취였다.

> "보라, 그들이 내 겉옷을 나누어 갖고, 내 속옷까지 가지려고 제비를 뽑는구나."

주전 10세기경 사람인 다윗이 쓴 시편 22장 18절의 말씀으로 '메시아'와 관련된 예언이다. 그 예언이 천 년의 세월을 흐르고 흘러 지금 골고다 언덕에서 그대로 실현되고 있는 것이다. 성경 말씀의 영원성, 온전함, 완전성, 완벽함을 새삼 깨닫게 된다.

"오, 오, 주님…."

예수님이 매달려 있는 십자가 아래 가까이에는 예수님을 줄곧 뒤따랐던 신실한 여인들이 서 있었다. 예수님의 육신적 어머니 마리아, 예수님의 이모(세배대의 아들들인 야고보와 요한의 어머니 살로메), 글로바의 아내 마리아(작은 야고보와 요세의 어머니), 그리고 막달라 마리아였다.

여기서 '요세'는 '요셉'으로도 표기되었고, 막달라 마리아는 일곱 귀신 들려 고통을 받던 중에 예수님에 의해 치료를 받은 여인이다. 그 신실한 여인들은 십자가에 매달리신 예수님을 눈물 맺힌 애처로운 눈으로 바라보며 저마다 가슴을 움켜쥔 채 크게 슬퍼하고 있었다. 이때 십자가에 매달리신 예수께서는 자신의 모친과 그 곁에 사랑하는 제자 요한이 서 있는 것을 보시고서 말씀하신다.

"보십시오. 어머니 곁에 있는 그 사람은 어머니의 아들입니다."

온 인류의 구세주로서 십자가 위에서 극한 고통 가운데 서서히 죽어가면서도 예수님은 효성스러운 한 아들로서 육신의 모친에 대한 애정을 표현하고 있었다. 동시에 예수님은 자신의 사랑하는 제자 요한을 모친의 아들이라고 소개함으로써 새로운 관계 맺음을 선언하였다. 이는 육신적 혈통의 관계를 뛰어넘어 하나님의 뜻을 행하는 자들은 모두가 주님 안에서 새로운 영적 혈연관계를 맺고 있음을 보여준다.

일찍이 예수님은 "누구든지 하늘에 계신 내 아버지의 뜻대로 행하는 자가 내 형제요 자매요 모친이다"라고 가르치셨다. 모친에게 요한을 아들로 소개한 예수님은 이제 모친 곁에 서 있는 사랑하는 제자 요한을 보시며 말씀하신다. 요한에게는 모친 마리아를 어머니로 소개하신다.

"보라, 네 곁에 서 있는 그분이 네 어머니시다."

어머니로 받들고 잘 모시라는 부탁의 말씀이었다. 이처럼 십자가 위에서도 예수님은 혈육상 한 집안의 장남으로서 모친을 부양해야 할 책임감을 느꼈다. 당시 예수님께는 육신적인 동생들이 여럿 있었다. 하지만 그들은 아직까지도 예수님의 메시아 사역을 제대로 이해하지 못하고 있었다. 그래서인지 십자가 가까이에도 없었다. 그래서 예수님은 자신의 사후에 모친 봉양을 제자 요한에게 부탁하셨다. 이것은 예수께서 혈육의 관계에 얽매이지 않고 영적 가족을 아주 귀하게 여겼음을 보여준다.

"네, 주님! 그리하겠습니다."

요한은 예수님의 말뜻을 잘 알아들었다. 그래서 그때부터 그 제자는 예수님의 모친을 자기 집에 모신 뒤 숨을 거두는 그 순간까지 친어머니처럼 기꺼이 봉양했다.

숨을 거두시다(19:28-30; 마 27:45-56; 막 15:33-41; 눅 23:44-49)

십자가 위에서 예수님의 고통은 계속되었다. 금요일 오전 9시에 십자가에 못 박히신 예수님은 그날 오후 3시에 숨을 거두었으므로 십자가 위에 꼬박 6시간 동안 매달려 있었다. 아, 십자가형! 그 끔찍한 형벌은 로마 정부가 반역, 해적질, 살인, 강도짓 등 아주 흉악한 죄를 지은 자를 처벌하기 위해 사용한 방법이었다. 너무나 잔인하고 끔찍한 형벌로 여겨졌기에 로마 시민들은 이 처형에서 면제되었다.

보통 십자가는 사람의 키보다 더 긴 길이의 장대로 만들어져서 땅에 박혀 있었다. 그것은 십자가의 세로축이었고, 거기에다 나중에 사형수가 직접 짊어지고 온 가로축의 장대가 덧붙여졌다. 십자가형에 처해지기 전에 죄수들은 무자비하게 채찍질을 당했다. 그 채찍질만으로도 살점이 떨어져 나가고 뼈가 보일 만큼 반죽음 상태에 이르렀다. 그렇게 해서 쇠약해진 죄수들은 십자가의 세로축에 덧붙여질 가로 빗장의 나무를 직접 지고 형장까지 올라가서 십자가에 묶이거나 못 박혔다.

그러면 죄수들은 십자가에 매달려 몸이 축 처진 상태로 숨조차 쉴 수 없을 만큼 근육들이 약해져서 서서히 죽어갔다. 육체적인 고통도 고통이지만 반라의 상태로 나무 위에 매달려 있는 그 모욕과 수치심 때문에라도 십자가형은 가장 끔찍한 처형 수단이었다. 이 모든 고통과 치욕을 죄 없으신 예수님은 우리 죗값을 치르기 위해 묵묵히 그리고 기꺼이 받아들이셨다.

시간이 흐르자 예수님은 십자가 위에서 서서히 의식을 잃어가고 있었다. 죽음의 그림자가 목전에 어른거리기 시작했다. 예수께서는 자신의 십자가 사역과 메시아 사명의 완수가 이제 막바지에 이른 것임을 아시고는, 성경 말씀을 이루시려고 입을 열어 말씀하신다.

"내가 목마르다."

시편 69장 21절에 언급된 다윗의 메시아 예언이다. 이 예언이 천

년의 세월이 흘러 골고다 언덕의 예수님에게서 그대로 실현되었다. 예수님이야말로 인류의 구세주로서 이 땅에 오신 참된 메시아(그리스도)이기 때문이다. 그리고 이 말씀은 예수께서 인간으로서 느끼는 최후의 육체적 고통이었다.

"예수가 목마른가 보네."

예수님의 말을 듣고서, 군인들이 그들 딴에는 자비를 베푼답시고 항아리에 담긴 신 포도주를 우슬초 가지에 꿴 해면(海綿)에 적신 뒤 예수님의 입에 갖다 대었다. 그러자 예수께서 그것으로 목을 축이신 뒤 입을 열어 말씀하신다. 그 말씀은 인류 구원을 위한 메시아의 사명이 마침내 온전히 완수되었다는 위대한 승리의 선언이었다.

"이제 다 이루었도다!"

"다 이루었다…." 여기에 사용된 헬라어 '테레오'는 신약성경에서 다양하게 번역되고 있다. 서로 다른 구절에서 다양하게 번역된 의미들을 살펴보면, 예수께서 십자가 위에서 사용하신 그 말의 온전하고 궁극적인 의미를 분별할 수 있다.

—"다 마쳤다"(마 11:1). 죄와 죄책을 우리 죄인들에게서 예수님 자신에게로 전부 옮기시는 일을 다 마치셨다는 의미다.

—"다 내었다(지불했다)"(마 17:24). 예수님은 우리 죄인들의 죗값을 대신해서 다 내어주셨다는 의미다. 인류의 조상 된 아담에게서 원죄의 죄책을 인수받아 죄인 된 인류는 스스로는 죗값을 지불할 길이 전혀 없었다. 그래서 누군가가 대신 그 죗값을 지불해 주어야 하는데, 모두가 빚진 몸들인지라 스스로의 죗값조차 감당하지 못하는 판에 언감생심 다른 사람의 죗값을 대신 지불해 줄 수가 없었다. 그런데 그 빚을 예수님이 다 내주셨다(지불해 주셨다)는 것이다.

—"다 필했다"(눅 2:39). 율법의 최고 요구를 전부 필하셨다는 의미다.

율법의 최고 요구는 '공의'다. 죄 지은 자들에게의 공의는 죽음 곧 사망이다. 예수님의 십자가 죽음은 약자의 억울한 죽음이 아니라 율법의 최고 요구인 공의를 온전히 이루시기 위한 승리의 죽음이었다.

—"다 응하였다"(눅 18:31). 예수님에 관한 성경의 모든 메시아(그리스도) 예언들이 다 응하였다는 의미다.

이 모든 것을 종합하면, 예수님의 십자가 죽음은 모든 빗지고 왜곡되고 이루지 못하고 완수하지 못한 것들을 온전히 다 해결하는 완벽한 실현과 성취의 자필 사인이었다. 그래서 우리 죄인들의 구원도 온전히 이루어진 것이다. 참으로 크고도 좋은 기쁨의 소식이 아닐 수 없다. 이처럼 예수님은 패한 자들의 상징인 십자가에서 승리자의 선언을 하셨다.

앞서 예수님은 십자가에 못 박히시기 전에 로마 군인들이 제공한, 마취 효과를 지닌 쓸개 탄 포도주는 거부하셨다. 하지만 이제 신 포도주가 적셔진 해면을 받아들이신 것은 마지막 말을 하기 위해 바짝 마른 목을 축이시려 했기 때문이다. 누가복음의 기록에 따르면(눅 23:46), 예수님은 이 말씀을 하신 뒤 곧이어 최후의 말씀 한마디를 더하셨다.

"아버지여, 내 영혼을 아버지의 손에 부탁하나이다."

그런 뒤, 예수님은 머리를 아래로 푹 떨구며 마침내 숨을 거두셨다. 아버지 하나님께 대하여 인류의 죗값을 온전히 치른 것이다. 이로써 예수님은 천국에 이르는 구원과 영생의 길을 활짝 열어놓으셨고, 누구든지 예수님을 구세주로 믿는 자들은 메시아의 십자가 보혈의 공로에 의지하여 구원을 얻고 영생을 누릴 수 있게 된 것이다. 할렐루야!

로마 군인들이 창으로 예수님의 옆구리를 찌르다 (19:31-37)

"오, 주님!"

예수께서 운명하시자, 십자가 아래에 있던 신실한 여인들이 탄식하며 흐느꼈다. 예수께서 십자가 위에서 운명하신 그날은 유월절을 준비하는 날이었고, 다음 날은 특별히 큰 안식일이었다. 다시 말해 예수님이 십자가에 못 박혀 운명하신 날은 금요일이었는데, 그날은 다음날(토요일)의 안식일을 준비하는 날이었다. 그런데 다음날의 안식일이 때마침 그해의 유월절(무교절) 첫 날과 겹쳤기 때문에, 그 안식일은 유대인들에게 아주 '큰 날'이었다.

"거룩하고 큰 안식일에 시체들이 나무에 계속 매달려 있으면 안 된다. 서둘러 시체들을 십자가에서 끌어내려 묻어야 한다."

모세 율법에 따르면, 시체를 밤새도록 나무에 매달려 있게 놔두어선 안 된다는 조항이 있다(신 21:22-23). 더구나 그 다음날이 안식일인지라 더욱더 신경 써서 시체를 나무에서 내려야 했다. 유대인들이 서둘러 골고다 언덕의 시체들을 내리려고 빌라도 총독에게로 몰려가서 요구한다.

"각하! 우리의 율법 조항에 따르면 거룩한 안식일에 시체들이 십자가에 그대로 매달려 있어선 안 됩니다. 그러니 죄수들의 다리를 부러뜨려 그들의 숨을 멎게 한 뒤 시체들을 속히 십자가에서 내려주십시오!"

"뭐 그런 조항도 있소? 여하튼 알겠소! 그리하겠소!"

빌라도가 그리하도록 부하들에게 지시하자, 로마 군인들이 와서 골고다 언덕의 십자가에 매달린 세 사형수의 다리를 꺾기 시작했다. 그들은 먼저 예수님 좌우에 매달린 두 강도의 다리를 차례로 꺾었다. 그리고 예수님의 다리마저 꺾으려 했다.

"이보게, 이자는 벌써 죽었어!"

"그래? 그렇다면 굳이 다리를 꺾을 필요가 없지! 그냥 두세."

예수가 이미 숨을 거둔 것을 보고 로마 군인들은 예수의 다리를 꺾지 않았다. 대신, 군인들 가운데 하나가 확인을 위해 긴 창으로 예수님의 옆구리를 푹 찔렀다. 그러자 예수님의 옆구리에서 피와 물이 왈칵 쏟아져 나왔다.

(이런 사실은 나 요한이 직접 목격한 바이다. 내가 직접 보고 증언하는 것이므로, 나의 증언은 참되며 조금도 거짓이 없다. 나는 내가 직접 보고 이 책에다 기록한 내용을 다른 사람들도 믿게 하려고 이처럼 증언하는 것이다.)

예수님의 다리가 꺾이지 않은 사실! 이것은 오래전에 예언된 성경 말씀이 그대로 이루어진 것이다. 그러니까 주전 10세기의 인물인 다윗은 시편 34장 20절에서 이렇게 메시아 예언을 읊었다.

"그의 뼈가 하나도 꺾이지 않고 전부 보호될 것이다."

또한 주전 6세기의 선지자인 스가랴는 이렇게 메시아 예언을 발했다.

"그들은 자기들이 찌른 사람을 쳐다볼 것이다."

이 같은 성경 말씀을 근거로, 본서의 저자인 사도 요한은 예수님이야말로 구약성경에서 예언된 참 메시아(그리스도)임을 입증하였다. 과연 그러했다. 유월절 예비일에 예수님은 인류의 속죄양이 되시어 십자가 위에서 그 뼈가 하나도 꺾이지 않은 채 죽으셨는데, 이는 유월절 어린양을 잡을 때 그 뼈가 하나도 꺾이지 않는 것과 정확하게 일치한다(출 12:46; 민 9:12). 일찍이 세례 요한이 자신에게 세례를 받기 위해 나아오는 예수를 보고 성령에 충만하여 첫 마디로 외친 말을 기억하라!

"보라, 세상 죄를 지고 가는 하나님의 어린양이로다!"

무덤에 묻히심(19:38-42; 마 27:57-61; 막 15:42-47; 눅 23:50-56)

"각하! 아시다시피 이제 예수는 죽었습니다. 그러니 제가 그분의 시신을 장사할 수 있도록 허락해 주십시오."

로마 군인들이 골고다 언덕에서 사형수들의 죽음을 확인하고 있던 그때에, 유대 공회(산헤드린)의 회원으로서 유력한 부자인 아리마대 사람 요셉이 총독 빌라도를 찾아가 예수의 시신을 모셔가게 해달라고 요청했다. 그는 평소에 예수님의 가르침을 믿고 따른 제자였지만 자신의 믿음을 드러내 보이지 않고 감춰 왔다. 유대인들의 배척을 받아 회당과 공회에서 축출될까 봐 두려웠기 때문이다. 그러나 이제 두려움을 떨치고 용기를 내어 예수님의 시신을 공개적으로 요청하여 잘 수습하고자 했다.

"좋다! 그리하도록 하라!"

빌라도가 허락하자, 요셉은 곧장 자기 집안의 종들을 데리고 골고다 언덕으로 부랴부랴 달려가 예수님의 시신을 십자가에서 조심스럽게 내린 뒤 무덤에 장사지내려 정성껏 모셔갔다.

"이보게, 나도 좀 돕도록 하세. 여기 방부제를 가져왔네. 예수님의 시신에 바르도록 하세나."

아리마대 사람 요셉이 한창 예수님의 시신을 수습하고 있을 때, 요셉과 마찬가지로 역시 공회(산헤드린) 회원인 니고데모가 몰약과 침향을 섞어 만든 방부제를 100근가량 가져왔다. 방부제로 사용되는 향내 나는 몰약과 침향은 값이 매우 비쌌는데, 그 양이 무려 100근(33kg)에 이르렀다는 사실은 니고데모가 상당한 재력가였음을 말해준다. 그는 일전에 한밤중에 예수님을 찾아가 성령과 중생(거듭남)의 비밀에 대

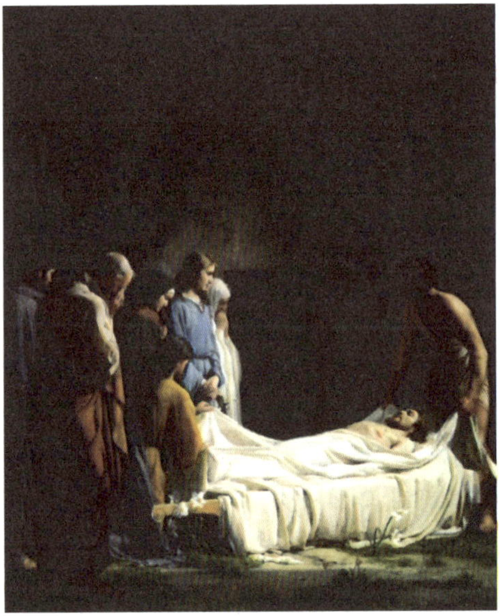

예수님의 시신을 무덤에 장사지내다

하여 가르침을 받은 자였다.

향료 33kg이면 시신 한 구를 장례하는 데 충분한 양이다. 고대의 장례 풍습에 따르면, 이 정도 양의 향료는 일반인들이 아니라 왕족의 장례 때에나 사용되는 경우라고 한다. 이런 의미에서 예수님의 장례는 '유대인의 왕'다운 대우를 받은 것이다. 당시의 유대인들과 빌라도는 유대인의 왕임을 주장하는 예수님을 한껏 비웃고 조롱했지만, 예수님이 야말로 기름 부음을 받은 메시아로서 다윗 왕의 혈통을 좇아 이 땅에 오신 진정한 유대인의 왕이요 인류의 구세주였던 것이다.

요셉과 니고데모, 두 사람은 함께 협력하여 예수님의 시신을 고이 모셔 와서는 유대인들의 장례 풍습에 따라 먼저 방부제를 온몸에 바른 뒤에 길고 고운 베로 칭칭 감았다.

오늘날 이탈리아의 토리노에 보관된 수의(壽衣)는 예수님의 수의라는 주장이 있어 논란이 되어 왔다. 이 수의의 길이는 4m 36cm, 폭이 1m 10cm다. 예수님을 감쌌던 세마포 수의라고 하지만 확증할 수 있는 역사적 자료는 없다. 어떻든 그 수의는 머리에 상처가 있고 손발에 못 자국이 난 사람의 시체를 쌌던 세마포로 알려져 있다.

어쨌든, 살아생전에는 별로 대접을 받지 못했던 예수님이 장례에는 최고의 대접을 받은 셈이다. 숨은 제자 요셉과 니고데모 덕분이었다.

"자, 다 되었네. 이제는 무덤에 안치하도록 하세나. 마침 골고다 언덕 가까운 곳에 내가 마련해둔 새 무덤이 있다네."

"요셉, 정말 잘 되었네. 그럼, 서둘러 거기에다 안치하도록 하세."

예수께서 십자가에 못 박히신 골고다 언덕 가까이에는 동산이 하나 있었는데, 마침 그곳에 아리마대 요셉의 소유인 무덤이 있었다. 요셉이 자신의 사후를 대비하여 미리 준비해둔 무덤으로 바위를 파서 만든 무덤이었다. 지금껏 한 번도 시신이 안치된 적이 없는 새 무덤이었다.

"해가 지려 하니 빨리 서두르세."

해가 지면 안식일(토요일)이 시작됨과 더불어 유대인 최대의 명절인 유월절이 시작되었다. 고대 유대인들의 하루 계산법은 그날의 해가 지는 저녁부터 다음날 해가 지는 저녁까지였다. 예수님이 십자가 위에서 숨을 거두신 때는 금요일 오후 3시였고, 일반적으로 오후 6시경쯤에 해가 뉘엿뉘엿 저물기 시작하므로 그 세 시간 안에 시신 수습하는 모든 일을 마무리 지어야 했다. 시간이 촉박했다.

"자, 자, 어서! 어서!"

안식일(토요일) 전에 일을 서둘러 마쳐야 할 필요도 있었고, 때마침 요셉 소유의 새 무덤도 언덕 가까이 있었기 때문에, 요셉과 니고데모는 크게 고민할 필요 없이 예수님의 시신을 서둘러 거기에 모셨다. 그러고는 장례 관습에 따라 바위 무덤 입구를 큰 돌로 막았다. 들짐승들이나 도굴꾼들로부터 시신을 잘 보호하기 위해서였다. 이렇게 예수님의 시신은 무덤에 안치되었고, 시간은 재깍재깍 흘러갔다.

20

부활하신 예수님

부활하신 예수님이 제자들에게 나타나지만
모임에 빠진 도마는 믿지 않고 의심하네
여드레 뒤에 다시 오신 예수님,
내 옆구리에 손을 넣어 보아라

예수께서 부활하심 (20:1-10; 마 28:1-10; 막 16:1-8; 눅 24:1-2)

예수님의 시신이 아리마대 사람 요셉의 새 무덤에 무사히 안치되자, 이내 해가 저물고 안식일이 시작되었다. 그 해는 안식일에 유월절까지 겹쳐서 아주 큰 안식일이었다. 시간은 계속 흘러 안식일 24시간이 온전히 지났고, 안식일 다음날이 되었다. 그러니까 예수님이 무덤에 묻힌 지 사흘째 되는 날이었다. 금요일 늦게 묻혔는데, 이제 토요일을 지나 일요일이 된 것이다.

'아, 제발 아무 일도 없어야 할 텐데….'

일요일 이른 새벽, 어둠이 채 가시지 않은 미명에 막달라 마리아가 부랴부랴 예수님의 무덤을 찾아갔다. 워낙 예수님을 해하려는 세력들이 많았으므로 행여 예수님의 무덤과 시신이 훼손되었을까 봐 적잖이 염려가 되었다. 막달라 마리아는 초조한 심정으로 예수님의 장례 때 눈여겨 봐둔 그 무덤으로 발걸음을 재촉하고 있었다.

고대의 유대인들은 시신이 썩기 전까지는 고인의 혼이 시신 곁을 떠나지 않는다고 믿었기에, 장사 지낸 후 3~4일 동안은 시신에 향유를 덧바르며 시신을 정성껏 돌보았다. 그래서 막달라 마리아와 다른 신실한 여인들은 예수님의 시신에 향유를 바르기 위해 정성껏 마련한 향유를 가지고 안식일이 지나자마자 곧장 예수님의 무덤을 찾은 것이다.

"아앗! 이게 대체 어찌 된 일인가?"

막달라 마리아와 다른 여인들은 무덤 입구를 막았던 큰 돌이 한쪽으로 옮겨져 있는 것을 발견했다. 누군가가 예수님의 무덤에 손을 댄 것이 분명했다. 막달라 마리아는 망연자실하여 그 자리에 털썩 주저앉았다.

"아, 어째서 이런 일이…. 오, 주님…."

그녀는 누군가가 무덤의 돌문을 열고 예수님의 시신을 훔쳐갔다고 생각했다. 이 사실을 다른 제자들에게 알려야 했다. 막달라 마리아는 힘을 내어 자리를 털고 일어난 뒤 힘껏 내달렸다. 시몬 베드로와 예수께서 사랑하시던 요한에게로 달려갔다.

"큰일 났어요! 누군가 우리 주님의 시신을 무덤에서 가져갔어요! 이를 어쩌면 좋죠?"

예수님의 무덤으로 달려가는 두 제자, 베드로와 요한

"뭐라고요? 그 말이 사실이오? 무덤을 막은 돌문이 옮겨진 게 확실해요?"

"네, 제 두 눈으로 분명히 보았어요! 예수님의 무덤이 활짝 열려 있었어요!"

막달라 마리아가 전해준 말을 듣고, 베

드로와 다른 제자 요한이 벌떡 일어나 예수님의 무덤이 있는 동산으로 급히 달려갔다. 두 제자가 함께 달려갔는데, 베드로보다 요한이 먼저 무덤에 닿았다. 아무래도 나이 든 베드로보다 젊은 요한의 발걸음이 빨랐기 때문이다.

"정말이네! 무덤의 돌문이 옮겨졌네! 이게 어찌 된 일이지?"

예수님의 무덤에 먼저 도착한 요한이 크게 염려하면서 몸을 구부려 활짝 열린 무덤 안을 들여다보았다. 예수님의 시신을 쌌던 고운 삼베 자락이 잘 개킨 채로 안쪽에 놓여 있는 것이 보였다. 하지만 요한은 쭈볏쭈볏 무덤 안을 이리저리 살필 뿐, 무덤 안으로 들어가지는 않았다. 그러는 사이에 이내 뒤따라 달려온 시몬 베드로가 이것저것 따지지 않고 예수님의 무덤 안으로 불쑥 먼저 들어갔다.

"이건 예수님의 시신을 쌌던 삼베 자락이구만. 이건 예수님의 머리를 싸맸던 수건이고…."

베드로는 무덤 안에서 고운 삼베 자락이 잘 포개져 놓여 있는 것을 보았고, 예수님의 머리를 싸맸던 수건도 역시 그 옆에 잘 개켜져 놓여 있는 것을 보았다. 누군가가 정성껏 포개고 갠 것이 분명했다. 들짐승이나 도굴꾼들의 소행은 아닌 것이 분명했다. 침대에서 한숨 잘 자고 일어난 뒤 간밤에 자신이 덮고 잔 이부자리를 개어놓은 것 같은 분위기였다.

"누굴까? 누가 예수님의 시신을 쌌던 삼베 자락과 수건을 이렇게 해놓았을까?"

베드로가 연신 고개를 갸웃하며 무척 궁금해할 때, 그제야 먼저 무덤에 도착한 다른 제자 요한도 무덤 안으로 들어왔다. 그리고 그 또한 그런 사실을 전부 보고 믿었다.

"거참! 참으로 이상하네요. 누가 이렇게 했을까요?"

"글쎄, 낸들 알 수가 있나? 대체 누가 그랬을까? 누가 예수님의 시신을 다른 데로 옮겨갔을까? 제발 별다른 일은 없어야 할 텐데…."

이때까지만 해도 제자들은 생전에 예수께서 하신 말씀, 곧 예수님 자신이 십자가에 매달려 죽은 뒤에 사흘 만에 죽은 자들 가운데서 반드시 살아날 것이라는 말씀을 생각하지 못하고 있었다. 십자가를 지시기 전에 예수님은 여러 차례에 걸쳐 제자들에게 자신의 부활을 가르치고 예고하셨지만, 지금 제자들은 부활의 현장을 두 눈으로 생생하게 목격하고서도 여전히 예수님의 부활을 생각하지 못하고 그저 전전긍긍하며 예수님의 시신만을 걱정할 뿐이었다.

"요한, 참으로 걱정이구나. 하지만 이러고 있을 때가 아니다. 빨리 돌아가서 다른 제자들에게도 이 사실을 알려야겠다. 제발, 별일 없어야 할 텐데…."

예수님의 시신이 없어진 것을 확인한 두 제자, 베드로와 요한은 다른 제자들에게도 그 사실을 알리기 위해 발길을 서둘렀다.

예수께서 막달라 마리아에게 나타나심 (20:11-18; 막 16:9-11)

두 제자(베드로, 요한)가 예수님의 무덤을 떠나 자기들의 집으로 돌아간 뒤에도 막달라 마리아는 그대로 남아 무덤 밖에 서서 계속 울고 있었다. 얼마나 서럽게 통곡했으면, 천사가 "어찌하여 우느냐"(13절, 어찌 그렇게 처절하게 우느냐?)라고 했고, 부활하신 예수님도 "어찌하여 울며…"(15절, 울어도 어찌 그렇게 서럽게 우냐?)라고 했을까.

과연 그러했다. 그만큼 막달라 마리아는 눈이 벌겋게 울고 있었다. 막달라 마리아! 그녀는 무려 일곱 귀신(악령)에 사로잡혀 오랫동안 고통스럽게 시달리던 여인이었는데, 예수께 기적적인 고침을 받고서 이후로 예수님을 열성적으로 쫓아다녔다.

그런 시간들이 매일 매일 춤추는 환희의 삶이었는데, 그만 예수님이 십자가에 못 박혀 죽으셨다. 게다가 그 시신조차 어디론가 사라지고 말았다! 이제, 그녀의 기쁨도 죽고 춤도 죽었다. 기쁨은 슬픔이 되고,

노래하던 날들은 통곡이 되었다. 그러하기에 울고 울었다. 너무 슬프고 너무 두려워서 울고 또 울었다. 그렇게 한참을 울다가 막달라 마리아는 몸을 굽혀 무덤 안을 들여다보았다.

예수님 당시에 팔레스타인 지방의 돌무덤은 사람이 몸을 조금 구부리면 충분히 안을 들여다보거나 안으로 들어갈 수도 있었다. 오늘날 우리는 사람이 죽으면 대개 시신을 관에 안치한 뒤에 땅을 깊이 파서 거기에 그 관을 묻는다. 하지만 신약시대에 이스라엘의 경우, 땅이 무척 단단하고 돌이 많았기 때문에 땅을 파서 무덤을 만드는 일은 매우 드물었다. 시신을 그저 땅에 둔 채로 무거운 돌과 흙으로 덮곤 했다. 하지만 부유한 집안의 경우에는 산허리의 석회석을 깎아 돌무덤을 만들기도 했다. 이런 돌무덤은 매우 커서 한 사람이 선 채로 충분히 걸어 들어갈 수 있을 정도였다. 시신을 보호하려는 목적으로 돌을 깎아 큰 바퀴 모양으로 만들어 그것으로 무덤 입구를 막기도 했다. 예수님이 묻힌 무덤은 부자인 아리마대 사람이 마련해두었던 그런 돌무덤이었다.

"아앗! 저기 웬 사람들인가?"

막달라 마리아가 무덤 안을 들여다보니, 예수님의 시신이 있었던 자리에 흰옷을 입은 사람 둘이 앉아 있었다. 그들은 천사들이었다. 한 천사는 예수님 시신의 머리가 있었던 자리에, 또 다른 천사는 그 발치에 앉아 있었다. 무덤 안에 있던 천사들이 막달라 마리아를 보고서 그녀에게 묻는다.

"여자여, 왜 울고 있느냐?"

"누가 우리 주님의 시신을 가져갔답니다. 그래서 주님의 시신이 어디에 있는지 모르겠어요."

무덤 입구에 서서 막달라 마리아가 이렇게 말하고서 뭔가 인기척을 느껴 고개를 돌려 주변을 둘러보았다. 과연 그녀 가까이에 누군가가 서 있었다. 그분은 부활하신 예수님이셨다. 그러나 그때 막달라 마리아는 그분이 예수님이신 줄 알아채지 못했다.

그녀는 예수님에게서 병 고침을 받은 이후로 줄곧 예수님을 뒤따르며 정성껏 섬긴 신실한 여인이었지만, 그때까지도 예수님의 부활에 대해선 전혀 생각하지 못하고 있었다. 때에 부활하신 예수님의 모습은 영광스럽게 변화된 신령한 몸이었기에 막달라 마리아가 알아차리지 못한 것이다.

"여자여, 왜 울고 있느냐? 너는 지금 누구를 찾고 있느냐?"

인자하고 부드러운 예수님의 목소리다. 그러나 막달라 마리아는 그가 동산을 관리하는 사람인 줄 알고 대답한다.

"관리자님, 당신이 예수님의 시신을 다른 곳에 옮겨놓았다면 어디에 두었는지 제게 말해주세요. 제가 가서, 그분의 시신을 모셔가겠어요."

"마리아야!"

예수께서 막달라 마리아를 나지막하면서도 위엄 있게, 인자하고 부드러우면서도 힘 있게 부르셨다. 생전에 마리아가 많이 듣던 예수님의 그 목소리였다. 그 목소리에 즉각적으로 반응하여, 막달라 마리아가 예수님을 향해 돌아서서 외친다. 감격과 환희에 가득 찬 목소리다.

"랍오니!"

히브리말인 이 말은 '나의 선생님'이란 뜻이다. 막달라 마리아는 이젠 놓치지 않겠다는 듯 예수님의 발을 붙잡으며 매달리려 했다. 그러자 예수께서 살짝 몸을 뒤로 빼시며 그녀에게 말씀하신다.

"마리아야, 나를 붙잡지 말아라. 내가 아직 아버지께로 돌아가지 않았다."

자신에게 말하고 있는 분이 예수님인 줄 마침내 알아차린 막달라 마리아, 그녀는 큰 반가움에 더는 놓치지 않으려는 듯 예수님의 발에 매달리려 했다. 그녀는 이전처럼 예수님과 인간적인 교제를 나누려고 한 것이다.

하지만 예수님은 그녀가 부활의 중요성을 깨닫기를 원했다. 부활

부활하신 예수님을 최초로 목격한 막달라 마리아

이후에는 이전처럼 예수님의 육체적인 모습이 더 이상 중요하지 않고, 장차 승천 이후에 성령을 통해 이루어질 영적인 교제가 더욱 중요하다는 사실을 깨닫기를 바랐다. 그래서 예수님은 자신의 육체적인 모습에 매달리려는 막달라 마리아의 행동을 제지하셨다. 그러면서 그녀에게 당부하신다.

"너는 이제 내 형제들에게 가서 말하기를 '내가 내 아버지 곧 너희의 아버지, 내 하나님 곧 너희의 하나님께로 올라갈 것이다.' 하여라."

부활하신 예수님께로부터 그 부활의 증인이 될 것을 요구받은 막달라 마리아, 영광스럽게도 그녀는 부활하신 예수님을 가장 먼저 목격한 부활의 첫 증인이었다. 이처럼 예수님은 안식일이 지난 첫날(일요일)의 이른 새벽에 무덤을 찾은 막달라 마리아에게 부활의 모습을 처음으로 보인 것을 시작으로, 이후 승천하시기까지 40일 동안 지상에 머무시면서 많은 이들에게 나타나셨다.

부활하신 예수님이 승천하시기 직전까지 자신을 나타내 보인 사람들에 대해 성경의 기록을 순서대로 나열하면 다음과 같다.

① 무덤에서, 막달라 마리아
② 다른 신실한 여자들(야고보의 어머니 마리아 곧 살로메, 요안나, 익명의 여인들)
③ 베드로
④ 엠마오 도상에서, 두 제자
⑤ 마가의 다락방에서, 도마를 제외한 열 제자
⑥ 마가의 다락방에서, 도마를 포함한 열한 제자
⑦ 갈릴리 바닷가에서, 고기를 잡고 있던 일곱 제자
⑧ 갈릴리의 어느 산(다볼산?)에서, 열한 제자
⑨ 500여 명의 신자들
⑩ 예수님의 동생 야고보
⑪ 감람산에서 승천할 때에, 열한 제자.

"내가 부활하신 주님을 보았어요! 주님은 다시 살아나셨어요!"

막달라 마리아는 즉시 제자들에게 달려가서 자신이 동산에서 부활의 주님을 뵌 사실을 힘껏 증언하였다. 그리고 예수님이 자신에게 일러주신 말씀을 제자들에게 전했다. 그러나 제자들은 막달라 마리아의 증언을 그대로 믿지 않고 반신반의했다.

"예수님이 부활하셨다고? 죽었던 사람이 어찌 다시 살아난단 말인가? 혹시 마리아가 예수님의 환영(幻影)을 본 것은 아닐까?"

제자들에게 나타나심(20:19-23; 마 28:16-20; 막 16:14-18; 눅 24:36-49)

그날 저녁, 곧 막달라 마리아가 예수님의 무덤을 찾았던 안식일

후 첫날(일요일)의 저녁, 예수님의 제자들은 어느 집에 다 함께 모여 있었다. 그때 제자들은 예수님을 십자가에 못 박은 극렬한 유대인들이 두려워 집 문과 방문을 모두 걸어 잠그고 있었다.

"아, 유대인들이 예수님을 잡아 죽였으니 이젠 우리들까지 찾아내 모두 잡아 죽이려 할 텐데, 이를 어쩌면 좋지…."

"어디 멀리 도망가서 한동안은 숨어 지내야 하지 않을까…."

제자들은 모두가 두려워하면서 방 안에서 떨고 있었다. 그런데 바로 그 순간! 갑자기 예수께서 제자들이 모여 있는 방 안으로 들어오시더니 그들 가운데 서서 말씀하신다. 문들이 전부 굳게 닫혔음에도 불구하고 예수님이 방 안으로 자유롭게 들어올 수 있었던 까닭은, 부활하신 예수님의 몸은 부활 이전의 몸과는 달리 시공간의 제약을 전혀 받지 않는 신령한 몸이기 때문이다.

"너희 모두에게 평강이 있기를!"

이 말씀을 하신 후, 예수님께서는 제자들에게 자기의 두 손과 옆구리를 보여주셨다. 예수님의 두 손에는 못 자국이 선명하게 남아 있었고, 옆구리에는 창에 찔린 흉터가 그대로 남아 있었다. 의심할 여지 없이 골고다 언덕에서 십자가에 못 박히신 그분 예수님이 틀림없었다!

"아, 주님! 분명 주님이십니다!"

"맞아요! 주님이 맞습니다! 아, 어떻게 이럴 수가!"

제자들은 부활하신 예수님을 뵙고 기뻐서 어찌할 줄을 몰랐다. 슬픔이 변하여 기쁨이 될 것이라는 예수님의 예언이 그대로 성취되었다. 제자들은 감격과 환희에 벅차 눈물까지 왈칵 쏟았다. 그런 제자들을 향해 예수께서 다시 말씀하신다.

"너희 모두에게 평강이 있기를!"

두 번째로 평강(샬롬)을 선포하신 후에 예수께서는 제자들에게 사명을 주신다.

"아버지께서 나를 보내신 것같이, 이제 나도 너희를 보내노라!"

복음 전파의 사명이었다. 세상으로 힘차게 나가 부활의 증인이 되라는 사명이었다. 이 같은 사명을 주시면서 예수님은 제자들을 향해 숨을 크게 내쉬며 또 말씀하신다.

"자, 성령을 받아라!"

이때 예수님이 제자들을 향해 숨을 크게 내쉰 동작은 제자들에게 성령을 보내주신다는 몸짓이었다. 사실 '숨'과 '영(靈)'은 같은 단어를 사용한다. 예수님은 성령의 지혜와 능력을 제자들에게 부어주시어, 그들로 부활의 증인 삼아 세상으로 내보낼 준비를 하고 계셨다. 성령의 인도와 도움 없이는 제자들의 복음 전도사역이 결코 성공할 수 없을 것이기 때문이다.

이때 제자들은 구약시대에 임했던 성령처럼 임시적으로 성령을 받았을 수 있다. 그렇지만 이때로부터 50일 후인 오순절에는 제자들에게 불처럼 강렬한 성령이 임했다. 오순절에 임한 성령은 예수님이 생전에 제자들에게 보내주시겠다고 약속하신 '그 성령'으로서, 더는 제자들을 떠나가지 아니하고 그들 각자의 마음속에 영구적으로 내주하였다. 이는 구원 역사의 경륜상, 성령의 활동은 예수 그리스도의 지상사역이 최종 종결되고 예수님이 하늘로 승천하신 이후부터 본격적으로 개시되기로 정해져 있었기 때문이다. 제자들을 향해 크게 숨을 내쉰 뒤 예수님이 말씀하신다.

"이제부터 너희가 누구의 죄든지 용서해주면 그들의 죄가 용서될 것이고, 너희가 용서해주지 않으면 그들의 죄가 그대로 있을 것이다."

이 말은, 신자들이 다른 사람의 죄를 사할 수 있다는 뜻이 아니다. 성경은 오직 하나님만이 사람의 죄를 사하실 수 있다고 가르친다. 그러므로 예수님은 이 말씀을 통해 제자들에게 다른 사람의 죄를 사하거나 심판할 수 있는 권한을 주신 것이 아니다. 하나님께서 독생자 예수 그리스도의 십자가 희생을 통해 이미 이루어 놓으신 것, 곧 그리스도를 믿는 자는 죄 사함을 받을 것이고, 거부하는 자는 정죄함을 받을 것이라는 사실을 성령으로 선포할 수 있는 권한을 주신 것이다. 그리고 이것이야말로 신자들이 불신자들에게 전파하는 복음의 핵심이라고 할 수 있다.

예수님의 부활을 의심하는 도마 (20:24-29)

"주님이 오셨다고? 그럴 리가 있나? 뭘 잘못 봤겠지!"

예수께서 방 안에 모여 있는 제자들에게 찾아오셨을 때, 열두 제자 가운데 하나인 '디두모'라는 별명을 가진 도마는 그 자리에 없었다.

"아니야, 우리가 분명 주님을 뵈었다니깐! 틀림없이 예수님이셨어! 손에 못 자국도 있었고 옆구리에 창 자국도 선명했어! 정말이야!"

다른 제자들이 도마에게 확신 있게 말하자 도마가 말한다.

"아무리 그렇게 말해도 난 믿지 못하겠네. 내 두 눈으로 예수님의 손에서 못 자국을 확인하고, 내 손가락으로 그 구멍 난 곳에 넣어보고, 또 내 손을 그분의 옆구리에 넣어보기 전에는, 자네들의 말을 믿을 수 없어. 어떻게 죽은 사람이…."

'도마'라는 제자, 그는 일전에 "우리도 주님과 함께 죽으러 가자!" 하고 다른 제자들에게 말할 정도로 열정적인 성격의 소유자였다. 그런 도마가 자신이 직접 보고 만져보기 전에는 예수님이 부활하신 것을 믿을 수 없다고 확언한 지 여드레가 지난 날이었다.

도마를 비롯한 열한 제자가 함께 방 안에 모여 있었다. 예전처럼 집 문과 방문이 굳게 잠겨 있는 상태였다. 앞서 그랬던 것과 똑같이 예수께서 이번에도 갑자기 방 안으로 들어오신 뒤 제자들 가운데 서서 말씀하신다.

"너희 모두에게 평강이 있기를!"

예수께서는 저번처럼 제자들에게 평화를 선포하신 뒤, 특별히 도마를

부활하신 예수님이 열한 제자에게 다시 나타나시다

향해 말씀하신다.

"도마야, 이리로 와서 네 손가락을 여기 내 손에 넣어보고, 또 네 손을 내 옆구리에 넣어보아라. 그리고 이제부터는 믿음 없는 자가 되지 말고 믿는 자가 되어라."

의심하는 도마의 불신앙을 꾸짖는 어투가 아니라, 불신하는 제자에게 확신을 심어주시려는 따스한 배려의 말씀이었다. 그 말씀을 듣고, 도마가 예수께 대답한다. 더는 만져보거나 넣어볼 필요조차 없이, 그저 그 모습을 바라보고 그 음성을 듣는 것만으로 충분히 예수님임을 인정하는 자세를 취한다.

"오! 나의 주님, 나의 하나님!"

부활하신 예수님을 향한 도마의 신앙고백으로, 감격과 환희에 가득 찬 목소리다. 그런 도마를 향해 예수께서 부드럽고 자상하게 말씀하신다.

"도마야, 너는 나를 보았기 때문에 믿는구나. 그러나 나를 보지 않고도 나를 믿는 사람은 더욱 복이 있단다."

이 말씀은 사도들 이후의 모든 신자들을 위한 축복의 말씀이다. 과연 예수님의 승천 이후에 예수님의 모습을 직접 뵌 자는 없다. 그러나 그분의 복음을 듣고 예수 그리스도를 믿는 자들은 그 믿음으로 말미암아 영안을 떠서 부활의 주님을 뵙는 기쁨을 충분히 누릴 수 있다. 그런 자들이 진정 복된 자들이다.

기독교 전승에 의하면, 훗날 도마는 페르시아, 중국, 인도까지 가서 십자가 복음을 전했다고 한다. 오늘날 인도에는 '도마교회'가 있다. 그리고 그곳에는 도마의 손가락이 있다고 한다. 주님의 살과 뼈를 만졌다는 바로 그 손가락이다. 도마가 순교하면서 마지막으로 남긴 말은 이러하다.

"오, 주님이시여! 내가 주님을 믿고 예배합니다!"

주님을 의심했던 도마, 그 회의론자 도마가 마침내 주님을 위해 기꺼이 순교의 길을 걸은 확신론자 도마가 된 것이다. 이것이 주님께서 도마를 제자로 선택하신 이유 중 하나일 것이다. 누구든지 주님의 손에 붙들리면 변화되지 않는 사람이 없다는 것을, 의심 많은 자가 확신으로 가득 찬 자가 될 수 있다는 것을, 주님은 세상에 널리 보여주고 싶었던 것이리라.

요한이 이 책을 쓴 목적 (20:30-31)

"이 책을 쓴 사람은 나 요한입니다. 내가 이 책을 쓴 목적은 사람들로 하여금 예수님이 하나님의 아들 '그리스도(메시아)'이신 것을 믿게 하고, 또 그분 예수님을 믿음으로 말미암아 예수님의 이름으로 영생을 얻도록 하려는 것입니다. 사실은 내가 이 책에서 기록한 것들 외에도, 예수께서는 자기 제자들이 보는 앞에서 기적적인 표징들을 아주 많이 행하셨습니다."

그렇다. 사도 요한은 예수님이 승천하신 뒤 50-60년이 지난 주후

80-90년쯤에 소아시아 지역의 에베소에서 목회할 때 본서 요한복음을 기록하였다. 그때는 사도 요한이 밧모 섬에 유배당하기 전이었는데, 그는 자신이 본서를 기록한 목적을 분명히 밝혀 두었다. 이때 주목해야 할 사항은, 요한이 예수님의 행적에 관해 자신이 보고 들은바 전부를 하나도 빼놓지 않고 다 기록한 것이 아니고 필요한 것들만을 적절하게 추려서 기록했다는 사실이다.

다른 복음서에는 예수님의 기적이 40회 이상 나온다. 요한복음에는 일곱 가지 기적만 가려서 기록하고 있다. 요한은 예수님 생애를 모두 기록할 생각이 없었고, 또한 독자들의 관심을 유도하기 위하여 많은 기적들을 수집하여 전부 기록하려고 하지도 않았다. 당시에는 공관복음서(마태복음, 마가복음, 누가복음)가 이미 있었다. 그런데도 굳이 펜을 들어 '요한복음'을 기록할 필요성이 있었을까?

이에 대한 응답으로, 요한은 본서를 기록한 목적에 관해서 자신의 글로써 직접 일러주었지만, 그 외에도 성경신학적인 관점에서 살펴보면 두어 가지 목적을 더 찾아볼 수 있다. 그렇다면 요한이 본서를 기록한 목적은 무엇일까?

첫째, 요한이 직접 밝힌 대로 예수님이 하나님의 아들 그리스도임을 증언하여 믿는 자들로 하여금 영생에 이르도록 하기 위해서다.

둘째, 예수 그리스도의 온전한 신성(神性)과 온전한 인성(人性)을 밝히 증언하여 그 사실을 부인하는 각종 이단 사상들로부터 성도와 교회와 기독교를 보호하기 위해서다.

셋째, 앞서 기록된 공관복음서의 기록을 다시금 확증하고 때로는 그 내용을 해석하고 보충하기 위해서다.

21

디베랴 바닷가의 예수님

밤새 고기 한 마리 잡지 못한 제자들에게
나타나신 예수님, 그물을 배 오른쪽에 던져라
제자들이 예수의 말씀대로 하니
그물이 찢어지게 고기가 잡히네

예수께서 일곱 제자에게 나타나심 (21:1-14)

부활하신 예수께서 다락방 안에 모여 있던 제자들에게 나타나 자신을 나타내 보이신 일이 있고 나서 얼마 후, 예수께서는 디베랴 바닷가에서 제자들에게 다시 나타나셨다. '디베랴 바다'는 예루살렘 북쪽 100km가량 지점에 위치한 이스라엘의 최대 호수로, 흔히 '갈릴리 바다' 또는 '게네사렛 호수'라 불리기도 한다. 사면이 뭍으로 막혀 있는 호수지만, 바다처럼 크다고 해서 성경은 종종 '바다'로 표기한다. 예수께서 이곳 디베랴 바닷가에서 제자들에게 나타나신 사연인즉슨 이러하다.

예루살렘의 어느 다락방 안에서 예수님의 부활을 접한 뒤에 열한 제자의 리더 격인 시몬 베드로가 일행에게 말한다.

"나는 고기를 잡으러 내 고향 갈릴리로 가겠소!"

그러자 다른 제자 여럿이 그 말에 동조한다. 이때 베드로가 고기를 잡으러 고향으로 돌아간 것은 복음 전도자의 길을 저버리고 옛 직업으로 돌아갔기 때문이 아니다. 그보다는 갈릴리에서 예수님의 또 다른 지시를 기다리는 동안에 손 놓고 멍하니 있지 않고 자신이 할 수 있는 일을 하기 위해서였다.

"좋소! 그렇다면 나도 함께 갑시다!"

"나도 따라가겠소."

그리하여 그날 디베랴 바닷가에는 시몬 베드로를 비롯하여 '디두모'라는 별명을 가진 도마와 갈릴리 가나 사람인 나다나엘, 세베대의 두 아들인 야고보와 요한, 그리고 다른 두 제자가 함께 있었다. 모두 일곱 명의 제자들이 함께 행동한 것이다. 그들은 베드로와 함께 디베랴 바다(갈릴리 바다)로 배를 타고 나가 밤이 새도록 그물질을 하였다. 하지만 이상하게도 그날따라 단 한 마리도 잡지 못했다.

베드로가 고기잡이를 마무리할 생각에 배를 끌고 해안 쪽으로 향했다. 어느새 날이 밝아오고 있었다. 태양의 붉은 햇살이 부챗살처럼 점차 넓게 퍼져나가 디베랴 바다를 물들이고 있었다. 그런 이른 아침에 제자들을 직접 찾아온 예수께서 해변에 서 계셨다. 하지만 제자들은 그분이 예수님이신 줄 알아차리지 못했다. 그때에 예수께서 제자들을 향해 소리친다.

"얘들아! 무얼 좀 잡았느냐?"

'얘들아!'란 말은 일반 사람들 사이에서 격의 없이 사용하던 친근하고 애정 깃든 말로, "어이, 여보게들!" 또는 "보게나, 젊은이들!"이란 의미다. 해변에 서 있는 누군가의 친근한 물음에 배를 끌고 해안 쪽으로 오던 제자들이 크게 대답한다.

"어이쿠, 말도 마쇼! 여태 한 마리도 못 잡았소."

그 말을 듣고, 예수께서 제자들에게 말씀하신다.

"그렇다면 그물을 배 오른쪽에 던져보게나. 그러면, 고기가 잡힐 것이네."

"배의 오른쪽이라고요? 거참, 이제 와서 다시 그물을 던져본들 무슨 대수가 있겠소. 하지만 뭐 밑져야 본전이니 한번 던져보겠소!"

제자들은 별 기대를 하지 않고 그물을 배의 오른쪽에 던진 뒤 당기기 시작했다. 그런데 이게 웬일인가. 그물의 무게가 예사롭지 않았다.

과연, 그물 안에는 이리저리 펄쩍펄쩍 날뛰는 싱싱한 고기들이 가득했다. 물고기의 허연 비늘들이 태양빛에 반사되어 눈부시게 빛났다.

"와, 고기다, 고기! 그물에 물고기가 가득하다!"

제자들은 저마다 기쁨에 겨워 탄성을 크게 내질렀다. 고기가 하도 많이 잡히는 바람에 그물이 무거워서 물 밖으로 끌어올릴 수조차 없었다. 그래도 제자들은 젖 먹던 힘까지 내어 마침내 그물을 물 밖으로 끄집어냈다. 바로 그 순간, '예수께서 사랑하시던 제자'가 베드로에게 말한다. '예수께서 사랑하시던' 그 제자는 이 책을 기록한 '요한'을 가리키는데, 그는 본서에서 자기 자신을 가리킬 때 겸양의 표시로 항상 이처럼 표기했다.

"저분은 주님이시다!"

요한은 그물에 고기가 가득 든 것을 보고는 맨 처음 예수님께 부름 받을 때의 장면을 기억해냈다. 그때도 예수님은 밤새도록 고기 한 마리 못 잡은 베드로 일행에게 "깊은 데로 나가서 그물을 던지라" 하고 말씀하셨고, 그들이 그대로 했더니 그물이 찢어질 정도로 많은 고기를 잡았었다(눅 5:1-11). 그 당시의 장면이 그대로 재생되고 있는 것 같았다. 그래서 요한은 해변에 서서 자신들에게 지금 말씀하고 계시는 분이 바로 부활하신 예수님이신 줄 즉각 알아차렸던 것이다.

시몬 베드로도 '혹시 저분이 예수님이신가?' 하는 생각을 하던 중에 요한에게서 '주님'이라는 말을 듣자마자, 그분이 주님이라는 확신을 갖게 되었다. 베드로는 그물질하느라 벗어두었던 겉옷을 얼른 걸치고는 배에서 뛰어내려 물속으로 급히 뛰어들었다. 해변에 서 있는 주님에게로 곧장 달려가기 위해서였다.

그러나 배에 남아 있던 다른 여섯 제자들은 고기가 가득 찬 그물을 끌면서 배를 저어 해변에 닿았다. 당시 배는 해변에서 200규빗(대략 90m) 정도의 가까운 거리에 있었다. 베드로에 이어 여섯 제자들도 해변에 닿아보니, 주께서 숯불을 피워놓고 계셨다. 숯불 위에는 생선이 놓여 있었고, 곁에는 빵도 있었다. 제자들이 가까이에 이르자, 예수께서 그들에게 말씀하신다. 부드럽고 다정한 목소리다.

"얘들아, 너희가 방금 잡은 생선을 몇 마리 가져오너라."

그러자 시몬 베드로가 배에 올라가서 그물을 해변으로 끌어올렸다. 그물 안에서는 여전히 팔뚝만한 고기들이 허연 비늘을 드러내며 펄쩍펄쩍 뛰고 있었다. 베드로를 도와 다른 제자들이 그물 안에서 물고기를 전부 끄집어내어 세어보니 무려 153마리나 되었다(153이란 숫자에 큰 의미를 부여할 필요는 없다). 153마리의 고기는 상품 가치가 떨어지는 '옵사리온' 물고기들이 아니라 상품 가치가 매우 큰 '익뒤스' 물고기들이었다. 그렇게 장정의 팔뚝만한 싱싱한 '익뒤스' 물고기들이 그토록 많이 잡혔건만, 놀랍게도 그물은 조금도 찢어지지 않은 채였다.

"세상에 이럴 수가! 고기잡이하면서 한 번에 이렇게 많은 고기를 잡은 것도 처음이지만, 그토록 많은 고기가 들었어도 그물이 하나도 상하지 않고 온전한 것도 처음이다. 이건 기적이다!"

제자들이 많은 물고기와 온전한 그물을 번갈아보며 놀라워하고 있을 때, 저만큼 떨어진 곳에 계신 예수께서 제자들에게 조금 큰 목소리로 말씀하신다.

"자, 모두 이리로 오너라! 나와 함께 아침을 먹자!"

이때 제자들은 누가 말하지 않아도 자신들을 아침식사에 초대하고 계시는 그분이 주님이신 줄 모두가 직감적으로 알아차렸다. 그래서 제자들 가운데 아무도 그분을 향해 "당신은 누구십니까?" 하고 묻는 사람이 없었다. 그만큼 해변에 서 계신 분은 '예수님' 외에는 달리 누구라고 생각할 수 없을 만큼 그 존재감이 뚜렷했고 분명했다.

제자들은 예수님에게로 다가와 숯불 주변에 하나 둘씩 떨어져 앉았고, 이에 예수께서는 빵을 가져다가 제자들에게로 가까이 다가가셔서 일일이 나누어주시고 생선도 골고루 나누어주셨다.

"자, 어서 먹어라. 더 먹고 싶으면 얼마든지 줄 테니 맘껏 먹도록 하여라."

아침 햇살 붉게 떠오르는 갈릴리 해변에서 작은 만찬이 베풀어졌다. 밤새도록 수고한 제자들에게 예수께서 조촐하지만 정성 가득한 향연을 베푸셨다. 얼마 전, 예수께서 겟세마네 동산에서 군사들에게 붙잡히실 때 3년 동안 동고동락한 스승님을 헌신짝처럼 내팽개치고 제 한 목숨 살려고 뿔뿔이 도망친 제자들, 그때의 죄책감과 미안함과 서먹서먹함이 갈릴리 해변에서 베풀어진 이날 아침의 친밀한 식사로 인해 따스한 봄기운에 눈 녹듯이 스르르 녹아내리고 있었다.

예수께서 무덤에서 부활하신 후에 제자들에게 나타나신 것이 이것으로 벌써 세 번째였다. 부활하신 예수님은 앞서 예루살렘의 어느 집에서 문을 꼭 걸어 잠근 채 다 함께 모여 있던 제자들에게 두 번이나 나타나신 적이 있었다.

예수께서 베드로에게 양 떼를 맡기심 (21:15-19)

아침식사가 마무리되자 예수께서 시몬 베드로에게 물으신다. 여러 제자들 가운데 특별히 베드로를 꼭 집어서 질문하신 것이다.

"요한의 아들 시몬아!"

베드로는 예수께서 자기를 부르는 호칭에 가슴이 뜨끔했다. 가이사랴 빌립보 지방에서 스승님은 시몬에게 '베드로'라는 이름을 지어주셨다. 주님을 향한 베드로의 신앙고백을 들은 직후였다. 그때부터 항상 시몬은

'베드로'라는 이름으로 불렸다. 스승님도 언제나 '베드로'라는 이름으로 대했다. '반석'이라는 뜻을 지닌 베드로! 시몬은 그 이름이 자랑스러웠다. 그래서 반석처럼 단단한 믿음으로 가장 가까이에서 예수님을 따르고 섬기며 살아왔다.

그러나 가야바 집의 뜰에서 베드로가 예수님을 모른다고 세 번씩이나 부인했을 때 '베드로'라는 자랑스러운 이름은 하루아침에 박살이 나서 자갈이 되고 말았다. 반석은 고사하고 주먹만한 돌멩이도 되지 못했다. 그런 일로 인해 차마 주님을 뵐 면목이 없어 고개조차 제대로 들지 못하고 있는데, 스승님은 '베드로'라는 익숙한 이름 대신 옛 이름인 '시몬'이라고 부르신 것이다. 시몬은 예수님을 만나기 전의 원래의 본명이었다.

베드로는 얼굴이 화끈거렸다. 갈릴리 바닷가에 굴러다니던 작은 조약돌만도 못한 것이 예수님을 만나 대단한 반석이라도 되는 것인 양 우쭐거리며 행세해 왔던 자기 자신이 한없이 부끄러웠다. 그래서 작은 목소리로 "네!" 하고 대답했다.

예수님은 '시몬'이라는 이름으로 호칭한 것에 대해 어떤 암시도 해주지 않았다. '시몬'이라는 옛 이름으로 불렀으면 개구리 올챙이 적의 시절을 잊어버리지 말라고 한마디 충고라도 해줄 법한데 거기에 대해선 일체의 다른 말이 없었다. 다만 시몬을 향해 이렇게만 물으신다.

"네가 다른 모든 사람들보다 나를 더 사랑하느냐?"

죄책감과 서먹함을 뒤로 한 채 화기애애한 분위기 속에서 아침식사를 배불리 마친 베드로, 예수님의 갑작스런 질문에 순간적으로 당황한 기색이 역력했다. 하지만 질문이 단순했기에 베드로 또한 단순하게 예수님께 대답한다.

"네, 그렇습니다! 제가 주님을 더 사랑한다는 것을 주님께서는 알고 계십니다."

이때 예수께서 사용하신 '사랑'이란 단어는 헬라어 '아가파오'로서 흔히 하나님의 신적인 사랑, 숭고하고 헌신적인 사랑, 온전한 이타적 사랑을 가리키는 말이다. 하지만 베드로가 사용한 '사랑'이란 단어는 '필레오'로서 흔히 인간적인 사랑, 우정에 기초한 사랑을 가리키는 말이다. '아가파오'보다는 차원이 낮은 사랑이다. 예수님을 세 번씩이나 부인했던 베드로는 양심의 가책으로 '아가파오'의 사랑이라고는 차마 답하지 못하고, 그저 '필레오'의 사랑이라고 답한 것이다.

"그렇다면, 너는 내 어린 양을 먹여라."

이때 예수님은 세상 모든 양떼를 책임진 목자장의 자격으로서 베드로에게 목자의 사명을 부여해 주셨다. 아직도 여러 면에서 부족하고 허물 많은 베드로였지만, 예수님은 그를 믿고 자신의 양들을 맡긴 것이다.

특별히 '어린' 양이라고 말함으로써 앞으로 베드로가 먹이고 돌봐야 할 양들이 많은 손길을 필요로 하는 매우 나약한 상태에 있음을 암시한다. 이는 그만큼 베드로에게 부여된 목자의 사명이 힘들고 가시밭길이 되리란 사실을 보여준다. 또한 목자장이신 예수님을 사랑하는 그 사랑으로 목자장에게서 넘겨받은 양들을 정성껏 사랑으로 돌봐야 한다는 사실을 보여준다. 그런데 이런 당부를 하시고선 예수께서 곧이어 베드로에게 다시 물으신다.

"요한의 아들 시몬아, 네가 나를 사랑하느냐?"

첫 번째 질문과 똑같은 질문이었다. 이에 베드로가 살짝 당황하면서도 분명하게 대답한다.

"네, 그렇습니다! 주님께서는 제가 주님을 사랑한다는 것을 알고 계십니다."

첫 번째의 문답처럼, 이번에도 예수님은 '아가파오'란 단어를 사용하여 물으셨고, 베드로는 '필레오'란 단어를 사용하여 답변했다. 아무래도 베드로는 예수님께 대하여 '아가파오'란 단어를 사용하여 답변할 수

"요한의 아들 시몬아, 네가 나를 사랑하느냐?"

없었다. 예수께서 심문받고 계실 때 가야바의 뜰에서 자신이 행한 잘못을 생각하면, 그건 너무도 부끄럽고 뻔뻔했기 때문이었다. 그래도 예수께서는 베드로에게 말씀하신다.

"그렇다면, 너는 내 양을 돌보아라."

베드로의 답변이 예수님의 질문 수준에 이르지 못했음에도 불구하고 예수님은 베드로를 믿고 그에게 더욱 큰 사명을 맡기셨다. '어린 양들' 곧 연약한 성도들에게 말씀을 먹임으로써 그들을 양육할 사명에서 한 걸음 더 나아가 '양들' 곧 성장한 교회 전체를 지도하고 인도할 사명까지 맡기신 것이다. 그런데 이런 당부를 하시고선 예수께서 곧이어 베드로에게 다시 물으신다. 세 번째 물음이었다.

"요한의 아들 시몬아, 네가 나를 사랑하느냐?"

첫 번째와 두 번째 질문과 똑같은 질문이었다. 베드로는 예수께서 세 번씩이나 똑같은 질문을 하시자 그 의도를 몰라 초조하고 불안해했다. 특히 세 번째 질문에서 예수님이 사용하신 '사랑'이란 단어는 베드로가 그동안 사용했던 '필레오'였다. 그래서 베드로는 자신의 '필레오' 사랑마

저 예수님이 의심하시는가 싶어서 매우 근심하고 불안했던 것이다. 그래서 베드로는 한껏 풀이 죽은 채 떨리는 목소리로 대답한다.

"주님, 주님께서는 모든 것을 다 아십니다. 그러므로 제가 주님을 사랑한다는 것도 주님께서는 다 아십니다."

이때 예수께서 베드로에게 같은 질문을 세 번씩이나 하신 이유가 있었다. 그것은 어디까지나 베드로 자신의 유익을 위한 것이었다. 예수님의 공생애 기간 동안 베드로는 제자들의 맏형으로서 명실공히 수석제자 역할을 감당했었다.

그런 베드로가 최근 예수님을 세 번씩이나 부인한 바가 있었다. 그래서 이제 예수님은 자신을 향한 사랑과 관련하여 베드로가 그 의심을 스스로 극복할 수 있도록 세 번의 질문으로써 베드로를 힘껏 도우신 것이다. 또한 앞으로 베드로가 감당할 목자(지도자)의 사명과 관련해서 다른 제자들이 보는 앞에서 세 번의 부인을 씻는 세 번의 긍정으로써 베드로의 위신을 살려주고 그의 권위를 세워주신 것이다. 베드로의 세 번째 긍정적 답변을 들으시고 예수께서 베드로에게 말씀하신다.

"그렇다면, 너는 내 양을 먹여라."

예수님을 사랑한다는 것은 구체적으로 어떤 것인가? 그것은 그분께서 양으로 비유하신 교회의 신자들을 사랑하는 것이다. 그래서 예수님은 베드로가 자신을 진실로 사랑한다면, 목자가 자기 양떼를 정성껏 돌보듯 예수님께 속한 교회의 신자들을 잘 먹이고 정성껏 돌보도록 당부하신 것이다.

요컨대 하나님의 말씀으로 신자들을 양육하고, 그들이 말씀의 길에서 벗어나 방황하면 도로 찾아오고, 사나운 들짐승(사탄의 세력)에게 다치면 최선을 다해 치료해줌으로써 신자들을 잘 인도하고 보호해 줄 것을 당부하셨다.

이런 목자의 사명은 인간의 자의적인 노력이나 의지나 능력으로써는 감당할 수 없고 온전히 주님께 붙잡힌바 되어 성령의 인도하심과 도우심으로써만 가능할 것이기 때문에, 예수님은 그 점을 베드로에게 일깨워 준다.

"시몬아, 내가 진정으로 밝히 말한다. 네가 젊어서는 스스로 옷을 차려입고, 네가 원하는 곳에 마음대로 갈 수 있었다. 그러나 늙어서는 네가 팔을 벌릴 것이고, 그러면 다른 사람들이 너에게 옷을 입혀 네가 원하지 않는 곳으로 끌고 갈 것이다."

"주님, 그게 무슨 말씀이신지요?"

이때만 해도 베드로는 이 말씀의 의미를 전혀 깨닫지 못했다. 지금까지 베드로는 예수님의 제자로 살아오긴 했어도 성령의 인도하심에 이끌린 삶을 산 게 아니고 자신의 열정과 의지에 따라 살았다. 그러나 이후로는, 곧 오순절 성령 충만을 받은 이후로는 자신의 의지와는 상관없이 오직 성령께서 이끄는 대로 살아갈 것이었다.

그리하여 베드로가 원하지 않을지라도 성령께서는 그를 마침내 순교의 자리로까지 끌고 갈 것이었다. 그러니까 베드로를 향한 예수님의 이 말씀은, 장차 베드로가 어떤 죽음으로 하나님께 영광을 돌릴 것인지를 미리 아시고 그리 말씀하셨던 것이다. 과연 교회 전승에 따르면, 예수님의 승천 이후에 초대교회의 지도자로 활발하게 사역하던 베드로는 로마 황제 네로의 박해 때에 체포되어 로마에서 십자가에 거꾸로 매달려 순교했다고 전해진다(주후 64년경). 그래서일까? 베드로를 바라보는 예수님의 눈길이 한층 따스하면서도 애틋하였다. 잠시 후, 예수께서 베드로에게 말씀하신다.

"너는 나를 따르라!"

얼마 전, 유월절 최후의 만찬석상에서 예수님이 자신이 감당할 십자가의 길을 예고하셨을 때 베드로가 예수님께 이렇게 질문했었다.

"주여, 어디로 가시나이까?"

그때 예수님은 베드로에게 이렇게 답변하셨다.

"내가 가는 곳에 네가 지금은 따라올 수 없다. 그러나 후에는 따라올 것이다."

당장 예수님의 십자가 죽음에는 동참할 수 없겠지만, 그 이후에는 베드로 역시 십자가의 길을 걷게 되고, 마침내 순교의 자리에 이르게 될 것이라는 말씀이셨다. 이제 예수님이 말씀하신 그때가 이르렀기에, 예수님은 베드로를 향해 "이제는 나를 따르라!"하고 말씀하신 것이다.

예수께서 생전에 사랑하셨던 그 제자 (21:20-23)

예수님과 베드로의 대화는 아침 식사를 마친 후에 그 자리에서, 그리고 그 자리에서 일어나 다른 제자들과 함께 해변을 거닐면서 이루어졌다. 공생애 기간 동안에 흔히 그랬던 것처럼, 예수님이 앞장서서 걸으시고 그 뒤를 베드로가 바짝 뒤따랐다.

조금 걷다가 베드로가 뒤를 돌아보니, 예수께서 생전에 사랑하시던 그 제자가 자기 뒤에 따라오고 있었다. 이 제자는 마지막 유월절 만찬 때에 예수님의 품에 기대어 "주님, 주님을 배반할 자가 누구입니까?" 하고 물었던 사람이었다. 의심할 바 없이 그는 '요한'이었다. 요한은 자신이 쓴 이 책에서 자기 이름을 직접 밝히지 않고 항상 이런 식으로 묘사했다. 그 제자를 보고서, 베드로가 예수님께 묻는다.

"주님, 저 사람은 앞으로 어떻게 되겠습니까?"

예수님과 나눈 대화를 통해 베드로는 양떼를 맡은 자신의 길이 험난하고 마침내 순교의 자리에까지 이를지도 모른다는 사실을 어렴풋이나마 직감했다. 그런데 예수님 생전에 예수님에게서 많은 사랑을 받았던 요한의 장래는 과연 어떻게 될까? 궁금증을 참지 못하고 불쑥 질문한 것이다. 그러자 예수께서 베드로에게 대답하신다.

"주님, 요한은 어찌 되겠습니까?"

"시몬아, 내가 다시 돌아올 때까지 그가 살아 있기를 내가 바란다고 해도 그것이 너와 무슨 상관이 있느냐? 너는 나를 따르라!"

"네엣? 그게… 무슨…?"

때에 베드로와 다른 제자들은 예수님의 이 말씀이 무슨 뜻인지 알지 못했다. 그래서 이후로 예수님의 이 말씀이 다른 형제들 사이에 널리 퍼져나가서 그 제자 요한은 죽지 않을 것이라는 소문이 나돌았다. 그러나 이때 예수께서는 그 제자가 죽지 않을 것이라는 뜻으로 말씀하신 것이 아니었다. 예수께서는 단지 이렇게 말씀하셨을 뿐이다.

"내가 다시 돌아올 때까지 그가 살아있기를 내가 바란다고 한들, 그것이 너와 무슨 상관이 있느냐?"

이때 예수님은 '사명'과 관련해서 말씀하신 것이다. 말씀 그대로, 예수님이 재림하실 때까지 그 제자가 자기 사명을 감당하는 가운데 멀쩡하게 살아있다고 쳐도 그것이 다른 사람들에게 무슨 상관이 있겠느냐란 의미로 말씀하신 것이다. 이처럼 사명은 예수님과 자기 자신과의 직접적인 관계 하에 주어지는 것으로, 사명을 받은 자는 주님께로부터 받은바 그 사명에 온전히 충실하면 될 일이지, 타인이 받은 사명과 비교할 필요가 없다는 가벼운 책망의 말씀이다.

요컨대 예수님의 답변은, 오직 자신의 사명에만 충실하라는 것이었다. 다른 사람과의 비교는 여러 문제를 일으키게 마련이다. 예수님 생전에 제자들은 자기들 가운데 누가 가장 큰 자인지를 저울질하고 비교하면서 교만한 마음을 품고 다툰 적이 있었다. 이처럼 사명을 놓고 다른 사람과 비교하고 불만을 품고 자신이 맡은바 사명에 충실하지 못하는 것은, 사탄이 신자와 교회를 약화시킬 때 즐겨 쓰는 수법이다.

본서의 마무리 (21:24-25)

나는 이제 이 책을 마무리 지으려고 합니다. 이 책에 기록된 모든 일들을 증언하고 또 글로 기록한 사람은 바로 그 제자입니다. 지금 우리 모두는 그 제자의 증언이 참되다는 것을 알고 있습니다. 사실, 그 제자가 이 책에 기록한 것들 외에도 예수께서 행하신 일들은 아주 많습니다. 만일 예수님이 생전에 행하셨던 그 모든 일들을 낱낱이 다 기록한다면, 이 세상이라도 그 많은 책들을 다 담아둘 곳이 없을 것입니다.

누차 말하지만 '그 제자'는 예수님 생전에 예수님께 많은 사랑을 받았던 '요한'을 가리킨다. 그는 세베대의 아들이자 야고보의 동생으로서 베드로, 야고보와 더불어 예수님의 세 주요 제자 가운데 한 명이었다. 그는 자신이 쓴 '요한복음' 전체에서 자신을 가리킬 때 겸양의 표시로 항상 '그 제자'라는 표현을 사용했다. 나중에 그는 '요한일서', '요한이서', '요한삼서'와 '요한계시록'도 썼다. 신약성경 27권 가운데 무려 다섯 권이나 쓴 것이다.

요한복음을 마무리하면서 요한은 이 책의 저자가 자신임을 분명히 밝히는 동시에 '우리'를 증인으로 내세워 본서의 참됨과 진정성을 증명하고 있다. 예수님의 주요 제자로서 예수님께 가장 많은 사랑을 받았던 요한은 예수님 생전에 내내 예수님과 함께 하면서 가까이에서 예수님의 행적을 직접 보고 들었다. 따라서 그 누구보다도 예수님에 관한 행적을 착오나 오류 없이 올바로 기록할 수 있었다.

그래서 요한은 자신 있게 '우리'를 보증인으로 내세워 본서의 참됨과 진정성을 당당하게 증언한 것이다. 그렇다면 요한이 보증인으로 내세웠던 '우리'는 누구를 가리키는 말일까?

구체적으로 어떤 특정인들을 가리키기보다는 여러 가지 의미로 해석될 수 있다. 일차적으로 여기 '우리'는 사도 요한이 말년까지 사역했던 에베소 교회의 장로들이나 에베소 교회의 모든 신자들을 가리키는 말일 수 있다. 그들은 평소에 예수님과의 직접적인 체험에 관한 요한의 설교를 자주 들은 자들로서, 요한의 이 기록이 참되다는 사실에 대하여 확실한 증인으로서 보증했던 것이다.

물론 가능성도 있다. 요한복음을 마무리 짓는 짧은 언급은 당시의 일반적인 관습에 따라 저자인 요한이 아니라 다른 사람들에 의해 첨가된 것일 수도 있는 것이다. 그들은 분명 요한을 잘 아는 신자들일 텐데, 그들이 요한의 기록을 보증한 것일 수도 있다. 아니면 요한이 자신의 모든 동역자들과 본서의 독자들을 공동체 의식 속에 한데 묶어 본서의 참됨과 진정성을 함께 확증시킨 것일 수도 있다.

그렇지만 분명한 것은 이것이다. 어떤 경우든, 요한은 이 복음서의 참됨과 진정성을 받아들이도록 요청하거나 부탁하고 있는 것이 아니라, 자신을 비롯하여 모든 교회 신자들과 독자들이 이미 인정하고 충분히 받아들이고 있는 이 복음서의 권위를 다시금 확증하는 의미로 '우리'라는 표현을 사용하고 있다는 점이다.

이렇게 요한복음이 마무리됨으로써 예수님의 삶과 행적을 기록한 복음서 네 권이 모두 완성되었다. 네 권의 복음서 가운데 앞서 기록된 세 권의 복음서(마태복음, 마가복음, 누가복음)는 이른바 '공관복음서

(共觀福音書)'라 불릴 만큼, 예수님의 삶과 행적을 비슷한 관점에서 묘사하고 있다. 물론 공관복음서라 할지라도 각 저자의 관점과 필치에 따라 강조점이 다르고 독특성이 드러난다.

그러나 맨 나중에 기록된 요한복음은 앞서 세 권의 복음서와는 사뭇 다르다. 단순히 예수님의 삶과 행적에 관하여 기록한 것이 아니고, 예수님의 행적과 가르침이 갖는 의미를 집요하게 파고든다. 모든 사안을 구속사적인 관점에서 바라보고 해석한다. 그래서 내용이 깊고 심오하다.

사도 요한, 그는 고상한 헬라어를 매개로 삼아 당대의 식자층에게 기독교 복음을 신학적으로, 논리적으로 전했다. 뿐만 아니라 빛, 어둠, 생명, 죽음, 사랑, 미움, 빵, 물(생수) 등 주변의 일상적이고 기본적인 어휘들로 단순한 일반 사람들에게까지 기독교 복음을 명쾌하게 전했다. 그래서 그는 위대한 신학자요 신실한 목회자였으며 탁월한 저술가요 충실한 사랑의 실천가였다. 그 결과, 오늘날 우리는 요한이 쓴 이 책 '요한복음' 덕분에 예수님에 관하여 더 깊이, 더 심오하게 알 수 있게 되었다. 그 어찌 반갑고 감사하고 고마운 일이 아니랴!

예수님이 사랑하신 제자 요한의 회고

아, 오래도 살았다. 어느새 머리가 백발이다. 함께 사역했던 다른 동료 제자들은 벌써 하나님의 부르심을 받았다. 영광스럽게도 그들 대부분은 순교의 길을 걸었다. 이제 머잖아 요한 자신도 하늘의 부르심을 받을 것이다. 그리하여 이제 지나온 삶의 장면들을 찬찬히 되돌아본다.

그래, 그랬었지. 맨 처음 갈릴리 바다에서 주님을 만났다. 고기 잡는 뱃일을 하다가 주님의 부르심을 받았고, 무슨 생각에서인지 모든 걸 버려두고 그 길로 용감하게 그분을 따라나섰다. 주님을 만나던 그날이 아직도 기억 속에 생생하다.

그날, 스승님은 얼마나 빛나던 사람이었나. '나와 함께 가지 않겠소? 내가 사람 낚는 어부가 되게 하리다.' 뭔가 가히 범접하기 힘든 신적인 권위가 있으면서도 한없이 인자하고 부드러운 그 말씀에 무엇에 홀린 것처럼 선뜻 따라나섰다.

갈릴리 바다에서 예수님께 제자로 부름받던 장면

그날 이후, 나 요한의 생애는 스승님이 지어준 별명 '보아너게(천둥의 아들)'처럼 그야말로 천둥의 삶이었다. 주님과 함께 그들 제자 그룹 공동체는 하나님의 왕국이라는 새로운 세상을 꿈꾸며 길이 없는 곳에 길을 내며, 세상이 내지르는 천둥소리에 놀라기도 했고, 때로는 본인들이 세상을 놀래키는 천둥소리가 되기도 했다. 그러면서 가는 곳마다 소문을 만들고 뉴스 메이커가 되었다. 나 요한뿐만 아니라 주님의 제자들은 모두가 천둥의 아들이었다.

다시금 스승님을 생각한다. 스승님은 누구보다도 나 요한을 더욱 사랑했다. 주님께서 베드로, 야고보 형과 함께 나 요한을 제자 그룹 가운데서 핵심 3인방으로 삼아주신 것은 두고두고 감사한 일이다. 스승님의 핵심 3인방이 되었기에 회당장 야이로의 죽은 딸을 살리는 그 기적의 현장에도 함께 했고, 갈릴리 지역의 어느 높은 산에서 영광스럽게 변모된 주님과 그분 곁에 서 있던 모세와 엘리야 선지자를 볼 수 있는 영광도 누릴 수 있었다.

스승님이 십자가를 지시기 전날 밤, 겟세마네 동산에서의 기억은 두고두고 부끄럽고 죄스런 마음이다. 스승님께서 그리도 외롭고 처절하고 두렵고 괴로우셔서 밤새 눈물과 피땀 흘리시며 기도에 힘쓰실 때 나는 조금도 보탬이 되지 못하고 무심하게 깊은 잠에 빠져버렸다. 그 일은 오랜 세월이 흘렀지만 생각하면 할수록 부끄러움과 죄스러움이 몰려온다. 송구하여 얼굴이 화끈거린다.

참, 스승님께서 십자가에 달리신 채로 내게 모친을 부탁하시면서 "네 어머니다, 앞으로는 네가 모셔라." 하신 그 말씀에는 눈물이 핑 돈다. 십자가에서 어머니를 바라보는 스승님의 그 슬픈 눈동자에 눈물이 나고, 평생을 성자 하나님의 모친으로 살아야 했던 거룩한 부담감을 안은 채 갈릴리 나사렛 촌뜨기가 율법을 파괴한다며 무자비하게 종교 사냥을 당하는 그 아들을 그저 안타깝게 바라보며, 어머니로서 모진 삶을 견뎌야 했던 마리아를 생각하면 눈물이 난다.

너무나 감사하게도, 나는 주님의 모친을 평생토록 모셨다. 그 대가일까, 로마 정부의 그 삭풍 같은 엄혹한 핍박 아래에서도 제자들 중에서는 내가 가장 오래도록 살아남았다. 부모를 공경하는 자에게는 장수의 복을 준다고 하시더니, 과연 나는 90세가 넘도록 피비린내 진동하는 시련 가운데서도 가장 마지막까지 살아남았다.

늘 그렇듯, 갈릴리 바다엔 파도가 치고 있겠지. 그 캄캄한 밤에 바다 위를 걸어오시던 주님의 모습이 어른거린다. 부활 이후에 잡은 고기를 구워 갈릴리 해변에서 함께 음식을 나누던 그 정겹던 모습도 어른거린다. 주님과 함께 했던 모든 것들이 가슴 사무치게 그립다. 나이가 많이 들긴 들었나 보다.

이 책 '요한복음'을 쓰게 된 것도 스승께서 주신 선물이다. 처음 계획은 20장으로 요한복음을 마감하려 했었다. 그런데 자꾸 베드로 형님이 생각났다. 스승님을 부인함으로써 위신이 깎일 대로 깎인 베드로 형님, 주님의 승천 이후에 당당히 제자 그룹을 이끌고 초대교회를 이끌고 나갈 베드로 형님에게 힘을 실어주고 싶었다. 그래서 21장을 첨가했다. 일종의 부록인 셈이다.

그날 우리 주님은 베드로를 향하여 "네가 나를 사랑하느냐?" 하고 세 번이나 물으셨고, 베드로 형님은 그때마다 "사랑합니다!" 하고 고백했다. 베드로 형님에게 있어 그날 밤에 주님을 모른다고 부인함으로써 스승님을 배신했던 그 죄책감은 참으로 아프고 뚜렷한 것이지만, 그날 밤에 가야바의 집 뜰에 함께 있었던 나 요한은 잘 안다. 베드로 형님은 단 한 번도 스승님을 마음속에서 진심으로 배신한 적이 없다는 것을.

무슨 일에든 선뜻선뜻 잘 나서는 열정적인 성격 못지않게 그 형님은 겁도 참 많아서 그날 밤에는 무엇에 홀린 듯 너무나 두려워서 얼떨결에 그런 행동이 나왔을 뿐임을 나는 안다. 하지만 그렇게 겁 많던 베드로

예수님과 함께 했던 많은 전도 활동과 놀라운 기적의 추억이 깃들어 있는 갈릴리 바다

형님이 훗날에 주님처럼 십자가에 똑바로 매달려 죽을 순 없다고 하면서 십자가에 거꾸로 매달려 순교했다는 소식을 들었을 때, 과연 베드로 형님답다는 생각에 내 어깨가 으쓱해졌다.

마태, 마가, 누가가 기록한 책에는 주님께서 부활 이후에 베드로를 만나 그의 위신을 한껏 세워주시면서 목양을 위탁하셨다는 내용이 없다. 베드로 형님은 아주 오래전에 벌써 세상을 떠났다. 만일 베드로 형님이 요한복음의 그 마지막 장면을 읽었다면 뭐라고 했을까. '내 아우, 참으로 고맙네!' 그리 말해주지 않았을까.

음… 나도 한때는 참 성질 급하고 혈기 많은 사람이었다. 오죽했으면 주님께서 '천둥(우레)의 아들'이라는 별명을 지어 주었을까. 주님의 공생애 시절에 사마리아의 어느 마을에 들렀을 때 그들이 우리 일행을 영접하지 않는 것을 보고, 나는 주님께 이렇게 말했다. "주님, 하늘에서 불을 내려 저들을 모조리 확 태워버립시다!"

그뿐이던가. 주님의 예루살렘 입성을 앞두고는 다른 제자들보다 한 자리 먼저 얻으려고 나의 모친을 앞세워 예수님의 가장 가까운 옆자리를 요구하기도 했고, 주님을 따르지도 않는 자들이 귀신 내쫓는 것을 보고는 불같이 화를 내며 엄히 금하기도 했었다. 허허. 지금 생각하면 웃음만 날 뿐이다.

그런데 우리 주님은 그런 나를 멀리하지 않으시고 참으로 사랑해 주셨다. 다른 제자들이 시샘할 정도로 나를 유독 아끼시고 사랑을 쏟아주셨어. 과연 그렇더군. 사랑을 많이 받은 자가 더욱 사랑을 많이 하게 된다는….

지금 에베소에서 목회하고 있는 말년의 나 요한은 많이 달라졌다. 나를 보고 다들 '사랑의 사도'라고 부른다. 나는 유월절 만찬석상에서 우리 주님이 부탁하신 그 말씀을 평생 잊지 못한다. "모쪼록 너희는 서로 사랑하라!"는 그 말씀을.

그래서 나의 설교 주제도 늘 '사랑'이다. 강단에 올라 사랑스러운 신자들을 그저 사랑의 눈으로 지그시 바라보며 "자녀들아, 우리 주님의 말씀대로 서로 사랑합시다." 하고 설교하면, 다들 감동을 받곤 한다. 진심이 통했기 때문일 것이다. 천둥의 아들인 내가 혈기의 천둥으로 사람들을 정죄하는 대신에 사랑의 천둥으로 사람들을 위로하고 격려하는 그런 사람이 되었다. 이건 나뿐만 아니라 우리 주님을 진실로 만나면 다들 그렇게 된다.

이거 글이 길어졌구먼. 이만 줄여야겠다. 세월은 유수처럼 흐르고, 내 기력도 나날이 떨어지고 기억은 희미해진다. 어디선가 물새소리가 들리는 것 같다. 아, 갈릴리 바다에서 듣던 바로 그 물새소리…. 오늘따라 밤하늘엔 유난히도 많은 별들이 총총 떠 있다. 그렇지! 어둠의 세상에 빛으로 오신 스승님, 우리 주님…. 정말이지, 그 주님이 사무치게 보고 싶다.

그토록 그리운 주님을 꿈속에서라도 만났을까? 요한의 입가엔 빙그레 미소가 감돈다.

스토리텔링 속의 신학

예수의 자기천명(自己闡明) I AM [WHO I AM]에 관한 신학적 상상

민영진
감리교신학대학교 교수 역임
대한성서공회 번역실장, 총무 역임
세계성서공회연합회 번역컨설턴트 역임

복음서를 연구하는 이들은 신약전서 첫 세 복음서를, 공관복음서(共觀福音書)라고 하고, 요한복음서를 제4복음서(第四福音書)라고 하여, 요한복음서가 지닌 차별성을 강조한다. 예수의 행적에 대한 관점이 첫 세 복음서는 비슷한 데 반해, 요한복음서는 독특하기 때문이다. 독자들은 신약의 첫 세 복음서 안에 예수의 행적이 다 같이 기록되어 있다는 것을, 이미 알고 있을 것이다. 요한복음에도 물론 같은 기록이 반복되는 것을 볼 수 있다. 하지만 같은 이야기가 요한복음서 안에서는 관점을 달리하여 변주된다.

우리의 스토리텔러가 이미 언급하고 있지만, 요한복음서에 나타난 우리 주님의 화법을 맨 처음 히브리어로 들었던 청중은, 주님께서 당신 자신을 소개하실 때, 당신이 하나님임을 연상케 하는 하나님의 이름 양식(樣式)을 예수가 과감하게 사용하신다는 것을, 금방 알아차릴 수 있을 것이다. 우리의 스토리텔러는 요한복음서를 이야기로 푸는 과정에서, 우리가 놓치기 쉬운 예수의 이런 화법을 세심하게 관찰하여, 우리 독자들이 스토리텔링에서도 신학에 관심을 가질 수 있도록 배려한다.

출애굽기 3장 14절을 보면, 우리말 번역에서는, 하나님께서, 당신의 이름을 묻는 모세에게, **"나는 스스로 있는 자"**라고 당신의 이름을 말씀하신다(출 3:14a). 이것은 그리스어 칠십인역 '에고 에이미 호 온'("I am THE BEING")을 번역한 것이다. 히브리어 '에흐예 아셰르 에흐예'의 형식을 살려 번역하면, 현대 영어 번역에서 보듯이, 이 말은 "I AM WHO I AM"이다. "내가 바로 나"라는 말이다. 곧이어 하나님께서는 모세가 백성에게 당신 자신을 어떻게 소개해야 할지도 일러주신다. "'에흐예'(**I AM**)가 널 보냈다고 말하라"고(출 3:14b). '에흐예'는, 문법적 형식을 살려 번역하면, 현대 영어 번역에서 보듯이 **"I AM"**이다.

히브리어로 말하는 언중(言衆)치고, 누군들 일상 언어생활에서 '에흐예'(I am, "나는 ~이다")라는 말을 안 쓰겠는가? 그러나 요한복음서 기자는 여러 곳에서 예수가 자신의 정체(正體)를 드러내실 때마다, 청중이 예수에게서 하나님의 이름 "I AM WHO I AM"을, 혹은 하나님의 이름 **I AM**을 연상하게 되는 표현을 한다. 예를 들면, 다음과 같은 경우다.

> "그러므로 내가 너희에게 말하기를 너희가 너희 죄 가운데서 죽으리라 하였노라 너희가 만일 **'내가 그'**(**I Am Who I Am**, TEV)인 줄 믿지 아니하면 너희 죄 가운데서 죽으리라"(개정, 요 8:24).
>
> "너희가 인자를 든 후에 **'내가 그'**(**I Am Who I Am**, TEV)인 줄을 알고"(개정, 요 8:28).
>
> "너희로 하여금 **'내가 곧 나'**(**I Am Who I Am**, TEV)임을 믿게 하려는 것이다." (개정, 요 13:19).

'내가 곧 나'(I Am Who I Am)라고 하는, 하나님 이름의 완전 형태 말고도, "'에흐예'(I AM)가 널 보냈다고 말하라"고(출 3:14b) 말씀하신 것에서 보듯이, 단축형 '에흐예'(I AM)도 하나님의 이름이다. 다음과 같은 경우, 화자(話者)인 예수가 어떤 억양으로 '에흐예'(I AM)를 말하셨을지 자못 궁금하다.

"나는 생명의 빵이다" ("I am the bread of life," TEV) (표준, 요 6:35)
"나는 세상의 빛이다" ("I am the light of the world," TEV) (표준 요 8:12)
"아브라함이 나기 전부터 내가 있느니라" ("Before Avraham came into being, 'I AM'." CJB, NAB, NKJ; 'I Am', NLT, TEV) (개정, 요 8:58)
"나는 양이 드나드는 문이다" ("I am the gate for the sheep," TEV) (새번역, 요 10:7)
"나는 선한 목자다" ("I am the good shepherd," TEV) (새번역, 요 10:11)
"나는 부활이요 생명이니" ("I am the resurrection and the life," TEV) (개정, 요 11:25)
"내가 곧 길이요 진리요 생명이니" ("I am the way, the truth, and the life," TEV) (개정, 요 14:6)
"나는 참포도나무요" ("I am the true vine," TEV) (개정, 요 15:1).

번역들은 "I am"이라고 했지만, 듣는 이들에 따라서는 "I am"이 하나님의 이름 "I AM"으로 들렸을 수도 있다.